À margem
5

William Blacker
Ao longo do caminho encantado
Viagens na Transilvânia

Tradução de Érika Nogueira Vieira
Editora Âyiné

William Blacker
Ao longo do caminho encantado – Viagens na Transilvânia

Título original
Along the Enchanted Way – A Story of Love and Life in Romania

Tradução
Érika Nogueira Vieira

Preparação
André Bezamat

Revisão
Andrea Stahel
Pedro Fonseca

Projeto gráfico
CCRZ

Imagem da capa
Arquivo pessoal do autor

Direção editorial
Pedro Fonseca

Direção de arte
Daniella Domingues

Coordenação de comunicação
Amabile Barel

Redação
Andrea Stahel

Designer assistente
Gabriela Forjaz

Conselheiro editorial
Lucas Mendes

© William Blacker, 2009

© Editora Âyiné, 2025
Praça Carlos Chagas
Belo Horizonte
30170-140
ayine.com.br
info@ayine.com.br

Isbn 978-65-5998-169-4

Sumário

- 13 Prólogo
- 17 1. A leste do Muro
- 31 2. Nas colinas rumo a Halma
- 43 3. Para a casa de Mihai
- 67 4. Com feno no nosso cabelo
- 89 5. «Um povo selvagem e perigoso»
- 107 6. Uma carta perdida
- 117 7. Todos os elementos da excentricidade
- 125 8. A morte de Grigor e outros eventos
- 149 9. O degelo começa
- 167 10. Cenas da vida no campo
- 181 11. A lua vagueia livre
- 191 12. Um casamento duplo
- 213 13. Músicos ciganos e condes húngaros
- 231 14. Bandeiras vermelhas e retábulos renascentistas
- 251 15. De mudança com Marishka
- 267 16. Extasiadamente alheio
- 281 17. Mercados da Transilvânia
- 293 18. O distante assobio dos pastores
- 303 19. Violinos no fogo
- 317 20. A calmaria antes da tempestade
- 329 21. Uma época de problemas
- 357 22. As cerejeiras de Breb
- 369 23. Uma última carta
- 395 Nota
- 397 Agradecimentos

Para Constantin

Avistei o perigo, ainda assim
segui pelo caminho encantado
E disse, a pena, uma folha caída
no despertar da alvorada.

Patrick Kavanagh

Disparando pelos caminhos empoeirados de um vilarejo nas colinas da Transilvânia está um garotinho cigano que parece, entre as outras ciranças de pele mais morena, um pouco deslocado. Ele tem olhos azuis e cabelos claros, e as pessoas costumam se referir a ele como *Neamțul*, o garoto alemão. Entre seus maiores prazeres está assistir aos cavalos e às carroças descerem ruidosamente a estrada e às vacas voltando devagar para o vilarejo no cair da noite. Durante o dia ele persegue, incansável, os patos e seus filhotes, para desgosto deles, que saracoteiam nas margens do riacho, e à noite demora-se do lado de fora do *crîșma*, dançando à sua maneira, movendo os pés e estalando os dedos no ritmo da música cigana.

Prólogo
10 de janeiro de 2008

Enquanto o trem serpenteava por vales cobertos de bosques, minha mente era inundada de memórias. Era um trem lento, com os vagões azuis agora enferrujados em funcionamento desde a era comunista. Eu tinha perdido o novo expresso veloz e tive de tomar a opção antiquada que parava nas estações de cada vilarejo. Portas chacoalhavam penduradas abertas, algumas janelas estavam até quebradas e a neve se acumulava no piso aqui e ali. Cerrei o casaco ao redor do corpo e afundei o chapéu na cabeça para conservar o pouco calor que me restava, e meus vizinhos, com um sorriso e olhar simpático, me ofereceram um gole de *țuică*, sua aguardente caseira. Havia um companheirismo ali que dificilmente seria encontrado nos novos trens expressos que voavam por nós durante a noite, uma lufada de ar entrando pelas janelas quebradas quando passavam, formando redemoinhos de neve nos corredores.

Eu viajava para o extremo norte da Romênia, próximo à fronteira com a Ucrânia, para cumprir uma promessa que havia feito a um velho amigo. Não era de forma alguma uma viagem fácil no meio do inverno. Levaria mais um dia para chegar ao vilarejo isolado no norte dos Cárpatos, mas eu tinha feito uma promessa.

O trem apitou ao pararmos em uma pequena estação. Uma variedade de moradores do vilarejo, alguns romenos, alguns ciganos, desceram para a plataforma. O velho casal que me oferecera a *ţuică* também desceu e os dois acenaram contentes para mim enquanto seguiam ao longo do trem, carregados com suas malas pesadas.

Espiando pela janela através da neve, consegui divisar um baile acontecendo no salão da praça do vilarejo. Eu me lembrei da minha primeira visita à Romênia, quando também nevava. Em um vilarejo no norte da Moldávia eu tinha sido levado a um baile de sábado à noite. Eu me lembrei de como todos os moradores tinham pagado uma pequena entrada para os músicos, mas o porteiro se recusou terminantemente a receber qualquer dinheiro da minha parte. Tentei insistir. «Não, não», disse ele. «Você é estrangeiro. É nosso convidado. Nunca passaria por nossa cabeça cobrar de você.»

De um lado do salão, em bancos encostados na parede, estavam os rapazes; as moças do vilarejo se sentavam de frente para eles, na outra ponta. Eu me lembrava como se tivesse acontecido na véspera. Quando os ciganos bigodudos apanharam seus instrumentos para tocar, os rapazes atravessaram o salão, tomaram as mãos das garotas e as guiaram pela dança. Eles dançavam estilos tradicionais, intercalados com valsas e polcas, as quais todos conheciam perfeitamente. Dos bancos, mães e avós de rostos suaves assistiam, assentiam e trocavam impressões, contentes. Do lado de fora, cavalos puxando trenós passavam soltando fumaça pelas ventas, a lua brilhava sobre a neve e, mesmo ali, bem no início, eu sabia que não queria estar em nenhum outro lugar.

Enquanto o velho trem azul se arrastava pela noite, para esquecer o frio minha mente voltou-se para ocasiões mais calorosas, e para contemplações sobre a vida na Romênia. Quando dezoito anos antes, aos vinte e poucos, eu seguira pela primeira vez para esse país, não fazia ideia do que encontraria. Pelo que lia nos jornais ocidentais, esperava descobrir um pardo mundo comunista de trabalhadores deprimidos cujos espíritos tinham sido esmagados por décadas de conformismo. Mas encontrei algo bastante diferente. Os vilarejos e o campo eram inundados de cor e repletos de pessoas animadas e radiantes. Eu não fazia ideia de que um lugar como esse estava escondido nesse canto da Europa.

Eu me lembrei de um festival em particular entre as árvores no limiar da floresta, no qual violinistas amadores competiam com o canto dos pássaros nos galhos. Os moradores do vilarejo, vestidos com batas brancas bordadas – as moças com saias de cores chamativas e lenços na cabeça –, de braços dados, formavam uma roda, batendo os pés na grama ritmadamente e entoando cantigas de pastoreio a plenos pulmões. A dança e o canto seguiram por toda a tarde e a noite salpicadas de sombras, como um antigo festival bucólico. O que, eu pensava comigo, poderia ser mais colorido e cheio de vida do que este cenário idílico? Deitado na margem gramada de um riacho, sob a sombra de folhas de faia cintilando, ouvindo o som de água corrente e assistindo a essas pessoas gargalhando e sorrindo, rabisquei em meu caderno: como é que pudemos ter sido convencidos de que nosso modo de vida moderno é de alguma forma um avanço em relação a isso? Haveria uma espécie de farsa sobre o mundo moderno? Será que nós, na Europa Ocidental, éramos, com toda a nossa fortuna e máquinas de lavar, de alguma forma mais felizes do que essas pessoas? A resposta era, para mim pelo menos, um claro e resoluto «não».

Eu me lembrei de como, em minhas primeiras viagens, as pessoas na Romênia, quase em toda parte, tinham me acolhido entre elas. Para onde quer que eu viajasse, quando a noite caía, me ofereciam comida e a melhor cama da casa; às vezes isso significava um colchão de palha, às vezes com uma caixa de pintinhos ou cordeiros dormindo embaixo, mas era sempre quente e confortável, e eu tinha um teto sobre a cabeça. Na manhã seguinte quando eu partia, meus anfitriões ficavam chocados se eu oferecesse qualquer forma de pagamento e, ao contrário, enchiam minha bolsa de comida. Naquela época havia poucas lojas e era praticamente impossível comprar comida ao longo do caminho. Eu ficava perplexo com a generosidade das pessoas dos vilarejos e sua cortesia de outros tempos. E no trem eu tinha mais uma vez sido lembrado de sua simples generosidade com a *ţuică* que me haviam oferecido para esquecer o frio.

Entre os muitos indivíduos hospitaleiros e corteses que eu tivera a sorte de conhecer em minhas viagens estava Mihai, o amigo para quem eu havia feito minha promessa. Ele era um daqueles antigos camponeses da Romênia que, embora sem educação formal, era mais sábio e instruído do que a maioria de nós e, o mais importante, conhecia o grande segredo de ser feliz com pouco. Eu me lembrei do tempo que passamos juntos em campos e florestas, como com humor inabalável ele tinha me ensinado tudo sobre a vida no campo daquele país, cuidado de mim e me protegido da fofoca e da ocasional inveja de outras pessoas. Agora era a minha vez de fazer alguma coisa por ele.

O trem se lançava chacoalhando em seu caminho sobre as colinas. Minha mente voltou à viagem atual. Logo eu atravessaria o desfiladeiro coberto de neve e desceria lentamente, cada vez mais lentamente, rumo aos vales do velho Maramureş.

1
A leste do Muro

> Ele não é servil, e isto depois de dois séculos de escravidão. Ele é livre no aspecto e no trato, mas sem ofender ninguém. [...] quanto mais pobre e de condição inferior é nosso homem russo, mais se percebe nele essa verdade magnífica.
>
> Dostoiévski, *Os irmãos Karamázov*[1]

Quase no fim de 1989, como todos sabem, o Muro de Berlim estava à beira do colapso e os regimes comunistas da Europa Oriental caíam um a um. A maioria das mudanças tinha sido pacífica. Só a Romênia estava tumultuada. Terríveis massacres de inocentes, tanques circulando pelas ruas e soldados e cidadãos lutando contra as tropas de elite do presidente, que revistavam prédio por prédio em sua busca. Então, de repente, no dia de Natal, tudo acabou. O presidente Ceaușescu e sua esposa foram capturados e, depois de um julgamento apressado, levados para o quintal coberto de gelo de uma guarnição da milícia na cidade de Târgoviște, encostados em um muro e alvejados com metralhadoras. «Mas vocês são nossos filhos!», gritaram enquanto os soldados levantavam

---

1 Fiódor Dostoiévski, *Os irmãos Karamázov*. Trad. de Paulo Bezerra. São Paulo: Ed. 34, 2008, v.. 1, p. 428.

as armas. Na Romênia ocorrera de fato uma revolução sangrenta do tipo que se costuma esperar da Europa Oriental.

Eu fui explorar os países recém-«libertados» da Europa Central imediatamente depois do Natal de 1989, mas nunca imaginei que chegaria tão longe quanto à Romênia. «A pureza de uma Revolução pode durar no máximo duas semanas», escreveu uma vez Cocteau, então parecia que não havia um segundo a perder. Saí de Londres dirigindo pelos congestionados subúrbios do sul em uma manhã fria de dezembro, atravessei o Canal, e voltei o carro para leste. Oito horas depois eu dirigia pela longa estrada principal até Berlim em uma neblina que parecia dividir uma metade da Europa da outra. Nos galhos esqueléticos das árvores à beira da estrada havia muitas aves de rapina, observando empoleiradas como se esperassem o momento de descer e bicar os ossos de uma ideologia moribunda.

No meio da cidade centenas de pessoas com martelos e cinzéis arrancavam lascas do Muro. Ainda era a barreira cinzenta e proibitiva entre as Alemanhas Oriental e Ocidental, e algumas semanas antes as pessoas talvez fossem alvejadas se chegassem muito perto; agora ninguém as impedia. Em alguns pontos os cinzéis já haviam aberto buracos pelos quais podíamos avistar os campos minados rumo à Berlim Oriental.

Junto do Portão de Brandemburgo os agentes da polícia da Alemanha Oriental, os VoPos, permaneciam no alto do Muro armados, mas apenas olhavam perplexos enquanto ao redor centenas de martelos batiam nos cinzéis, e não faziam nada à medida que a estrutura sobre a qual estavam era lentamente demolida sob seus pés.

Mas o Muro só estava sendo quebrado do lado ocidental. A leste havia um silêncio misterioso. Muitos na Berlim

Oriental e além deviam estar ouvindo os cinzéis e imaginando por que o Muro estava de fato lá. Para manter os do leste encerrados ou os vis do ocidente de fora? Talvez, como pássaros na gaiola, muitos deles tenham de fato preferido a segurança que sua prisão lhes proporcionava. Quem sabe a abertura das fronteiras fosse outra caixa de Pandora se revelando?

Sejam quais forem os medos que os indivíduos tiveram, as mudanças eram irrefreáveis. Na noite do Ano-Novo um novo tabu foi quebrado. As pessoas ousaram subir no alto do Muro. Moças beijavam os guardas, posavam com eles para fotos e enfiavam flores no cano de suas armas. Os soldados não faziam nada; eles não sabiam o que fazer. Não tinham sido treinados para uma eventualidade daquelas.

De lá, a multidão começou a descer para Berlim Oriental, algo que teriam temido fazer na véspera. Então subiram no alto do Portão de Brandemburgo, baixaram a bandeira comunista e nela atearam fogo. Ainda assim os guardas não fizeram nada. Eu estava de pé no Muro e assistia à anarquia e à celebração ao meu redor. Era o fim de uma era que havia começado muito antes de eu nascer.

Na maior parte da Europa do Leste os controles e restrições dos últimos quarenta anos tinham sido repentinamente suspensos. Agora qualquer pessoa estava livre para viajar para onde quisesse. Então no dia seguinte eu deixei as luzes brilhantes da Berlim Ocidental, atravessei uma passagem havia pouco aberta no Muro e dirigi rumo ao leste. Na hora do almoço eu já estava caminhando pelas ruas de Dresden entre estruturas queimadas de prédios e pilhas de destroços intocados desde o bombardeio de 15 de fevereiro de 1945. Naquela época havia muitos lugares na Europa Oriental onde pouco parecia ter mudado desde a Segunda Guerra Mundial, e a sensação era mais forte quanto mais a leste se ia.

Em Praga, cujos pináculos, domos e ruas barrocas haviam sido poupados na guerra de Hitler, vi indícios de problemas mais recentes. Em prédios diante da embaixada romena, a meio caminho na colina do castelo Hradčany, rabiscados em tinta vermelha estavam protestos contra a matança que havia ocorrido na cidade de Timişoara, em 17 de dezembro, e posteriormente em várias cidades da Romênia.

Já era dia 2 de janeiro. A Revolução Romena não havia absolutamente terminado. Eu pensava, será que devo continuar a leste, até à Romênia? Ainda havia muita estrada e estávamos no meio do inverno. No fim das contas foi a velha arquitetura que me convenceu. Eu tinha ouvido falar dos famosos mosteiros pintados no norte da Moldávia. Olhando no mapa, parecia que eu já estava quase no meio do caminho. Eles ficavam além dos Cárpatos em uma região chamada Bucovina, uma terra que até 1918 fora a província mais a leste do Império Austro-Húngaro.

Em 4 de janeiro começou a nevar, mas eu já estava determinado a chegar até os mosteiros. Com flocos de neve pousados delicadamente nas barbas das estátuas de São Cirilo e São Metódio na ponte Carlos, segui mais uma vez para leste. Viajei pela Boêmia, Eslováquia e Hungria cobertas de neve, e depois de vários dias cheguei à fronteira romena. Bandeiras cujos símbolos comunistas tinham sido cortados tremulavam sobre as cabanas da polícia de fronteira. A Romênia, apenas alguns dias antes, tinha deixado de ser um país comunista.

A neve se acumulava espessa no solo, as árvores à beira da estrada estavam brancas de gelo e eu entrara num país congelado no tempo. Até a cortesia dos soldados na fronteira parecia de outra era. Em todas as outras fronteiras que eu cruzara na Europa do Leste havia enfrentado perguntas intermináveis. Aqui me aconselharam sobre as estradas e onde eu poderia encontrar um hotel, e acenaram sorrindo para que eu seguisse. Meia hora depois, eu me aproximava da cidade de Satu Mare.

Praga estava no escuro. Havia apenas alguns poucos postes comuns nas ruas. Como em todos os lugares naquela época a leste do Muro, a cidade ainda era comercialmente casta, sem a preocupação de se exibir com luzes de neon ou propaganda espalhafatosa. Satu Mare, no entanto, estava um breu. Não havia luz alguma. Nem, ao que parecia, pessoas. Tudo que conseguia divisar eram prédios altos e fantasmagóricos pairando dos dois lados à medida que eu seguia cautelosamente pelas ruas desertas.

De alguma forma, consegui encontrar o hotel. Uma vela bruxuleando no balcão da recepção. Não havia comida ou água, a camareira me disse, mas tinha camas e cobertores. Como jantar comi biscoitos no saguão com a camareira, que trazia doses de vodca de vez em quando para nos ajudar a esquecer o frio. Ela usava um uniforme preto e branco sobre o qual levava um sobretudo cinza pesado e um gorro de lã, e fumava sentada com os pés sobre uma das poltronas. Ocasionalmente soldados em sobretudos e gorros de pele segurando rifles entravam, revistavam o saguão com tochas em busca de contrarrevolucionários, então pousavam as armas na mesa e pediam à camareira que trouxesse vodca para eles também, que a viravam num só gole antes de ir embora.

Então a vela vacilou e apagou. Era hora de ir para a cama. Subindo desajeitado as escadas na escuridão, o único ponto de referência que eu enxergava era a ponta do cigarro da camareira brilhando.

Acordei com o barulho suave dos cascos sobre a neve do lado de fora e ao abrir a janela vi cavalos que puxavam carroças trotando pela praça principal da cidade. Como o hotel não tinha comida, vasculhei as ruas em busca de uma loja que pudesse me vender alguma coisa para comer. Não encontrei nada, exceto uma pequena banca na calçada, aquecida por um fogão a lenha; dentro uma velha coroca estava sentada com a cabeça enrolada em cachecóis de lã. Ela só podia me fornecer selos. Com um pincelzinho e um frasco de cola, ela colava um a um cuidadosamente em meus envelopes. Cada envelope precisava de sete selos. Era um processo cansativo.

Ainda sobrevivendo à base de biscoitos secos segui mais uma vez para o leste, por estradas acidentadas. Depois de duas horas, entrando em uma floresta de faias altas, cujos galhos estavam cobertos de neve como arminho na túnica de uma imperadora, a estrada começou a virar um aclive. Subi por meia hora e depois pelo desfiladeiro de uma montanha rumo a uma área indicada em meu mapa tosco como «Maramureş». Lentamente desci por bosques cobertos de neblina, sem saber o que encontraria, por uma estrada que ficava cada vez mais irregular.

À medida que o gradiente se equilibrava, seguindo um riacho congelado cujas quedas d'água haviam se transformado em cascatas de gelo imóveis, algumas poucas casas de madeira começaram a aparecer. Continuei cuidadosamente pela estrada coberta de neve e gelo, estupefato com o que via. Alemanha Oriental, Tchecoslováquia, Hungria e até partes da Romênia por onde eu tinha passado: nada se parecia minimamente com isso. Só aqui tinha encontrado a espécie de Europa do Leste que eu tinha imaginado ao ler *Old Peter's Russian Tales* quando era criança; a Europa do Leste de casebres rústicos de madeira no limiar de florestas habitadas por lobos e ursos, de neve e trenós e casacos de pele de ovelha, e camponeses com batas bordadas e lenços na cabeça. Pensei que tinha nascido tarde demais para ver algo parecido com a vida camponesa sobre a qual Tolstói e Hardy tinham escrito, mas estava errado. Lá estava um resquício de um mundo antigo, quase medieval, protegido pelas montanhas e florestas que eu acabara de cruzar, e tinha me deparado com ele por um mero acaso.

Quando parei na beira da estrada uma camponesa me indicou o alpendre coberto de neve de sua casa e me convidou para entrar. Estava claro que eu era um viajante cansado que precisava de sustento. Imediatamente uma tigela de sopa de batata quente e um naco de pão estavam dispostos na mesa. Ela e seu marido se sentaram na cama e me observaram com sorrisos afáveis me encorajando. Enquanto eu comia, raios de sol entraram pelas janelinhas do casebre e pude estudar os detalhes intricados nas batas dela e do marido. Eu nunca tinha visto alguém de bata antes, que dirá alguém com batas tão belamente trabalhadas. Então baixei o olhar. Suas pernas e pés estavam envolvidos em um tecido de lã grossa e nas solas dos pés estavam presas faixas de couro toscamente costuradas, com as pontas junto dos dedos, das quais saíam tiras que eram enroladas pelas pernas até a altura dos joelhos. Esse era o antigo calçado camponês que, até o início do século XX, era comum em toda a Europa, dos sapatos russos de fibra de líber feitos com casca de bétula, aos *pampooties* das ilhas de Aran, ou às sandálias grosseiras de Nápoles e de Ciociaria ao sul de Roma. Agora eles são usados apenas no Maramureș, o último lugar na Europa onde ainda podem ser vistos.

Por sua hospitalidade, meus anfitriões recusaram qualquer retribuição, e quando parti eles acenaram até eu sumir de vista. Eles tinham fornecido minha primeira refeição em 24 horas.

Mais um dia na direção e cheguei aos mosteiros pintados de Bucovina, entre as últimas obras-primas da arte bizantina, construídos depois da queda de Constantinopla e do Império Bizantino. Recônditos em vales cobertos de bosques, eram propositalmente remotos para ficar escondidos dos tártaros.

Ao longo dos dias anteriores eu me acostumara com verdes-escuros e marrons da floresta e o branco da neve, e parecia que eu havia deixado a civilização inteiramente para trás, mas ao atravessar a primeira guarita do mosteiro fui confrontado por uma vista que desafiava o ermo do local. Do lado de fora dos muros havia afrescos pintados em uma gama ofuscante de cores. O lápis-lazúli, os verdes, vermelhos e amarelos ainda estavam vivos depois de quatrocentos anos de sol, chuva e neve, e perfeitamente emoldurados pela floresta verde-escura nas colinas que os cercavam. Muitas das igrejas tinham representações do cerco de Constantinopla nos muros. A queda de Constantinopla para os turcos em 1453 havia deixado todo o leste da Europa vulnerável. Foi o fundador dos primeiros mosteiros, Estêvão, o Grande, da Moldávia, que tinha feito tanto para manter os turcos afastados depois que tomaram a cidade imperial. Tal era sua fama que os monges do monte Athos lhe enviaram um pedaço da «Verdadeira Cruz» como um talismã de vitória, e aqui neste lugar afastado ele ainda está preservado. Poucas relíquias têm melhor procedência. A «Verdadeira Cruz» foi encontrada em Jerusalém por Helena, mãe do imperador Constantino, no início do século IV.

Este pedaço fora mantido no tesouro imperial em Bizâncio até ser oferecido pelo imperador Romano I no século IX a um dos mosteiros do monte Athos. De lá ele fora enviado para a Moldávia. Como talismã, parece ter funcionado; em 1502 Estêvão disse ao enviado veneziano: «Disputei 36 batalhas e venci 34 delas». O túmulo de mármore branco esculpido de Estêvão, que ele mandara construir para si antes de morrer, fica no mosteiro de Putna. A data de seu nascimento foi entalhada e um espaço à esquerda deixado para a data de sua morte. Estêvão morreu em 1504, mas a data nunca foi acrescentada. Para os romenos, ele nunca se foi de verdade.

Em 12 de janeiro daquele ano aconteceram cerimônias religiosas em toda a Romênia em homenagem às vítimas da Revolução, que começara com o massacre em Timișoara. Na igreja em Humor, outra das igrejas pintadas de Estêvão, me ajoelhei diante das iconóstases de ouro em meio aos moradores do vilarejo vestidos em trajes tradicionais. Os homens usavam casacos de pele de ovelha, bombachas brancas e botas de couro até os joelhos; as mulheres, lenços na cabeça e saias de cores vivas. Na luz fraca, com o cheiro do incenso no ar e a fumaça subindo em espiral do turíbulo rumo ao domo escurecido de fuligem, um coral de camponeses cantava à capela os belos hinos da Igreja Ortodoxa Romena. Durante o sermão lágrimas escorriam pelas bochechas da congregação enquanto o padre falava dos homens, mulheres e crianças que tinham morrido.

No fim comida e vinho foram distribuídos para serem consumidos em homenagem aos mortos. Os moradores do vilarejo insistiam que, como estrangeiro e portanto convidado de honra, eu devia ser o primeiro a beber. Todos se apinharam a minha volta, esperando, e me observaram erguer meu copo. Só depois que bebi, eles deram seu primeiro gole.

Dos mosteiros, pela primeira vez em muitos dias deixei de seguir rumo ao leste. Em vez disso rumei para o sul, dirigindo pelas colinas e montanhas, passando por densas florestas de pinheiros que se estendiam por muitos quilômetros em todas as direções, os galhos das árvores pesados e vergados pela neve. Nos vilarejos de casas de madeira, do lado de fora dos bares havia trenós puxados por cavalos, que calcavam os cascos e soltavam fumaça pelas ventas no frio. Dentro, com altos gorros brancos de pele e casacos até os pés forrados de lã de ovelha, com bolsos e punhos com bainhas pretas, seus condutores tomavam bebidas alcoólicas fortes. Mas, como sempre, não havia comida por ali. Nos vilarejos eu ficava de olhos abertos em busca de filas que pudessem indicar que havia pão à venda. Por fim avistei uma. As pessoas, ao perceberem que eu não era romeno, me conduziam direto para a frente. Lá me ofereceram um pão pelo qual o padeiro não aceitou dinheiro, e, de fora da fila, um idoso com ar aristocrático e digno se aproximou. Ele se inclinou e beijou minha mão, e num inglês hesitante, obviamente fora de uso havia muitos anos, disse: «Obrigado por vir para nosso país. Significa muito para nós».

Ao passar de vilarejo em vilarejo, dirigindo devagar pelas estradas cobertas de neve, eu via belas casas antigas de ambos os lados, de madeira e de pedra com tijolos, com estuque elegante, alpendres decorados, beirais ondeados e telhados de ladrilho. Esses vilarejos eram os mais conservados que eu já tinha visto em toda a Europa, e todas as casas ainda eram habitadas por camponeses, cujos cavalos, vacas, porcos e galinhas viviam em estábulos, chiqueiros e galinheiros no pátio. Em muitos vilarejos mal havia uma construção moderna à vista. Eu tinha lido nos jornais sobre a campanha do presidente Ceaușescu para «sistematizar» os vilarejos da Romênia. Esse processo aparentemente envolvera a derrubada dos antigos vilarejos e a relocação dos camponeses em conjuntos de apartamentos desalmados. Agora, olhando em volta, parecia difícil reconciliar tais relatos com a realidade. Em todas as regiões pelas quais viajei havia, eu estava grato de ver, pouco indício de tal vandalismo estatal.

Na Transilvânia, na estrada ao sul, a cada dezesseis quilômetros eu passava por bloqueios em que soldados revistavam veículos à procura de contrarrevolucionários. Então entrei nas terras saxãs e, sem demora, ao fazer a curva numa colina sobre o rio Târnava, avistei a silhueta pontiaguda da cidade de Sighişoara adiante.

Perambulei por ruelas medievais e subi as centenas de degraus de madeira da igreja gótica no alto da colina que dava para os telhados íngremes e os limites da cidade, então brancos e abarrotados de neve. O zelador da chave morava em uma torre junto da igreja. Na noite anterior um lobo tinha escalado o muro no fundo de seu jardim e matado duas de suas ovelhas. Ele me mostrou as pegadas. Estávamos bem no centro da cidade. Para chegar até lá o lobo devia ter trotado pelas ruas de paralelepípedos e pelas calçadas. Voltando por aquelas ruas de paralelepípedos passei por um homem com um acordeão, bêbado, tocando e cantando sozinho enquanto cambaleava. «*Libertate!*», disse ele, tirando o gorro.

De Sighişoara dirigi rumo a oeste para a cidade de Copşa Mica, onde fábricas obsoletas escureciam o campo, expelindo fumaça espessa e sufocando a população. Oito quilômetros antes de chegar ali a neve tinha ficado cinza. Nas ruas, crianças com rostos cobertos de fuligem, muitas vezes maltrapilhas, acenavam do acostamento e faziam gestos de vitória quando me viam passar. Parecia não haver nenhum outro carro. Então uma locomotiva a vapor, fumaça branca e espessa lufando de sua chaminé, cortou pelos trilhos ao lado da estrada.

Em uma noite cinzenta de inverno dirigi até Timişoara, a última cidade grande antes da fronteira e cenário do massacre do mês anterior. Era 15 de janeiro. Ainda havia tanques nas estradas e tropas nas esquinas das ruas. Do alto dos telhados eu era vigiado por binóculos enquanto caminhava na praça principal. Na praça, as lojas estavam queimadas e suas vitrines quebradas ou com marcas de balas; fontes e estátuas decorativas tinham sido esmagadas por tanques cujos rastros ainda podiam ser vistos na lama, agora congelada, junto com pegadas de manifestantes que tinham estado ali naquela noite; árvores jovens tinham feridas abertas nos troncos, dilacerados por balas, de um lado pequenos buracos na casca, no outro a carne branca da madeira devastada.

Um homem se aproximou e começou a falar. Ele queria me contar o que tinha acontecido. A longa praça estreita não tinha ruas saindo dela; as únicas saídas ficavam nas duas extremidades. Ele apontou para o local onde a polícia e a Securitate tinham se enfileirado nos telhados enquanto os tanques travavam as rotas de fuga abaixo. As pessoas ficaram presas. Foi um massacre de homens, mulheres e crianças desarmados em uma exibição de força. Ninguém sabia quantos tinham morrido. «Eles apenas os abateram», ele gritou, de repente irado ao se lembrar de tudo, «as pessoas não podiam fazer nada.» Lágrimas agora escorriam em suas bochechas. Ele se acalmou um pouco. «E sabe o que aconteceu em seguida? Mais tarde na mesma noite, entre duas e quatro horas da madrugada, Deus chorou. Choveu torrencialmente e o sangue foi todo lavado.»

Foi essa repressão brutal que deu início à Revolução. Os romenos que encontrei por todo o país eram as pessoas mais gentis, doces e civilizadas que eu já tinha conhecido. Eles ficaram aterrorizados com aquela chacina impiedosa. Ela os colocou no limite. Após quase 25 anos no poder, Ceaușescu calculou mal. Depois do massacre tudo aconteceu rápido. Os que estavam infelizes com seu regime aproveitaram o momento. O povo os apoiou. Dentro de uma semana Ceaușescu e sua esposa jaziam mortos em uma poça de sangue no quintal de uma guarnição de milícia em Târgoviste. A retaliação do povo tinha sido rápida.

2
Nas colinas rumo a Halma

Terra entrevista num relance, [...]
Com suas fontes, frutas, aves
E flores de matiz mais suave,
Onde tudo é novo, admirável;

Robert Browning, *O flautista
de manto malhado em Hamelin*[2]

Era o início do outono, um ano depois de minha primeira visita, e eu andava de vilarejo em vilarejo pelas colinas da Transilvânia. Quando cheguei ao limiar de um bosque hesitei por um momento; aqui as florestas se estendem por quilômetros em todas as direções e eu não tinha como saber quão grande era aquela. Contudo, respirando fundo, segui por entre as árvores e imergi do sol quente do lado de fora em um mundo verde e fresco de luz e sombra tremeluzente sob as copas de folhas translúcidas. Não havia som algum exceto o canto de pássaros distantes. Em alguns lugares feixes de luz imergiam das copas como raios do sol através das nuvens e iluminavam áreas do chão da floresta. Em todas as direções troncos de faia, carvalho e choupo se perdiam

---

2   Robert Browning, *O flautista de manto malhado em Hamelin*. Trad. de Alípio Correia de Franca Neto. São Paulo: Iluminuras, 2007, p. 43.

na escuridão. Eu imaginava quais criaturas estariam espreitando ali, me observando das sombras, e sentia o poder que essas florestas deviam exercer no imaginário do povo. Eu caminhava havia uma hora, traçando meu caminho entre os troncos prateados das árvores e ainda não tinha saído. Então por fim enxerguei uma luz à frente.

Saí da floresta escura por um caminho de lenhadores e dei num prado ensolarado. Apoiado no bastão que eu tinha talhado para me defender dos cães ferozes que guardavam os rebanhos de ovelha contra lobos e ursos que vivem na floresta, pisquei repetidamente para me acostumar com a claridade do dia. Adiante, em um vale, consegui avistar o campanário de uma igreja.

Cansado e com sede depois da longa caminhada no calor da Transilvânia naquela época do ano, fiquei aliviado ao me deparar com um vilarejo onde encontraria água. Segui com energia renovada por um caminho que cortava prados havia pouco roçados e adentrei por entre as casas e pomares do vilarejo, onde os galhos das macieiras e pereiras estavam carregados de frutas.

Ao descer para o vilarejo vi uma garota em um pátio baixando um balde num poço. Ela vestia um vestido *dirndl* azul e tinha cabelos loiros compridos, atados em tranças como as garotas camponesas da Alemanha. No trem para a Transilvânia, e nos meses anteriores, eu tinha me esforçado para aprender romeno e lá estava uma oportunidade para praticar. Coloquei o rosto sobre a cerca e lhe perguntei, em frases vacilantes, se ela poderia me oferecer um copo de água.

«*Können Sie vielleicht Deutsch?* – Você fala alemão?», respondeu ela.

«*Ja, ein wenig* – Sim, um pouco.»

«*Also, wenn Sie wollen können wir freilich Deutsch sprechen. Bitte, kommen Sie herein* – Então se quiser, é claro, podemos falar alemão. Por favor, entre.»

O pai dela, que estivera roçando o jardim, apareceu na lateral da casa, e sua mãe, ao ouvir vozes, saiu para o alpendre. Os dois também tinham cabelos claros e olhos azuis. Eles tinham uma aparência diferente dos romenos e falavam alemão fluente. Eu estava confuso. Estávamos bem longe das partes alemãs da Europa, quase nos Bálcãs; presumi que deviam ter vindo morar ali recentemente, cansados da agitação da vida moderna na Europa Ocidental.

«Não», eles me disseram, «nossa família está aqui há oitocentos anos.»

Eles insistiram que eu bebesse vinho em vez de água e me convidaram a sentar à uma mesa de madeira sob a sombra de uma videira que se alastrava. Uma mulher mais velha, a avó da casa, vestindo um avental e um chapéu de palha de aba larga, estendeu uma toalha branca limpa sobre a madeira de pinheiro lixada, alisando-a cuidadosamente nas laterais, e logo vinho, copos e um prato de bolos recém-saídos do forno estavam dispostos diante de nós.

«Nossos ancestrais vieram para cá do norte da Europa no século XII», o pai me disse, enchendo meu copo de vinho. «Como você, nós somos saxões. Você é anglo-saxão e nós, saxões da Transilvânia.»

Ele continuou contando a história de seu povo. Os saxões tinham, aparentemente, vindo para cá a convite do rei húngaro para defender contra as tribos de cavaleiros nômades saqueadores do leste que preocupavam as fronteiras sul de seu reino, e eles estavam ali desde então. Ele explicou como, durante todos aqueles oitocentos anos, os saxões tinham vivido cercados de romenos e húngaros, mas continuado distinta e lealmente saxões. Eles se casaram apenas entre seu próprio povo e mantiveram os antigos nomes germânicos. Construíram vilarejos exatamente como os que deixaram para trás na Europa setentrional, ainda falavam a língua «saxã» arcaica, ainda usavam as roupas saxãs tradicionais – que mais tarde descobri que tinham uma semelhança extraordinária com aquelas representadas nas pinturas renascentistas flamengas – e ainda mantinham costumes medievais que tinham aprendido com seus ancestrais saxões.

Em todas as reviravoltas e idas e vindas de oitocentos anos desta fronteira constantemente disputada do limite da cristandade, os saxões preservaram a sua diferença característica. Sua enorme igreja se destacando sobre nós no alto da colina atrás da casa, com suas muralhas circulares, seus bastiões e telhados pontiagudos, tão estrangeira no estilo e tão defensiva no propósito, ela contava a história.

«Era assim que as coisas eram, e por ora ainda são», a esposa do homem disse. «Mas agora vamos todos embora. Todo mundo decidiu partir. O governo alemão ofereceu a todos os saxões cidadania alemã, e, porque conseguimos ganhar mais dinheiro na Alemanha, todo mundo perdeu a cabeça e está fazendo as malas. Está vendo a casa do outro lado da estrada? As pessoas que moravam ali foram embora na semana passada. Levaram apenas algumas malas. Não tinham permissão para levar mais nada. A casa ainda está cheia das coisas deles, mas eles emigraram.» *Ausgewandert* foi a palavra que ela usou; soava como se eles apenas tivessem mudado de rumo. «Pediram que a gente tomasse conta da casa, e é claro que vamos fazer isso, mas todo o resto das pessoas diz que também vai embora. Já são mais de cem os que partiram. Se todos forem, nós também vamos, o que mais podemos fazer? E, se formos, quem vai tomar conta das casas?»

«Mas com certeza agora é o momento de ficar», disse eu. «Agora que os comunistas foram depostos, com certeza vocês podem juntar os cacos e começar uma vida nova.»

«Sim, poderíamos», eles disseram, «se os outros ficassem. Mas como os saxões dizem: '*Die Letzten werden die Hunde Beissen* – o cachorro morde aqueles que ficam por último'. Os outros não querem ficar e nós não queremos ser os últimos e levar mordidas. Depois de oitocentos anos, os saxões estão cheios. Não confiam no novo governo e estão preocupados com a possibilidade de a oferta da cidadania alemã não continuar e de eles a deixarem passar. E se ficarmos sozinhos o que vai acontecer com Gerhilde? Ela não vai ter amigos saxões. Se ela quiser se casar com um saxão, como é nosso costume, vamos ter que ir embora. Não vamos ter escolha.»

Gerhilde em seu vestido *dirndl* e tranças loiras ouvia sentada. Ela parecia uma aparição de outra era. Eu não conseguia imaginar como ela podia sobreviver casada com um operário em um subúrbio moderno e desalmado de Frankfurt ou Karlsruhe. Ao nosso redor, as galinhas ciscavam a grama e no banco ao lado de Gerhilde estava sua velha avó com um sorriso afável no rosto e um olhar calmo. Junto dela o gato dormia enrodilhado na sombra fresca das folhas das videiras.

«Mas, se todos vocês forem, quem vai tomar conta das casas e da sua igreja magnífica?», perguntei.

«Pois é, quem? Ninguém. Elas vão se arruinar e os ciganos vão se servir do que sobrar.»

«É muito triste», disse eu.

«Sim, mas o que podemos fazer?», disse a doce avó dando de ombros.

«*Alles ist vorbei* – Está tudo acabado para nós agora», suspirou o pai.

«Vocês têm que tentar ficar», eu lhes disse. «Não vão encontrar na Alemanha nenhum lugar tão bonito quanto esse.»

«Nós sabemos», disseram eles.

Eles mencionaram os ciganos. Eu tinha ouvido muito sobre eles, e de fato os tinha visto com frequência mesmo durante o pouco tempo em que eu estivera na Romênia. Eles eram um clarão radiante e exótico na paisagem. «A Romênia sem seus ciganos», escreveu Konrad Bercovici, autor romeno emigrante, «é tão inconcebível quanto um arco-íris sem as cores ou uma floresta sem pássaros.» Os ciganos de fato podiam ser vistos por toda parte, mas até agora raramente tínhamos tido contato.

Eu costumava observá-los de longe enquanto viajavam pelas estradas do interior em suas carroças maltrapilhas, ou sentados à sombra de uma árvore, descansando durante uma jornada, seus cavalos pastando o capim em algum canto próximo. Certamente eles eram pitorescos sem esforço; rosto escuro e descalços, com fitas e conchas nos cabelos, e camadas de saias multicoloridas abertas na grama, pareciam sempre estar posando como se estivessem dispostos para um artista pintá-los. Ao redor do pescoço usavam correntes de moedas de ouro; assim como pastores gregos das montanhas costumavam juntar sua fortuna em soberanos de ouro britânicos, muitos ciganos juntavam, e ainda o fazem, em táleres e florins austro-húngaros, nos quais podem ser vistos perfis de um Francisco José com suíças bastas ou até mesmo uma rechonchuda Maria Teresa.

Encontrar esses ciganos na estrada era como se deparar com um bando de pássaros tropicais em um carvalho. Mas sempre era difícil se aproximar deles. Não que eles saíssem voando: muito pelo contrário. Ao se aproximar, uma investida de crianças corria até você, rapidamente seguida pelas mães com as mãos estendidas, rostos e língua implorando. Se você dava uma moeda para um deles, seguia um coro de «*Da și mie! Da și mie!* – Dá pra mim também» de todos os outros. O caos de tais encontros espantaria o mais paciente ou imprudente. Para Patrick Leigh Fermor nos anos 1930 as coisas foram um pouco diferentes. Elas «nos envolveram em gritos e súplicas e numa malha de braços, qual gavinhas marrons», ele escreveu em *Entre a floresta e a água*, «das quais só conseguimos nos livrar jogando moedas para além de suas cabeças, como se fossem confete».[3]

«Tem muitos ciganos por aqui?», perguntei aos pais de Gerhilde.

«O lugar está cheio deles.»

«E vocês têm um bom relacionamento?»

«De certa forma, sim, de certa forma, não. Nem todos são tão maus», disseram, «mas não são como nós. Nós trabalhamos o dia todo no campo todos os dias para ter comida suficiente para o inverno. Eles não trabalham assim. Querem comer, é claro, mas não querem cultivar. Em vez disso, trabalham por diárias, caso contrário passariam fome, e, para ser justo, quando trabalham, trabalham duro, nos campos, ordenhando as vacas, mexendo com metal, com construção, seja o que for. Mas gastam o que receberam imediatamente. Então, quando o inverno chega, pasme, eles não têm dinheiro

---

3   Patrick Leigh Fermor, *Entre a floresta e a água*. Trad. de Maria Fernandes Serra e MV Serra. Rio de Janeiro: Edições de Janeiro, 2020.

e não têm comida e vêm mendigar para nós. Eles são extremamente desorganizados mas não parecem se importar. É claro que damos o que podemos, e às vezes eles fazem trabalhos eventuais para nós, como rachar lenha. Se formos embora, não sei o que vai acontecer com eles. Não vão ter para quem trabalhar nem para quem mendigar.»

Enquanto conversávamos, um grupo de garotas de pele escura passou por nós no caminho junto da casa. Aquelas, presumi, eram algumas das ciganas, embora não estivessem com roupas tão exóticas como as que eu tinha visto na beira das estradas. Elas voltaram o rosto para olhar para o pátio, e riram seguindo a trilha para o centro do vilarejo.

Estávamos conversando havia muito tempo e o sol estava baixo no horizonte.

«Se quiser passar a noite, podemos arrumar uma cama para você», o pai disse. «O próximo vilarejo fica a muitas horas a pé daqui e você tem que caminhar pela floresta.»

Aceitei sua oferta gentil.

Antes de a noite cair, fui dar uma volta na praça do vilarejo. Uma cegonha circulava sobre os telhados e foi pousar num ninho bem no alto de um dos bastiões da grande igreja. Uma mulher que estava por perto notou que eu observava.

«Logo as cegonhas vão embora. Elas vão todo ano no fim de agosto, voam para o sul para países mais quentes. Mas vão voltar no dia 22 de março.»

«No mesmo dia todo ano?»

«Sim», disse ela. «E nós também vamos logo, mas, quando formos, não vamos voltar.»

«Você é saxã.»

«*Ja.*»

Perambulei em direção ao *crîşma*, o bar do vilarejo, de onde eu ouvia música vindo. Entrei pela porta. Todos conversavam animados e eu me sentei numa mesa do canto com um copo de cerveja. No fim do salão, dois ciganos tocavam, um violino, o outro, acordeão. A música fluía fácil e sem esforço entre bebidas, sorrisos e conversa, cada um improvisando em harmonia com os floreios do outro. Os instrumentos pareciam parte de seu corpo, tão naturalmente eles tocavam, e a música, embora não fosse sofisticada, tinha um estranho ritmo oriental que criava um efeito hipnótico. Quando saí do *crîşma* naquela noite e voltei para a casa dos saxões, senti como se estivesse enfeitiçado.

Depois de um copioso café da manhã de ovos, me despedi dos saxões e segui para o próximo vilarejo. «Vai levar algumas horas para chegar a Floreni», eles disseram.

Ao sair, perguntei como se chamava seu vilarejo.

«O nome é Halma», me disseram, «pelo menos é o que os romenos dizem, mas nós o chamamos de Helmsdorf. O chamamos assim porque a tampa da fonte é feita de elmos turcos.»

«Cuidado com os ciganos», me avisaram ao fechar o portão atrás de mim. «Pelo menos você tem um bom bastão – *ein anständiger Stock!*»

Da casa fui caminhando pelo antigo assentamento saxão, contemplando o estuque ornamental e as fachadas coloridas das casas que em breve seriam abandonadas. Era difícil entender como os saxões poderiam se convencer a deixar um lugar encantador como esse com seus oitocentos anos de história.

Reflexivo, passei pela praça do vilarejo. As margens eram orladas de pereiras e no meio dela serpenteava um riacho fino. Os saxões tinham me dito que a melhor água potável ficava no centro do vilarejo, e, vendo um grupo de ciganos estendidos nas margens do riacho, chamei-os para perguntar onde seria.

«*Acolo* – Logo ali», gritou um, apontando.

«Espere, vamos ajudá-lo com o balde», gritou outro, e todos se levantaram. Havia também algumas moças e um rapaz.

Sempre me avisaram para ser cauteloso com os ciganos, não apenas os saxões, mas estes pareciam bastante inofensivos, embora à medida que se aproximavam eu pudesse ver algo provocativo e desafiador em seus olhos, e os sorrisos das moças estavam cheios de segredos.

Enquanto o rapaz puxava o balde, as moças me perguntaram de onde eu era.

«Sou da Inglaterra. E vocês?»

«*Sîntem* Țigani – Somos ciganos», responderam em um tom de provocação, como que para sugerir que sabiam que eu já tinha sido avisado sobre eles.

«Vocês moram aqui? Ou estão viajando?», perguntei.

«A gente mora aqui», responderam.

«Mas achei que os ciganos iam de um lugar para o outro.»

«Alguns sim, mas nós não. Somos de famílias de músicos. Músicos moram num só lugar.»

«Que instrumentos vocês tocam?», perguntei.

Elas riram. «Garotas não tocam, a gente só dança ou canta.»

Uma delas fez uma rápida demonstração, movendo os braços e os quadris como uma *houri*, e todos caíram na gargalhada.

«E o que vocês fazem o resto do tempo?»

«*Nimic* – Nada», responderam elas, dando de ombros alegremente.

O sol reluzia na água do balde enquanto eles a vertiam na minha garrafa. O calor e a brisa leve da tarde de fim de verão pareciam ideais para deitar junto do riacho e não fazer nada.

«Pegue algumas maçãs», uma das moças disse, lustrando-as na saia. Ela tinha olhos vivos e audaciosos. «Elas estão docinhas.»

Agradeci quando ela me estendeu as maçãs e perguntei qual era o caminho para Floreni.

«É só seguir esta trilha e avançar pela floresta ali em cima», ela disse apontando para as árvores no alto da colina.

«Mas por que você vai para Floreni?», perguntaram.

«Quero dormir lá esta noite.»

«Você devia ficar aqui. É muito mais divertido aqui», disseram elas, os olhos vivos com a insinuação.

«Quem sabe da próxima.»

«Será que você está com medo de nós?», disse a moça que tinha me dado as maçãs. «Você não devia acreditar no que as pessoas falam sobre os ciganos.»

Ela tinha um ponto. Talvez eu estivesse com um pouco de medo deles – com medo de um povo sobre o qual eu não sabia quase nada exceto por histórias e pelo que eu tinha visto eventualmente na beira das estradas. Mas de alguma maneira era culpa deles mesmos. Os saxões tinham uma solidez e um aspecto caseiro que inspiravam confiança. Os ciganos eram diferentes. Seus olhares, gestos e palavras pareciam destinados a abalar. Havia algo inquietante e imprevisível neles. Era difícil saber o que se passava por trás de seus olhos chamativos.

«Ninguém disse nada ruim sobre vocês», respondi, preocupado que os saxões pudessem ter problemas se eu não o fizesse. «Obrigado mais uma vez pelas maçãs», eu disse, e segui rumo aos campos.

«... e divirtam-se não fazendo nada», gritei por cima do ombro.

«Nós vamos!», elas gritaram de volta.

E foi assim que conheci Marishka.

3
Para a casa de Mihai

Veşnicia s-a născut la sat
[A eternidade nasceu no vilarejo]

Lucian Blaga, «Sufletul Satului»
[A alma do vilarejo]

Quando eu era criança, morava no sul da Inglaterra em uma bela casa encerrada no fundo de um vale escondido. A casa, cercada por bosques e montes nos três lados, era abençoadamente separada do resto do mundo, e lá passei uma infância deliciosa e reclusa. Meu pai e minha mãe, cujas famílias tinham vindo da Irlanda, tocavam o lugar à moda irlandesa. Durante o dia as portas da casa estavam sempre abertas, e nós, crianças, tínhamos permissão para perambular como quiséssemos pelas colinas. Uma das coisas de que eu mais gostava naquela época era fazer longas caminhadas pelo campo que nos cercava com nosso leal e felpudo springer spaniel marrom e branco que, quando eu parava para me sentar à sombra de um aglomerado de faias e admirar a vista dos ondulantes Sussex Downs e além deles o mar e a ilha de Wight, saía para perseguir coelhos e se sentava do meu lado, recostando no meu braço e descansando a cabeça no meu ombro.

O cenário diante de nós era lindo e idílico, mas sempre, no fundo, eu sentia que havia algo errado. A verdade era que, por mais bonito que fosse, era fantasmagoricamente vazio. Não havia ninguém ou quase ninguém. Às vezes algum velho caipira, uma relíquia do passado, cuja própria raridade me faria pular, podia emergir dos arbustos com alguns coelhos ou pombos pendurados no ombro. Fora isso não havia ninguém. Eu tinha lido *Lark Rise to Candleford*, de Thomas Hardy, e ficava imaginando que poderia encontrar um pastor guiando seu rebanho de ovelhas, ou me deparar com um acampamento cigano em um vale, ou crianças caminhando para casa nos montes vindas da escola do vilarejo com pastas nos ombros. Mas isso nunca aconteceu. Na época presumi que esse vazio era a norma. Eu me conformei com o fato de que o mundo tinha mudado desde o tempo de Hardy.

Mas agora eu tinha estado na Romênia. Lá vi que esse vazio não era como o interior precisava ser. Na Romênia os campos e bosques estavam fervilhando de pessoas. Por toda parte que passei encontrei homens e mulheres que paravam de trabalhar, se apoiavam em suas foices ou enxadas e conversavam comigo como se tivessem todo o tempo do mundo. Então à noite, tendo percorrido quilômetros por campos cheios de faixas de flores selvagens colorindo o alto das colinas e se alastrando por eles, e por florestas densas e por vezes assustadoras que se estendiam por quilômetros em todas as direções, eu chegaria a uma trilha de terra que levava a um vilarejo. Esses vilarejos podiam ser remotos mas também estavam cheios de pessoas, jovens e velhas, todas encantadas por conhecer estranhos e sempre generosas o suficiente, por mais pobres que fossem, para me oferecer uma refeição ou uma cama para passar a noite.

Eu estava determinado a voltar para esse país encantador, mas quando eu não sabia.

O «quando» foi resolvido em 1993. Uma crise financeira insolúvel nos abateu e meu pai foi forçado a vender a bela casa que tinha, por toda a minha vida, sido nosso refúgio do mundo moderno. Então de repente ela não estaria mais lá. Vaguei pelo jardim pela última vez, vendo todos os lugares onde eu passara os dias mais felizes da minha infância, depois me afastei e deixei aquele vale particular de felicidade para sempre.

Um ano se passou, e então outro, e minha vida na Inglaterra transcorria inofensivamente. Tentei por um tempo morar em Londres, mas era inútil. Quanto mais eu andava pelas ruas da cidade, mais sabia que não tinha nascido para caminhar por calçadas. O interior da minha infância tinha me tornado inadequado para a vida na cidade grande. Eu ansiava pela paz acolhedora do vale novamente, uma paz de que o mundo onde eu estava agora parecia quase completamente desprovido.

Dois anos depois de vendermos a antiga casa, eu sabia que precisava de um novo lugar para ir. Por sorte, àquela altura, havia uma primeira opção óbvia. A Romênia tinha muitos vales bonitos e tranquilos para os quais fugir mais uma vez das realidades mais desagradáveis da vida moderna.

De fato eu não conseguia tirar a ideia da Romênia da minha cabeça. Parecia a ala de uma mansão que ficara fechada por cem anos. Eu não via a hora de ir explorar antes que as pessoas começassem a mudar as coisas. Mas queria explorar direito, e tinha certeza de que devia ficar lá por pelo menos um ano, para ver todo o ciclo das estações e observar todos os detalhes do antigo estilo de vida. Os livros e a poesia que eu tinha lido sobre a vida no campo na Inglaterra e na Rússia do século XIX não eram suficientes. Eles serviam apenas para aguçar meu apetite. Queria ouvir eu mesmo os sons, sentir os cheiros, aprender a roçar, a fazer medas e usar charruas, ir para suas feiras na colheita, dançar suas danças e cantar suas músicas. Queria respirar fundo os últimos suspiros do mundo revigorado com o qual eu tinha me deparado, antes que ele mudasse e desaparecesse para sempre.

No início de 1996 eu consegui por fim me livrar das posses e responsabilidades que me prendiam à Inglaterra, e numa manhã primaveril, com o passo leve e assobiando uma melodia alegre, fui embora de Londres. Em meados de maio me vi mais uma vez atravessando as montanhas do norte da Romênia, exatamente como havia feito seis anos antes. Deixando o mundo moderno para trás com uma sensação de júbilo, desci rumo aos vales e vilarejos isolados do Maramureș, voltando para as terras onde seis anos antes eu tinha visto os sapatos extraordinários.

Durante uma semana caminhei pelas colinas e pelas florestas em busca de um lugar para morar, dormindo onde podia encontrar abrigo. Um dia, quase ao cair da noite, depois de muitos quilômetros de caminhada, bebendo água de fontes escondidas que pastores me indicavam, me vi num espinhaço olhando para um pequeno vilarejo. Desci pela colina e parei num casebre de madeira em um vale cercado de árvores. Só era possível chegar a ele de carroça ou a pé. Nele viviam, em um cômodo de terra batida, uma velha senhora e seu neto. Perguntei a eles se havia um lugar onde eu poderia passar a noite, e me apontaram um monte de feno protegido da chuva por um telhado de ladrilhos. «Acabamos de cortar o feno», eles disseram, «é o melhor cômodo da casa.»

À luz de um lampião de querosene, jantei pão e leite. Uma cabra que perambulava pelo cômodo pulou na cama ao lado da velha senhora. Ela a agarrou pelas pernas traseiras e a ordenhou em uma tigela que, quando terminou, colocou diante de mim na mesa, com um sorriso largo no rosto.

Depois me fez algumas perguntas.

«De onde você é?»

«Da Inglaterra», respondi.

«E onde é que isso fica?»

«Bem, é longe daqui.»

«Ah, no mundo exterior. Entendi. E em que direção fica?»

«Fica a noroeste, por ali», eu disse apontando, «mas a 2 mil quilômetros, do outro lado da Europa.»

«E você veio desde lá até aqui?», ela perguntou, claramente maravilhada.

«Sim», eu disse. Por um momento ela pareceu perdida em pensamentos, e depois acrescentou: «Mas como é que você conseguiu achar o caminho?». Ela achava que o mundo todo era feito de pequenas trilhas como as que levavam do seu vilarejo para os vizinhos, e deles para a floresta e o alto das montanhas.

Depois de uma noite no ar fresco, com a cabeça descansando em um travesseiro de flores e grama, desci a escada para tomar o café da manhã. Um prato de ovos foi colocado na minha frente, e mais leite de cabra. «Coma!», disse a velha senhora.

O gato me observava de uma prateleira sobre o fogão, galinhas entravam e saíam pela porta, e a cabra pastava no pátio. A velha senhora começou a falar. Ela tinha preparado mais perguntas durante a noite.

«Você tem uma vaca na Inglaterra?»

«Não, não tenho.»

«Tem uma cabra ou uma ovelha?», ela continuou. Precisei admitir que não tinha.

«Quem sabe um porco?»

«Não.»

«Nada?», ela perguntou, impressionada. «Você não tem nem um gramado onde mora?»

«Ah, sim, lá tem grama», eu disse, pensando no jardim, e satisfeito por poder alegar por fim possuir alguma coisa.

«Então por que não tem uma vaca?», ela insistiu.

«Bem, eu compro leite e carne em lojas», expliquei.

«Então o que é que você faz com a grama?», perguntou, confusa, se afastando e balançando a cabeça e espalhando milho para as galinhas.

Ela voltou cinco minutos depois.

«Talvez tenha um cavalo?»

Graças a Deus, pensei. «Sim, tenho sim um cavalo, ou melhor, meu pai tem; na verdade muitas pessoas na Inglaterra têm um cavalo em vez de um porco ou uma vaca.» Mas essa notícia não a agradou.

«Ah, mas como pode. Não. Não é possível ter um cavalo e não uma vaca», ela disse, como se explicasse a questão para uma criança. «Você sempre deve ter uma vaca em primeiro lugar. Elas são muito mais úteis do que cavalos.»

Quando parti para continuar a minha jornada, ela recusou qualquer tipo de pagamento por sua hospitalidade. Em vez disso me deu pão e queijo de cabra para levar em minha bolsa e me ofereceu um conselho que ponderei ao seguir pelos caminhos cheirando à primavera, ao subir a colina e entrar na floresta. «Não se esqueça, quando voltar à Inglaterra, vá ao mercado, venda o cavalo e compre uma vaca.»

Em um pasto verde, bem acima dos vales e vilarejos, passei a noite seguinte em um redil. O pastor estendeu um cobertor no chão em uma choupana feita de varas de aveleira e com a frente aberta. O pouco calor que havia era fornecido pela fogueira que queimava bem na frente da abertura. Ele depositou em minhas mãos uma xícara de leite de ovelha morno. Enquanto eu bebia, ele saiu e se sentou em uma pedra. Lá apanhou uma longa corneta de metal, levou aos lábio e assoprou. Os estampidos ecoaram ao redor da colina que nos cercava. Era a primeira vez que eu via uma verdadeira corneta de pastor sendo usada por um. Eu o observei absorto tocando as notas lastimosas sentado. Quando estavam sozinhos nas colinas junto da floresta, ele me disse, era bom tocar a corneta e ouvir de longe outro pastor respondendo para espantar a solidão.

Diante de nós, as montanhas se estendiam ao longe pelo horizonte. O pastor olhava para elas.

«Passei uma grande parte da minha vida aqui. A gente vem todo ano, ordenha as ovelhas três vezes por dia, todos os dias, faz queijo, então fica velho e morre, e eu nem sei o que existe além daquelas montanhas.»

Com o sol se pondo nas colinas a oeste, ele me perguntou se o sol nascia e se punha no mesmo lugar na Inglaterra. Eu lhe garanti que sim. E vocês têm inverno e verão? E vento e chuva? E existem colinas na Inglaterra? Todo mundo é alto como você? As perguntas vinham densas e rápidas.

«É interessante para nós saber essas coisas», ele disse. «Espero que não ache mal educado da minha parte perguntar.»

Na estrada um pequeno grupo de ciganos viajantes se juntou a mim carregados de panelas de cobre para vender no vilarejo seguinte. Mãe, pai e quatro crianças. Eles eram amigáveis e caminhamos juntos por um tempo. As garotas estavam todas vestidas em roupas ciganas tradicionais, com borlas e fitas vermelhas embutidas nos cabelos trançados para afastar espíritos malignos. Conchas pendiam de suas tranças e de cordões ao redor do pescoço. Eu me perguntava de onde tinham vindo as conchas.

«Foram para a praia?», perguntei.

«Sim! A gente foi», responderam radiantes, pulando alto e saltitando.

«Poxa, que maravilha. E vocês gostaram?»

«Sim, era linda», elas guincharam alegres.

Neste ponto o pai interveio.

«Não mintam para o cavalheiro!», ele falou grosso. Então se voltou para mim e disse: «Elas ganharam da avó. Ela esteve no mar Negro muitos anos atrás».

Algumas noites depois, na véspera de Pentecostes, desci por entre pomares até um vilarejo chamado Breb. Os moradores, exaustos do dia trabalho, iam para casa vindos dos campos no fim da tarde, enxadas ou foices nos ombros e cestas de vime de fundo abaulado nas costas. Eles me cumprimentaram sorrindo e perguntaram para onde eu estava seguindo. «Para a casa de Mihai, filho de Gheorghe, filho de Ștefan», respondi. Eu tinha ouvido dizer que ele e sua esposa Maria, por não terem filhos, poderiam ceder um quarto onde eu pudesse ficar.

Encontrei Mihai em uma destilaria rústica e enfumaçada, vestindo uma bata com mangas de sino e *opinci* – os impressionantes calçados presos por tiras de couro trançadas até o joelho que eu tinha visto em minha primeira viagem à Romênia em 1990. Do lado de fora estava uma carroça com um barril cheio de uma mistura borbulhante de ameixas, peras e maçãs, que Mihai transferia para um alambique bulboso de cobre.

Com um sorriso largo de boas-vindas, Mihai não perdeu tempo e me passou uma caneca de alumínio batida de *horincă* – a aguardente de ameixas do Maramureș – e fez sinal para que eu bebesse.

«*Noroc! Și să trăiți la mulți ani!* – Boa sorte! E que você viva muitos anos», ele disse.

Eu engoli, então engasguei, balbuciei e coloquei a mão no peito, sem conseguir falar. Mihai riu. Sua infusão duplamente destilada era evidentemente forte demais.

Já em casa Mihai me deu outra caneca de *horincă* recém-feita enquanto sua esposa Maria, também vestindo uma bata bordada e *opinci*, arrumava minha cama e preparava linguiças e uma sopa de batatas para o jantar.

«Deve estar com fome depois de sua longa caminhada. Coma o quanto quiser», disseram. Quando estava prestes a ir para meu quarto, Mihai, filho de Gheorghe, filho de Ștefan, me disse: «Queria que você soubesse que pode ficar o tempo que quiser». Acabei ficando por quatro anos.

Naquela noite dormi profundamente, confortado pelo som do riacho e inebriado pelo ar fresco da montanha. Quando me levantei na manhã seguinte, Mihai e Maria estavam na cozinha. Do lado de fora o galo, com penas verdes no rabo adequadas para o chapéu de um imperador da Áustria, pavoneava-se pelo celeiro, e o porco, cujo nome era Grigor, dava sua zanzada matinal pelo quintal.

Um prato de ovos mexidos com banha de porco frita (do antecessor de Grigor, temo) foi colocado diante de mim, com um copo de leite espesso e cremoso e outro de *horincă*. Instintivamente recusei a *horincă*, mas mudei de ideia ao ver o olhar de decepção no rosto de Mihai.

O Maramureş é um território cortado por montanhas ao sul e, desde 1945, pela fronteira com o que era a União Soviética ao norte. Até 1920 80% de sua superfície era coberta por floresta. Ainda hoje há algo distintamente silvestre em relação aos Maramureşeni, especialmente quando os vemos reunidos em suas igrejas de madeira rezando para Deus ajudá-los a ganhar a vida, com suas ferramentas quase todas de madeira, em seus pequenos pedaços de terra cercados pela floresta ecoante.

Em vales cercados por florestas e montanhas, sem cidades de nenhum tamanho por perto, remoto e mal conectado com o mundo exterior, o Maramureş permaneceu uma das regiões mais inalteradas da Europa. Seu modo de vida tradicional foi tão bem preservado que, em tempos mais recentes, uma série de etnologistas e filólogos de diferentes partes do mundo atravessaram os desfiladeiros para estudar a vida, os costumes e a língua desse povo único e isolado. Nos meus primeiros dias lá, um velho camponês, que levava uma foice e vestia uma bata de linho, me perguntou de que universidade eu vinha. Não que tivesse havido tantos professores – muito poucos, na verdade, talvez dez em vinte anos –, mas as únicas pessoas que tinham passado por ali eram professores de um tipo ou outro. Assim como John Synge descobriu quando foi para as ilhas Aran em 1905, os camponeses do Maramureş, como nunca tinham visto mais ninguém, pareciam acreditar que todo o mundo exterior era composto de filólogos.

No entanto eu não tinha ido para lá como cientista; apenas para morar e trabalhar com eles antes que seu antigo modo de vida mudasse para sempre. Montaigne olhou pela janela de sua torre na França, viu camponeses trabalhando e arando os campos e se deu conta de que, com sua rotina simples, eram provavelmente mais felizes do que ele. Então era a última chance de testar essa teoria. A Revolução de 1989 logo seria seguida pelo assalto do modo ocidental de fazer as coisas. O tempo claramente estava acabando para quem quisesse ver e sentir como a vida no campo havia sido muitos séculos atrás. Na Romênia ela sobrevivera por quarenta anos de comunismo, mas era provável que a nova ordem fosse de modo geral mais destrutiva. Era só uma questão de tempo antes que o mundo moderno viesse marchando pelas montanhas.

Durante os anos que fiquei ali pude aprender muito sobre a vida dos Maramureşeni. Eles me acolheram, me alimentaram, me protegeram e falaram livremente sobre seus modos. O vilarejo de Breb acabou virando uma casa para mim, e, embora dali eu viajasse com frequência pelo interior, aquele era o lugar para onde eu sempre voltava, para rostos acolhedores e sorridentes, e para a sabedoria e sanidade discretas de Mihai. Foi uma época antes de as coisas começarem a mudar, antes de a propaganda chegar, antes de os jovens começarem a ficar inquietos, influenciados pelo que ouviam sobre a vida além das montanhas. O mundo moderno ainda não tinha começado seu trabalho traiçoeiro de minar seu modo de vida feliz e inocente.

Mihai era um homem agradável e gentil de olhos azuis e basto cabelo grisalho. Sempre usava uma bata branca, as mais surradas durante a semana e as mais elegantes e alvas, de tecido melhor e mais grosso, aos domingos e dias santos. Ele tinha morado no vilarejo e trabalhado na terra da família sua vida inteira. Eles possuíam apenas alguns hectares mas era suficiente para continuar sobrevivendo.

Trabalhando seus poucos lotes, Mihai e Maria produziam eles mesmos toda a sua comida – só precisavam comprar sal e um pouco de açúcar quando necessário – e havia sempre fartura na mesa. As roupas também eram feitas ali, exceto as calças de Mihai e o tecido das saias de Maria, que eles compravam no mercado. Quando, depois da Revolução de 1989, instituições de caridade começaram a levar ajuda humanitária para vilarejos na Romênia, parte dela chegou a Breb. Mihai e Maria ficaram muito agradecidos, mas não entendiam por que raios os estrangeiros mandavam comida e roupas quando eles já tinham bastante dos dois. Eles não comeram a comida nem usaram as roupas, mas elas não foram perdidas; a comida foi dada aos porcos e as roupas viraram panos de prato e de chão.

Embora Mihai tivesse de trabalhar muito duro para sobreviver, ele também amava o campo que o cercava. Conhecia cada árvore, caminho e riacho. Sabia onde encontrar lagostim e onde os ursos dormiam na floresta. Sabia o nome de todas as árvores e flores e os hábitos de cada pássaro e animal. Ao descrever um pássaro que tinha visto na colina durante o dia, ele me dizia onde estava o seu ninho e como ele era, exatamente quando ele chegava em Breb a cada ano, do que se alimentava, como cantava e qualquer outro detalhe relevante. Ele apontou na direção do *Taptalaga* que tinha começado a cantar no verão em que o trigo estava pronto para a colheita, e do *Storzi* que fazia seus ninhos de musgo bem na ponta dos galhos. Seu conhecimento era resultado de setenta anos de trabalho nos campos e nas florestas.

Ele amava suas cercanias e sabia que sua sobrevivência estava intimamente ligada a elas. Cada árvore e bosque em sua terra era estimado e cultivado. Algumas árvores forneciam frutas ou nozes, outras os cabos curvados para foices, as formas em V necessárias para o forcado de feno, as lâminas dos trenós, ou a madeira firme mas que cedia para fazer os jugos dos bois. Se, durante uma caminhada, visse um galho de freixo com o formato dentado adequado para fazer dois ou três forcados de feno, ele o cortaria com seu machado, que sempre carregava consigo aonde quer que fosse, e o levava para casa. Às vezes árvores inteiras tinham de ser cortadas para lenha ou construção, mas sempre havia outras crescendo para substituí-las, plantadas por Mihai, seus pais ou avós.

Mihai também sabia trabalhar com couro e fabricar arreios de carroças. Nas noites de inverno ele se sentava em seu velho banco na cozinha, encaixava o couro nas garras do torno de bancada de madeira, e cortava e costurava até que, depois de um ou dois meses, um belo par de arreios estivesse pronto, tão bons quanto qualquer outro nos arredores. Até as fivelas ele mesmo fazia, martelando para moldar pequenos pedaços de metal em uma bigorna minúscula; ele levava dez minutos do início ao fim para terminar cada fivela. Se fosse preciso, ele também podia costurar um par de *opinci* para você. As ferramentas ficavam em uma caixa acoplada ao banco. Havia facas, agulhas, sovelas, alicates e, o mais bonito de todos, um instrumento especial de latão pelo qual se puxavam tiras de couro cru para criar cintos e correias. Ele tinha sido fabricado no início do século XIX pela Blanchard de Paris. Mihai indicou o nome inscrito no alto. Tinha muito orgulho dele. Ele tinha ganhado de um velho curtidor de uma cidade do outro lado das montanhas cinquenta anos antes.

Em 1917 o pai de Mihai voltou das batalhas do front italiano e sérvio da Grande Guerra. Em 1918 Mihai nasceu. Naquela época o Maramureș era uma província do Império

Austro-Húngaro – a parte chamada Rutênia Húngara. Pouco tempo depois, em 1920, após a Conferência de Paz de Paris, sua porção meridional, ao sul do rio Tisa, onde Mihai morava, se tornou parte do Reino da Romênia; então em 1940, como resultado de um acordo quebrado por Hitler, ela voltou a ser parte da Hungria, e finalmente, em 1945, mais uma vez parte da Romênia.

A soberania mudava com frequência: todo o resto permanecia praticamente o mesmo. A língua continuava o romeno, com um forte toque eslavo e algumas picantes palavra húngaras salpicadas, como sem dúvida já era havia mil anos. O estilo de suas roupas também parecia não ter se alterado muito em um milênio. Exércitos avançando e recuando se serviram de cavalos e carroças, comida, *horincă*, e é provável que ocasionalmente mulheres, mas, fora isso, deixaram os Maramureşeni em paz. Quando os russos apareceram em 1944, com seus grandes gorros de pele, cortaram árvores para apanhar as frutas, atiraram para furar os barris de *horincă* e encher seus cantis e seguiram em frente. O cunhado de Mihai me contou, um ou dois anos antes de morrer, como em 1944 ele e outros do vilarejo foram levados pelo exército alemão em retirada pela Áustria até a Alemanha para ajudar a cavar trincheiras.

«As trincheiras alemãs», ele me disse, «foram muito bem feitas pelo povo do Maramureş. Nós sabíamos trabalhar com madeira desde criança. Éramos os melhores e nos levaram por toda parte com eles. Cravávamos mourões no chão e os envolvíamos com varas de aveleira para que as laterais não despencassem. Os russos, por outro lado, não faziam cobertura. Era muito estranho. Eles apareciam aos milhares e os alemães, de suas trincheiras belamente construídas, os atropelavam. Os russos perderam muito mais homens do que os alemães por essa razão, e o mais horrível era que, ao passo que os alemães sempre enterravam seus mortos, os russos deixavam os deles onde tinham caído. Das trincheiras assistíamos aos corpos incharem até, depois de um tempo, os vermes os escavarem, e eles estouravam, os ossos deslocados, e caíam aos pedaços. Era desagradável.» Depois dessa experiência no mundo exterior, ele veio para casa e retomou a vida do vilarejo como se nada tivesse acontecido.

Mesmo o advento do comunismo mudou pouca coisa. Os moradores dos vilarejos se recusaram veementemente a ser «coletivizados». Os comunistas tinham vindo com tratores, com moças marchando diante deles balançando estandartes e entoando canções patrióticas, e passaram por cima das divisões entre os antigos lotes de terra. Mas à noite os camponeses cavaram os milhos recém-lançados dos recém-ampliados campos e derrubaram os pomares de macieiras e ameixeiras estatais que tinham sido plantados no que eles consideravam sua terra. No fim, o Estado os deixou em paz e eles voltaram contentes para seu modo tradicional de fazer as coisas.

Mihai era famoso no vilarejo por ter lutado com um lobo e o matado. Quando recebia visitas e a conversa ia para o lado dos lobos, o que acontecia com frequência, ele enchia um copo de *horincă* e contava a história. Ele fora pastor antes da Segunda Guerra Mundial, e durante todo um verão morou nas altas pastagens ao lado das montanhas que se erguiam até o sul do vilarejo. Um dia, enquanto vigiava as ovelhas, um grande lobo surgiu da floresta e galgou em direção a ele. Esse não era um comportamento típico; os lobos costumavam espreitar na escuridão das árvores e escolher o momento de se lançar. Esse lobo estava com raiva. Já tinha matado nove pessoas em um vilarejo vizinho. Uma das vítimas tinha ficado com o escalpo e os cabelos pendendo da lateral da cabeça, ferimento do qual logo morreria.

Era um lobo excepcionalmente grande, que mostrava os dentes ao avançar na direção de Mihai. O cachorro de Mihai imediatamente partiu para cima dele mas foi atirado para o lado. Então Mihai balançou seu cajado de pastor, mas quase não surtiu efeito; o lobo pulou em cima dele, o agarrou pelo braço e o jogou no chão. O cão então viu uma chance de atacar, e, com o lobo distraído, Mihai pode se erguer desajeitado e acertá-lo com o cajado. O lobo se voltou para ele e mais uma vez o cão o atacou por trás. E assim continuou, o lobo se virando para um e outro, Mihai e seu cachorro recuando cada vez mais enquanto lutavam. Eles recuaram um quilômetro a pé enquanto lutavam com o lobo, até que os golpes do cajado e os ataques do cão o enfraqueceram. Quando por fim outro pastor, ao ouvir o barulho, veio correndo ajudar, o lobo já estava certamente morto pelos golpes.

Durante a luta, Mihai tinha sido mordido no braço. Ele desceu a colina e foi ao médico na cidade. O médico lhe disse que ele devia ir imediatamente para o hospital na cidade de Cluj na Transilvânia central. Era longe, mas o único lugar onde podiam dar as injeções contra raiva. Para chegar a Cluj ele tinha de tomar o trem, que naquela época passava primeiro pela Tchecoslováquia e então pela Hungria antes de voltar para a Romênia. Era uma jornada de vinte horas, evitando as montanhas, para chegar a menos de 120 quilômetros em linha reta. Poderia ter sido até mais rápido a pé.

Ele se sentou em um vagão em suas melhores roupas camponesas e conversou com os outros passageiros, em sua maioria gente da cidade em ternos e vestidos. Eles lhe perguntavam o que ia fazer em Cluj. «Fui mordido por um lobo», dizia ele, «e vou ao hospital.» Então ele levantava a tampa da caixa ao seu lado no banco. Era a cabeça do lobo, com as longas presas à mostra, a cara num sorriso contorcido. As senhoras sobressaltavam-se surpresas. Mihai ria ao contar a história. O médico tinha lhe dito para levar a cabeça consigo para testá-la para raiva. Ele não tinha a intenção de transtornar ninguém. Mas no fim das contas todos no trem queriam ver a cabeça. «Era como uma feira», contou, «eu podia ter ganhado muito dinheiro.»

O lobo de fato tinha raiva, mas surpreendentemente Mihai sobreviveu. Ele tinha chegado tarde demais ao hospital para que qualquer injeção fizesse efeito, mas a saliva do lobo tinha sido removida de seus dentes na hora da mordida pela espessa lã de carneiro do casaco de Mihai, ou assim os médicos de Cluj supuseram.

Mihai se tornou um amigo querido. Ele sempre me defendia quando alguém ria das minhas pretensões de viver uma vida camponesa, e, quando eu partia em minhas viagens, lágrimas rolavam em suas bochechas. O povo do velho Maramureș ri e chora com mais facilidade do que outros. Hoje em dia, após milhares de anos, a vida no Maramureș está começando a se transformar. Mas, enquanto o mundo ao redor deles mudava, Mihai e Maria permaneciam os mesmos.

Mihai tinha dois primos jovens chamados Ion e Vasile. Aos domingos eles vestiam roupas idênticas e pareciam gêmeos, embora na verdade houvesse um ano de diferença entre eles. Nessa manhã de Pentecostes eles pararam para uma visita na casa de Mihai e Maria. Na saída se ofereceram para me acompanhar à igreja. Os modos e rituais da cerimônia ortodoxa eram em sua maioria um mistério para mim, então aceitei de bom grado. Sem a ajuda deles, certamente eu faria algo errado.

Andamos juntos pelo caminho, seguindo o riacho em que patos brancos nadavam, e passamos pelo portão de madeira de um adro, sobrepujado por um telhado. Ao entrar no adro, uma centena de cabeças cobertas por lenços se voltou para nós.

A igreja em Breb era pequena. Deus gostava de igrejas pequenas. Ele tinha, afinal de contas, permitido que Constantinopla fosse destruída porque cresceu demais, ou pelo menos era o que diziam. Os romenos portanto acharam melhor eles mesmos construírem igrejas modestas. Por resultado, como aqui em Breb, não havia lugar suficiente no interior para todos. Já que de acordo com a tradição os homens ficavam na frente, muitas das mulheres e garotas tinham de ficar do lado de fora na grama, e, quando um homem aparecia, elas se afastavam para abrir caminho. Nessa época do ano, o caminho estava perfumado pelo aroma de flor de silindra que as garotas apanhavam de arbustos a caminho da igreja e cujos ramalhetes seguravam.

Eu segui inibido pelo caminho, todos os olhos em mim, atrás de Ion e Vasile, e entrei por uma porta baixa na penumbra do átrio, que também estava cheio de mulheres, com lenços na cabeça, saias de pregas armadas e anáguas. Elas abriram caminho para nós e mais uma vez baixamos a cabeça para passar por outra porta baixa para o *naos*, o corpo principal da igreja, onde os homens do vilarejo estavam apinhados, todos usando colete de pele de ovelha e batas, cada um de pé no lugar designado para sua família.

Ion, Vasile e eu fomos até a frente, beijamos o ícone, e Ion me levou até o lugar onde eu deveria ficar. Os chapéus de palha dos garotos eram passados de um homem para o outro para serem pendurados na parede em uma fileira junto de todos os muitos outros, suas fitas decorativas balançando sob eles.

A cerimônia estava a toda. «*Doamne Miluieste*», o *Kyrie eleison* da Igreja Romena, era entoado repetidamente pelo padre. Diáconos cantavam e balançavam turíbulos com olíbano cuja fumaça subia como se levasse as orações para o céu. A liturgia de São João Crisóstomo, o Boca de Ouro, parecia interminável no calor da igreja lotada, mas as velas que bruxuleavam diante do iconóstases, sua luz vagamente refletida nos entalhes dourados e ícones manchados de fumaça, tinham um efeito hipnotizante. Os mais devotos ficavam de pé por mais de duas horas, ou, quando o chantre fazia soar um pequeno sino, de joelhos. Ao ajoelhar para rezar, eles dispunham lenços bem dobrados no piso de madeira para ajudar a manter suas calças de domingo limpas.

À frequente menção do Pai, do Filho e do Espírito Santo, todos se persignavam. Eu não tinha certeza se deveria fazer o mesmo ou, se eu o fizesse, em que direção deveria começar, da esquerda para a direita ou da direita para a esquerda, e, o mais crucial, com quantos dedos. Na Rússia do século XVII a questão de persignar-se ou não com dois ou três dedos causou um cisma que durou centenas de anos. O arcipreste Avvakum, o famoso monge russo confessor do czar Alexis, pai de Pedro, o Grande, se recusou a fazer as genuflexões e passou a persignar-se com três dedos. Ficou exilado por 10 anos, na prisão por 22, dos quais 12 no subterrâneo, e finalmente aos 62 anos foi queimado na estaca. Claramente não era uma questão a ser desprezada. Os Velhos Crentes, aqueles que insistiam em usar dois dedos, eram levados a se refugiar em partes remotas da Rússia. Alguns até chegaram à Romênia. Esses *Lipoveni*, como são chamados, ainda estão lá, vivendo em casebres de madeira ou barro em ilhotas no labiríntico delta do Danúbio, falando russo, se vestindo como camponeses russos, com camisas compridas e barbas longas, e decididamente se persignando com dois dedos. Esses dois dedos deviam ser cruzados do mesmo modo que se veem os dedos de Jesus e dos santos nos antigos ícones russos. Observando cuidadosamente os camponeses ao meu lado, pude perceber que no Maramureș o costume era usar três dedos, então fiz o mesmo.

Eu estava com calor. A igreja estava abarrotada de pessoas e as janelas eram minúsculas. Parecia mal haver ar suficiente para tantos pulmões, e quando a última cerimônia chegou ao fim havia um discernível ar de alívio nos rostos que, ao deixar a luz baixa da igreja, emergiam piscando para a claridade primaveril.

Por ser Pentecostes, uma grande procissão se formou, liderada por mulheres carregando estandartes e cantando hinos. Ela serpenteava pelo vilarejo rumo à colina até uma cruz entalhada na beira do caminho. Lá, sob o céu azul, no ar doce, acompanhada pelo som dos pássaros cantando, a cerimônia continuou. O padre abençoou os campos, rezando para uma colheita copiosa no norte, leste e oeste, e depositou uma guirlanda de milho e flores primaveris sobre a cruz.

«O senhor gostou?», as pessoas me perguntaram, orgulhosas do espetáculo de todos os moradores do vilarejo em suas melhores roupas, reunidos em uma encosta louvando a Deus ao ar livre.

A procissão voltou descendo a colina enquanto os sinos da igreja tocavam e a placa de ressonância de madeira, a *toacă*, retinia. À fascinante comoção de som, demos três voltas na igreja e nos reunimos do lado de fora da porta com o padre pedindo silêncio.

«Não se esqueçam da importância do jejum. Devo lembrar que o próximo jejum começa daqui a oito dias», ele disse. «E uma última coisa antes de irem, um cavalo branco que pertence a Gheorghe do Vale está perdido – se alguém o viu, por favor, o avisem.»

Depois disso todos foram adiante e um a um beijaram a cruz na mão do padre, o qual por sua vez tocava suas cabeças com um aspergidor mergulhado em água benta, que simbolizava o primeiro Pentecostes, quando São Pedro batizou 3 mil homens e mulheres e deu início à Igreja Cristã. Cada um também ganhou um pedaço de pão ritualístico. Então a congregação se dispersou, com água benta pingando no rosto e no alto de seus lenços. Às vezes as pessoas não comem o pão, mas o escondem para uso posterior em práticas de magia.

Depois da cerimônia uma mulher se aproximou de mim. Ela era, Ion me informou, cigana, mesmo vestida com trajes do Maramureş. Ela tinha um brilho no olhar.

«O senhor ouviu o que o padre disse no sermão?»

«Sim, uma parte», respondi, impressionado que ela estivesse tão interessada no sermão.

«Ele disse que para ser amado por Deus você deve doar aos pobres. E aqui estou eu, bem na sua frente», ela disse radiante, «uma pobre genuína. Você não precisa passar pela chateação de ter que procurar uma.»

Eu ri, lhe dei uma moeda, e ela foi alegre comprar uma garrafa de *horincă* no *crîşma* do vilarejo.

Ion e Vasile, antes de seguir seu caminho, me acompanharam até a porta da casa para ter absoluta certeza de que eu chegaria em segurança. Então Maria, Mihai e eu nos sentamos diante de nosso almoço de Pentecostes, que consistia em sopa de alface, rolinhos de repolho com creme azedo espesso, panquecas e brioche recheado de nozes moídas e geleia de ameixa. Como era domingo, foram muitas as visitas. Todos que entravam diziam «*Laudam pe Iesus* – Nós louvamos Jesus», ao que respondíamos «*Lăudat să fie în veci, Amin* – Que ele seja sempre louvado, amém». Os homens que apareciam trocavam apertos de mão com os outros homens mas nunca com as mulheres. O cumprimento era firme e suas mãos, sólidas como pedaços de madeira, mas sua atitude e seus modos eram brandos.

A conversa mudava. Alguns falaram sobre o preço dos leitões no mercado, outros da maldição do temido besouro-da-batata, outras dos mais recentes padrões de tecelagem e novas receitas para bolos incrementados. Uma das mulheres estava angustiada. Ela lamentava o casamento da filha: «Nós a avisamos para não se casar com alguém de uma família mais pobre, mas ela insistiu. Como dote, demos a ela tudo o que uma pessoa pode desejar: um porco, cinco galinhas, uma vaca prenha. Antes de se casar demos a ela dezesseis lenços de cabeça diferentes e várias saias. Desde então o marido não lhe deu um lenço sequer, nem nenhum tecido para fazer uma saia nova. Eu fui até lá um dia. O pai estava na cama coberto por um casaco velho, a mãe dormia em cima do forno e havia madeira espalhada por toda parte, nem sequer empilhada. Era como um celeiro. Eles cheiravam à preguiça, sentados na cozinha abafada o dia todo. Ah, aonde é que a nossa filha foi parar!».

Como o pastor no alto da colina, as visitas estavam cheias de perguntas. Um dos idosos, usando uma bata com fios em borlas brancas ao redor do colarinho, estava interessado em saber por que eu usava óculos. Ele perguntou do modo mais educado possível para procurar não me ofender, mas, como ninguém no Maramureş era míope, ele não conseguia entender.

«Não enxergo bem sem eles», expliquei.

«Obviamente não», disse Maria, «já que não conseguiu encontrar uma esposa.»

Então à tarde Mihai começou a procurar uma para mim. Ele me levou para o centro do vilarejo, onde os passeios de domingo estavam a todo vapor. Filas de donzelas com bochechas arredondadas e rosadas caminhavam pela trilha do vilarejo, cinco ou seis lado a lado, de braços dados, enquanto suas mães piriformes ficavam sentadas em bancos de madeira, conversando e sorrindo, mas sempre de olho.

«Aí está», disse Mihai, «pode escolher.»

Diante de mim estavam garotas de todas as formas e tamanhos, desfilando para cima e para baixo. Flora Thompson, ao descrever um vilarejo inglês dos anos 1880, escreveu que «um estranho que chegasse a Lark Rise procuraria em vão por uma doce camponesa tradicional, com sua touca, seu rastelo de feno e ar de faceirice rústica». Todas tinham ido trabalhar nas grandes casas de campo da Inglaterra. Aqui, no entanto, ainda havia várias delas, embora, por ser domingo, não estivessem carregando rastelos de feno nos ombros. Vestiam camisas brancas imaculadas e saias de cores vivas na altura dos joelhos, mais armadas pelas pregas e anáguas engomadas sob elas, e, enquanto caminhavam, seus lenços de cabeça floridos esvoaçavam na brisa. Suas camisas eram obras extraordinárias de bordado, com costuras e pontos casinha de abelha para surpreender o espectador. Com mangas bufantes, punhos bordados em formato de estrela de renda artesanal, e rufos similares no pescoço e nos ombros, elas não pareceriam deslocadas perto de uma dama do século XVI. O inverno todo, moças até das casas mais pobres estiveram tecendo, contando os minúsculos fios na melhor luz ao lado da janela para trazer os padrões à vida e ter seus trajes prontos para a Páscoa. Agora usando sapatos de domingo elegantes comprados no mercado e tomando cuidado para não torcer os tornozelos, essas manequins escolhiam sem modéstia o caminho pela longa trilha acidentada de pedra para ir e vir da azenha até a loja da cooperativa. Os rapazes do vilarejo em seus suéteres brancos de tricô e seus melhores chapéus de palha artesanais ficavam perto da beira da estrada em grupos, fazendo o melhor para parecer alheios à elaborada exposição arranjada para o seu bem.

Enquanto eu assistia, um porco enorme e peludo, coberto de lama seca, trotou pela estrada com as orelhas balançando para cima e para baixo sobre os olhos, grunhindo enquanto seguia. A fila de estatuetas delicadas foi forçada a desdar os braços e abrir passagem.

4
Com feno no nosso cabelo

Naquele ano, desde o início da primavera, traçara um plano – ceifar um dia inteiro na companhia dos mujiques

Liev Tolstói, *Anna Kariênina*[4]

Era uma alegria assistir a Mihai roçar o pasto. Ele conseguia deixar a lâmina tão afiada que cortaria um fio de cabelo pousado sobre ela, e, quando ele a brandia, transformava o capim do pomar em um gramado muito bem aparado. Eu queria muito aprender a fazer aquilo. Durante meus primeiros dias aqui, à noite, ele me deixava roçar o jardim e dar o capim às vacas, e foi muito cuidadoso ao me mostrar como amolar a lâmina e brandi-la do modo correto. Então um dia perguntei se poderia ajudá-lo a roçar os campos também. «Não!», foi a resposta retumbante e uníssona de Mihai e Maria. Eu era, para eles, «um cavalheiro», e não podiam consentir de modo algum que eu maculasse minhas macias mãos da cidade com trabalho de verdade.

«Seria difícil demais para você», eles disseram. De qualquer modo, simplesmente não era certo colocar um hóspede para trabalhar, por mais que ele implorasse para

---

[4] Liév Tolstói, *Anna Kariênina*. Trad. revista e apresentação de Rubens Figueiredo. São Paulo: Companhia das Letras, 2017, p. 254

que o deixassem fazê-lo. As pessoas fofocariam, e procurar controlar a fofoca era como tentar apanhar um rato no mato alto.

«Mas Tolstói costumava ceifar os campos», eu disse a eles. «Ele ceifava porque gostava.» Só que eles nunca tinham ouvido falar em Tolstói, e assim meu argumento meio que perdeu sua força.

Eu decidi, mesmo assim, comprar uma foice – eles não podiam se opor a isso – e com ela todo o equipamento necessário. Na cidadezinha de Ocna Şugatag havia uma feira toda quinta-feira. Lá eu encontraria tudo de que precisava.

Assim peguei carona na carroça de um vizinho. Mihai, com outros assuntos a resolver, também foi. Ele estava com o humor jovial e tinha uma garrafa de *horincă* na bolsa que levava no ombro. Enquanto trotávamos pela estrada, passávamos por pessoas a pé. Mihai gritava para elas.

«*Hai cu noi!* Venha com a gente para o mercado! Suba para cá!» Se houvesse espaço, eles subiam.

«Que Jesus seja louvado», eles diziam para os outros na carroça.

«Para sempre seja louvado, amém», nós respondíamos. Mihai então lhes oferecia um gole revigorante de *horincă*. Os homens apertavam a minha mão.

«Você vai comprar uma vaca?», brincavam.

«Não», Mihai respondia por mim, «ele vai ver como são as moças.»

«Mas vacas são muito mais úteis», retorquiam, «você não pode sobreviver sem uma vaca.»

«Na verdade vou comprar uma foice», eu disse, e então, fazendo o meu melhor para participar do gracejo, «já que uma vaca não pode sobreviver sem feno, não é?» Eles concordaram e eu consegui fazê-los rir, mas sobretudo, tenho a impressão, porque acharam a ideia da minha foice cômica demais para colocar em palavras.

Ao chegar ao espinhaço da colina, vimos diante de nós uma cadeia de montanhas altas com o topo coberto por neve se estendendo de oeste a leste no horizonte. Ao norte estavam os Cárpatos ucranianos, e a leste, os picos que separavam o Maramureş da Moldávia. Como o dia estava muito limpo, talvez as montanhas que conseguíamos ver no extremo oeste fossem os picos mais ao norte dos Cárpatos, as montanhas Tatra da Eslováquia. Nosso destino, Ocna Şugatag com sua feira, estava a apenas dois ou três quilômetros adiante, emoldurado por aquele cenário espetacular.

Vista do alto, Ocna Şugatag estaria no centro de uma disposição estrelada de caminhos que levavam pelos campos e atravessavam as matas, de todos os vilarejos das cercanias para o mercado. Ao longo desses caminhos, toda quinta-feira, a pé ou de carroça, camponeses em saias plissadas e lenços na cabeça, ou em seus melhores chapéus e batas passadas, viajavam. Nos ombros carregavam bolsas xadrez preto e branco cheias de produtos para vender. Alguns eram seguidos por ovelhas com uns cordeiros trotando junto deles, outros poderiam guiar uma vaca ou um búfalo relutante. Às vezes as vacas empacavam no caminho e se recusavam a dar até mesmo um passo adiante. Na metade do caminho passamos por um casal que tentava desempacar sua vaca. O homem empurrava de trás e a esposa puxava na frente. A vaca continuava enraizada no mesmo lugar.

«Não se preocupe, Gheorghe», gritou Mihai ao passarmos de carroça, «tem outro mercado na semana que vem.»

Quando alcançamos ruidosamente a cidadezinha, a maioria das pessoas já tinha chegado. Dirigindo-nos para a praça, passamos por um mar de saias rodadas e batas deslumbrantes e rostos campesinos frescos e risonhos. A feira de quinta-feira é tanto um mercado como um ponto de encontro. Na confusão estava todo tipo de pessoas, de velhos camponeses dignos, nascidos quando o Maramureş ainda era parte do Império, às «doces moças camponesas tradicionais» passeando de braços dados na rua principal. Os que estavam na nossa carroça saudavam amigos na multidão. Mihai apontava como, a partir das roupas das pessoas, você podia saber de que vilarejo tinham vindo. Se estivessem de colete preto e branco, eram de Budeşti ou Sîrbi; se o tecido fosse marrom franzido com remates pretos, eram de Breb, enquanto os de marrom com acabamentos azuis eram de Sarasau, perto da fronteira ucraniana.

No mercado de animais tivemos de nos juntar a filas de carroças. «*Chea*!», gritou nosso condutor para dizer aos cavalos que tinham de ir para a direita; «*Oho*!», para que fossem para a esquerda; e «*Zuruck*!» para recuar – na Romênia os cavalos entendem alemão. Depois de conseguir passar pela multidão, que se abria diante de nós e se fechava atrás como água, encontramos uma vaga e estacionamos entre centenas de outras carroças em um campo aberto no limite da cidade, a apenas quinhentos metros do centro. Eu me admirava de ver tantos cavalos e carroças reunidos em um só lugar. Até então eu não tinha dado valor ao que significava viver em uma terra quase inteiramente livre de motores de combustão interna. Os cavalos e as carroças, ou os trenós no inverno, eram praticamente os únicos meios de transporte, não apenas no meu vilarejo mas por toda parte.

Era uma vista e tanto, e cheia de cores. Nos dorsos dos cavalos, estavam cobertores listrados ou xadrez, azuis, verdes, vermelhos, brancos e pretos, que tinham sido tecidos pelas mulheres das famílias em seus teares manuais que rangiam durante o inverno. Os cavalos – baios, castanhos, ruanos, cinzentos e haflingers com suas longas crinas loiras – ficavam lá meio dormindo, ocasionalmente esticando-se para alcançar o feno disposto no chão diante deles. Outros relinchavam com alarde e mordiscavam o traseiro das pessoas na multidão. Bois sonolentos, cor de açafrão, ruminavam, descansando tranquilamente a cabeça na canga, enquanto búfalos pretos com chifres em forma de cimitarra e ares insolentes encaravam longamente os que passavam.

Por toda parte havia homens e mulheres em batas ocupados comprando, vendendo, barganhando, dando de ombros, lambendo a ponta dos dedos indicadores e contando devagar o dinheiro nota por nota. No chão havia fileiras de caixas de madeira com um amontoado de leitões contentes, focinhos se contorcendo enquanto sonhavam com deliciosas refeições futuras, apinhados com seus irmãozinhos rosados.

Descendo a estrada no centro da cidade, o restante do mercado estava a toda. Nos acostamentos da estrada os vendedores ambulantes tinham espalhado suas mercadorias no chão. Havia tudo de que uma pessoa pudesse precisar. Era possível comprar chapéus de palha, forcados e ancinhos de madeira, panelas esmaltadas com alças de madeira para levar sopa para os campos, cestas de fundo abaulado, sacas de farinha, farelo ou aveia, e, é claro, foices. Também havia um elixir herbáceo milagroso, cujas muitas garrafas, com rótulos caseiros, estavam dispostas em uma mesa de madeira. Umas poucas colheres de chá garantiam, de acordo com o aviso escrito a mão colocado ao lado delas, «a cura de todas as doenças conhecidas, tanto internas quanto externas». Uma cigana, vestida com uma variedade exótica de cores, estava agachada na grama com panelas, frigideiras e caldeirões dispostos diante de si. Ela batia repetidamente uma colher de metal nas panelas, golpeava os caldeirões e convidava os que passavam a admirar o som nítido que faziam. Mais adiante, um cigano com um grande bigode cochilava deitado entre um amontoado de cestas, e depois dele estava um sapateiro camponês vendendo uma variedade de *opinci* de couro e borracha de todos os tamanhos, e tiras de todos os comprimentos para complementá-los – os *opinci* de couro são considerados mais elegantes, mas os de borracha são impermeáveis.

Na entrada do mercado de alimentos, uma fila de velhas senhoras carregando galinhas nos braços esperava paciente. As galinhas, igualmente pacientes, soltavam apenas um cacarejo ocasional em resposta aos cutucões da esposa do barbeiro ou das esposas de dignitários municipais. Dentro, aldeões de bochechas rechonchudas e coradas vendiam nata e queijo feitos de leite de vaca, búfala ou ovelha. Leite de búfala é o mais rico e o mais luxuoso. De acordo com uma mulher viajante do século XIX, a nobreza húngara bebia leite de búfala, pois considerava o de vaca inadequado para o consumo da aristocracia.

Quem não tinha animais tentava fazer um pouco de dinheiro vendendo as coisas simples que possuía; meia dúzia de ovos poupados durante a semana e levados para o mercado enrolados em um lenço, um punhado de cenouras ou uma ou duas maçãs do ano passado, algumas nozes, um pote de mel ou sementes mensuradas, para vender, em cascas de nozes. Eles tinham andado muitos quilômetros para chegar ao mercado, e teriam de andar muitos outros para voltar.

Uma mulher da cidadezinha estava comprando ovos de uma dessas boas pessoas. Havia dez ovos, mas um estava quebrado.

«Vou levar os nove bons», disse a mulher.

«Será que não quer comprar todos os dez?», disse o camponês. «O que vou fazer com um ovo só?»

«Mas está quebrado.»

«Então você não vai precisar quebrá-lo quando chegar em casa», sugeriu o camponês, sorrindo, e a mulher comprou todos os dez.

Encontrei uma banca em que vendiam lâminas de foice. Com a ajuda de um rosto amigável de Breb que apareceu na multidão, batemos em cada uma delas com uma pedra para ver qual tinha o soar correto. No fim, optei por um belo modelo russo. Embora as foices austríacas fossem universalmente reconhecidas como sem dúvida de melhor qualidade, as foices russas eram as melhores que você podia encontrar no Maramureș, trazidas por mascates da Ucrânia. Para roçar um campo na Romênia, você precisa, vão lhe dizer com seu costumeiro humor autodepreciativo, «de uma foice russa, um amolador húngaro e de suor romeno». Tendo portanto encontrado para mim uma pedra de amolar húngara e uma bainha adequada para guardá-la, procurei Mihai e embarcamos numa carroça que seguia de volta para o vilarejo. Sentamo-nos na tampa de uma caixa de madeira dentro da qual leitões cochilavam. Mihai avistou a minha nova foice e sorriu.

A carroça chacoalhava pelo caminho. Tomei goles da *horincă*, já que estavam passando garrafas, e assistia à paisagem primaveril passar devagar. Eu estava extasiante de estar nesse mundo exótico entre essas pessoas confiantes e animadas, as quais, em suas belas roupas, pareciam personagens de outra era. Às vezes parecia que eu estava sonhando. Eu tinha fugido do mundo moderno para uma terra distante onde ninguém me encontraria, e podia ficar aqui por quanto tempo quisesse.

De volta ao vilarejo encontrei um homem que faria um cabo para a minha foice. Ele tinha toda a madeira correta separada, incluindo peças curvadas de madeira de ameixeira necessárias para os cabos que ele tinha selecionado especialmente e cortado da árvore no ano anterior. Um cabo de foice é um item sob medida, então ele me mediu, observando sobretudo a distância entre o chão e a ponta do meu queixo. Uma semana depois recebi a encomenda, um vizinho mostrou como encaixar a lâmina no ângulo apropriado, e agora eu tinha uma foice toda pronta.

Armado com a foice russa e a pedra de amolar húngara com sua bainha pendurada no cinto, me apresentei no pátio. Mihai e Maria estiveram se preparando para esse momento difícil, e Mihai em particular não queria me decepcionar. Eles perceberam que não tinham opção a não ser me deixar brincar com o meu novo brinquedo, e Mihai pacientemente se pôs a me ensinar primeiro a martelar a lâmina e depois a afiá-la.

Ainda faltava uma ou duas semanas para a grama nos campos de feno estar a ponto de ceifar. Então, para me manter ocupado, me esforcei para melhorar o meu romeno, e todo dia eu lia um novo capítulo do livro Aprenda Sozinho que tinha trazido comigo.

O romeno padrão é uma mistura de latim e eslavo com vestígios de daco-trácio, grego e celta, e posteriormente de turco, francês e alemão. Em suas sílabas, dizem, você pode escutar sua história. As palavras romenas *plug*, *uger* e *ax* têm origem celta, como seus equivalentes em inglês «plough», «udder» e «axle», e evidências arqueológicas também sugerem que os celtas passaram pelas terras que formam a atual Romênia. Aparentemente, o maior herói romeno, Estêvão, o Grande, fundador dos mosteiros pintados, tinha cabelos ruivos e olhos azuis; pelo menos assim é representado nos afrescos do mosteiro de Putna. Há traços linguísticos de todos os povos que passaram por essa parte do mundo nos últimos poucos milhares de anos, e o romeno é uma mistura desses traços, com um distinto toque eslavo, todos pendendo de uma treliça de gramática latina.

Eu ficava sentado na cozinha, enquanto Maria cozinhava e limpava, e me esforçava em minhas lições de gramática, procurando ao mesmo tempo no dicionário as palavras que tinha ouvido as pessoas usarem. Mas frequentemente eu procurava em vão. Não eram palavras que se encontram no dicionário. O dialeto do Maramureș contém mais palavras eslavas, e uma variedade de palavras húngaras modificadas, que não são usadas em nenhum outro lugar no país. De fato, os romenos que viviam do outro lado das montanhas achavam o forte sotaque do Maramureș difícil de entender. Professores universitários, intrigados com as anomalias do dialeto e com sua pronúncia curiosa, tinham viajado para o norte partindo da capital. Eles tinham sentado os camponeses que havia tanto sofriam e pedido que repetissem e repetissem palavras enquanto espiavam dentro de suas bocas com lanternas.

«Parece que vieram lá de Bucareste só para ver como a nossa língua mexe quando a gente fala», disse Mihai. «Ficamos surpresos por não terem nada melhor para fazer. Como rimos quando eles foram embora!»

Para complicar ainda mais meus esforços de aprender a língua, os moradores do vilarejo, com seu jeito atencioso, achavam grosseiro me corrigir. Por mais que eu implorasse que apontassem meus erros, eles nunca o faziam. Eu apenas tinha de escutá-los e imitar o melhor que podia o modo como falavam, e perguntar o significado das palavras que não tinha ouvido antes. Mais tarde, quando me mudei para o sul, descobri um jeito fácil de fazer as pessoas rirem. Eu só tinha de abrir a boca. Para o prazer de todos, eles ouviam um estrangeiro falando um dialeto romeno geralmente incompreensível.

Enquanto trabalhávamos, Maria cozinhando e eu estudando, recebíamos visitas periódicas do gato, das galinhas, ou ainda de Grigor, o porco. Grigor tinha permissão de zanzar pelo pátio, farejando o chão, comendo as sobras que conseguia encontrar ou se esfregando na quina do estábulo, e às vezes ele vagava pelo alpendre para ver como andávamos. Sua grande massa aparecia e bloqueava a porta da cozinha. Levantando a cabeça para ter uma vista melhor por trás das orelhas caídas, ele dava uma olhada, soltando um ocasional grunhido, e então passava a mascar o capacho de saca, que, depois de bolos elaborados, era um de seus lanches favoritos. Maria, que não queria ter de substituir o capacho mais uma vez, apanhava a vassoura de trás da porta e o golpeava na cabeça e no traseiro enquanto ele se virava reclamando ruidosamente e fugia.

Da janela da cozinha eu assistia às pessoas indo e vindo pelo caminho. Entre por volta de onze até a hora do almoço, ele ficava movimentado com mulheres avançando rápida e propositadamente para os campos ou vindo deles, com cestas nas costas, para buscar o almoço e alimentar os animais. Elas caminhavam eretas, as cestas mantendo seus ombros abertos, dando passos largos e graciosos.

Ao meio-dia as crianças eram liberadas da escola e corriam pelo caminho que passava pela casa. Os meninos usavam chapéus de palha tradicionais com fitas esvoaçando como bandeirolas pelas costas, e as meninas vestiam lenços na cabeça e saias. Seus livros e canetas eram levados em bolsas xadrez preto e branco do Maramureș penduradas nos ombros.

Depois do almoço a maioria dos moradores podia ser encontrada nos campos. Ainda havia, no entanto, o tinir do martelo do ferreiro cigano trabalhando em ferraduras de cavalo ou batendo uma lâmina de arado em um pátio vizinho, e o ocasional ranger de carroças e os brados de seus condutores. Também havia os gritos dos ciganos vendendo panelas, frigideiras, peneiras de madeira, vassouras ou até partes avulsas de teares manuais nas ruas. Às vezes uma fila de carroças cobertas puxadas por cavalos e cheias de ciganos de aparência excêntrica arrastava-se pelos caminhos acidentados do vilarejo e parava do lado de fora da casa. De rosto escuro, tilintando com joias e vestidas com saias de cores vivas que se arrastavam pelo chão, as ciganas pareciam ter acabado de chegar da Índia. Abandonando meu estudo de verbos irregulares eu ficava encarando, intrigado, essas mulheres de vestimentas exóticas e os homens, de chapéus e bigodes improváveis, que desciam das carroças e partiam pelo vilarejo com mercadorias para trocar por nozes, garrafas usadas, peles de cordeiro ou fazendas de lã. Seus filhos ficavam junto das carroças, as garotas tomando conta dos bebês pequenos ou repassando os passos das danças ciganas, descalças, rodando as saias e as fitas atadas a seus longos cabelos trançados.

Às vezes as crianças vinham até a cozinha, apontavam para a barriga e olhavam para nós, implorando com seus grandes olhos escuros. Maria lhes dava uma tigela de sopa e um pedaço de pão. Enquanto comiam, eu perguntava a elas se estava gostoso, experimentando meu romeno que se aprimorava devagar. Elas olhavam de volta para mim inexpressivas.

«Elas não entendem romeno», Mihai explicou, «falam sua própria língua cigana.»

À noite os ciganos acampavam na colina fora do vilarejo e era possível ver suas silhuetas se movendo diante da luz da fogueira. Na manhã seguinte eles desapareciam tão misteriosamente quanto tinham chegado e você nunca mais os via.

No fim de junho a relva já estava cheia de flores. Trevos-roxos, lavandas agrestes, silenes vermelho-vivas, campânulas, escovinhas e cravos silvestres decoravam os campos, e Mihai declarou que eles estavam prontos para ser roçados. A partir de então, a cada dia quando o sol se levantava, com Mihai, seus vizinhos e parentes, e com minha foice no ombro, eu saía do vilarejo caminhando para cortar feno. Enquanto meus amigos na Inglaterra estavam dominando a tecnologia informática mais recente, eu estava aprendendo a roçar. «Isso», escrevi para um amigo, «é o que *eu* chamo de progresso.»

Juntos brandíamos nossas foices afiadíssimas e transformávamos os campos em gramados, enquanto as moças com forcados de madeira espalhavam o capim para secar. Eu ainda estava aprendendo, e, embora os lotes fossem sendo derrubados diante da minha foice, o trabalho era duro, e eu olhava com inveja para a facilidade com que os outros brandiam e cortavam, limpavam ao redor de montículos de terra, lançavam gravetos longe com a ponta da lâmina e deixavam faixas arrumadas de grama à sua esquerda como se tivessem sido cortadas à máquina. Eles tinham sido criados fazendo isso desde a infância, sabendo como roçar assim como outros sabem nadar ou andar de bicicleta, e podiam ceifar o dia todo sem cansar. Eu nunca tinha conhecido um povo mais forte ou com mais vigor. Eu lutava para acompanhá-los e suor escorria da ponta do meu nariz. Mas, como Levin em *Anna Kariênina*, era «um prazer como não experimentei outro igual, em toda a vida».[5]

Ao roçar, afiar é crucial. Como eu não tinha experiência, minha foice raramente estava tão afiada quanto deveria, o que fazia com que me cansasse mais rápido do que os outros. Para ter uma foice afiada como uma navalha é necessário bater a lâmina com um martelo em uma pequena bigorna portátil. Isso leva cerca de vinte minutos, mas não era fácil fazer da lâmina um arco liso de uma extremidade à outra. Bater forte demais resultava em um metal com borda ondulada e extremamente fina. Bater muito suavemente significava que o trabalho levaria uma hora. Era preciso fazer direito. Durante os dias de verão, por todas as colinas era possível ouvir o ritmo reconfortante do tinir repetitivo dos martelos nas foices. E se você olhasse com cuidado podia ver homens vestidos com batas brancas inclinados sobre suas bigornas, um do outro lado de um pequeno vale, outro sob uma árvore junto de um riacho, «aprontando» suas foices para o trabalho da tarde.

Uma vez a lâmina martelada, era necessário afiar a borda com a pedra de amolar que era mantida em uma bainha de madeira cheia de água, presa no cinto. Com a lâmina afiada, era possível roçar entre quinze a vinte golpes até que,

---

5   Tolstói, *Anna Kariênina*, op. cit., p. 264.

mais uma vez, fosse preciso limpá-la com um punhado de capim e afiá-la novamente. Esse processo durava o dia inteiro, às vezes de antes do amanhecer, quando o sereno ainda estava na relva, até o crepúsculo.

Por volta do meio-dia, Maria aparecia com o almoço. Havia, nesse horário, um fluxo de mulheres caminhando a passos largos com cestas de vime arrumadas nas costas e cheias de comida para aqueles que trabalhavam nos campos. Em quase todo dia ensolarado na primavera, no verão e no outono, dúzias de piqueniques podiam ser vistos em locais pitorescos por todo o *hotar* de Breb. Um dia era nata de búfalo com pão, cebolas e *horincă* sob os galhos de uma faia espalhada com vista para as montanhas azuis da Ucrânia ao norte; no outro, sopa de batata, pão de milho e bolo de maçã à sombra do pomar ao lado de um riacho que corria tranquilo.

Nós nos sentávamos no chão, cansados do trabalho, e bebíamos água de uma jarra esmaltada abastecida no riacho próximo. Quando levávamos a jarra aos lábios, a água fresca vazava e escorria por nossas faces. Maria, em seguida, servia a sopa, com uma concha, em tigelas. Sal, se necessário, era salpicado de um chifre de vaca oco escavado por Mihai. Então com uma faca o grande pão redondo era abençoado com o sinal da cruz em sua base, e nacos eram cortados e oferecidos. Comíamos com o apetite daqueles que trabalham ao ar livre.

Mihai então sacava a garrafa de *horincă* da bolsa. Com a *horincă*, a conversa fluía. Nós bebíamos direto da garrafa e a passávamos adiante com a bênção «*Să trăiți la mulți ani*! – Que você viva muitos anos!», Mihai então começava a rememorar. As histórias não tinham fim. Ele nos contou sobre o espetáculo itinerante cossaco em 1939 no qual eles atiravam suas espadas adiante e as arrancavam do chão à medida que as alcançavam a galope; sobre o ferreiro cigano de Breb que era um violinista talentoso até que um tolo atingiu sua mão por engano enquanto ele trabalhava na forja; sobre o fugitivo do comunismo que viveu nas colinas no alto do vilarejo por muitos anos mas foi capturado quando o padre acertou sua cabeça com um martelo durante uma confissão e o entregou à polícia, que estivera escondida no adro; ou sobre o filho de um prisioneiro de guerra italiano que tinha sido criado em Breb: o prisioneiro tinha sido trazido para ajudar os camponeses com o trabalho de cultivo em 1916 e, durante esse período, tivera um caso com uma moça judia. O homem tinha voltado para a Itália em 1918 no fim da guerra e meses depois a garota judia dera à luz. O italiano provavelmente nunca soube que tinha tido um filho. Esse garoto, que tinha a mesma idade de Mihai, foi levado para Auschwitz com outros judeus do Maramureş em 1944.

«Fiquei com pena dos judeus quando a polícia húngara veio levá-los, mesmo que a gente não soubesse por que estavam indo», disse Mihai. «Havia uma longa fila de carroças no caminho que serpenteava até a estrada de Ocna Şugatag.»

Eu sabia que Mihai tinha tido um bom relacionamento com os judeus que viveram em Breb. Um dia uma estranha chegou ao portão, entrou pelo pátio e abraçou Mihai com lágrimas e sorrisos. Era uma judia que, com seus pais, tinha sido levada de Breb em 1944. Ela sobrevivera a Auschwitz e, depois da guerra, emigrara para a América. Agora, em uma visita nostálgica, tinha ido direto para a casa de Mihai. Ela sabia que ele era um amigo.

Do campo onde trabalhávamos, Mihai apontou para o bosque do outro lado da colina. «Aquilo é um cemitério judeu», disse.

Eu olhei mas não consegui enxergar nada.

«Está encoberto agora, mas se for até lá vai ver as lápides, embora a maioria delas já tenha tombado. Não há mais judeus para cuidar delas.» Para Breb a «Solução» tinha de fato sido «Final».

Os jovens conversavam sobre outras coisas. Ion, o primo de Mihai, perguntava sobre o «mundo exterior». Eu lhe contei o que ele queria saber mas lhe assegurei que, na minha opinião, as pessoas eram tão felizes nesses vales como em qualquer outro lugar do mundo.

«Breb é agradável», ele concordou, «mas a gente tem que trabalhar duro. A maioria dos jovens gostaria de ir embora e arranjar um trabalho na cidade, se pudesse. Se pelo menos a gente tivesse máquinas aqui, poderia fazer o trabalho mais rápido», ele disse.

«Mas se vocês tivessem máquinas não haveria trabalho suficiente para todos, então alguns teriam que ir embora do vilarejo. Tudo acabaria mudando. Você teria que trabalhar sozinho. Não seria mais desse jeito», eu disse.

Ele aceitou que poderia ser um problema.

«De qualquer modo, por que fazer o trabalho mais rápido?», eu disse. «Vocês têm o bastante para comer, têm uma casa confortável, com amigos e família por perto. O que te falta?»

«Não sei», ele respondeu, «talvez nada.»

Depois do almoço e das conversas, nós deitávamos à sombra de uma árvore conveniente e cochilávamos por vinte minutos. Então voltávamos ao trabalho, roçando os lotes de ponta a ponta a tarde toda sob o sol. No fim da tarde, depois de um longo dia de roçado, eu estava exausto e ainda tinha de encarar uma caminhada de meia hora de volta ao vilarejo. Ao me ver debilitado, Ion se ofereceu para carregar a minha foice.

«Agora você percebe», disse Mihai, «como o nosso trabalho é duro. Só que, quando vamos vender nata no mercado, o povo da cidade reclama que está muito cara.»

Mas, embora o trabalho fosse duro, havia muitos dias de descanso. Nunca trabalhávamos aos domingos, nem em nenhum outro dia santo, os quais somavam por volta de 35 por ano. Junto com os domingos, havia cerca de noventa dias de descanso em um ano. Se o sol estivesse brilhando em um dia santo, um dia perfeito para fazer feno, eles suspiravam: «Mas é claro que vai fazer sol no feriado». Muito ocasionalmente as pessoas arriscavam trabalhar aos domingos. Todos ficavam secretamente satisfeitos quando essas recebiam seu devido castigo, o que sempre acontecia de uma forma ou de outra. Quando um monte de feno era atingido por um raio, o que de vez em quando acontecia, e o fogo o consumia, todo mundo corria para me dizer que ele tinha sido feito em um domingo. Parecia, de fato, que apenas montes de feno feitos aos domingos eram atingidos por raios.

Há uma semana de julho, entre os dias 20 e 27, cujos cinco dias eram chamados de «Feriado Perigoso». A maioria dos camponeses continuava trabalhando, já que não se tratava do mais sagrado dos feriados, e o clima em geral estava quente e adequado para fazer feno; mas era preciso tomar cuidado. Era o mês das tempestades, e pessoas, animais e sobretudo montes de feno costumavam ser alvos de descargas elétricas. Mihai e Maria listaram dez conhecidos que tinham sido mortos por raios, e alternadamente o que cada um tinha feito de errado. Enquanto eu morava em Breb, pelo menos quatro pessoas morreram atingidas por raios. Nunca descobri se tinham passado algum domingo trabalhando, ou se houvera algum outro tipo de má conduta – pois todos eram muito claros: mortes por raio não aconteciam assim à toa.

Uma vez os campos roçados, o capim precisava secar. Mihai ficava de olhos bem abertos para nuvens no horizonte ao sul. Se um tipo específico de nuvens aparecesse num local específico, nós corríamos para formar montes de feno, os quais, uma vez que a chuva parasse, eram desfeitos e espalhados novamente. Se o clima permitisse, o capim secava em um dia ou dois, e dávamos início à construção de uma das medas piriformes tão características da paisagem do Maramureş. Uma estaca alta, de seis metros de altura, era afiada de um lado, fincada no chão, com o lado fino para o alto, e calçada firmemente com pedras. Então, numa cama de gravetos suspensa por pedras, para permitir que o ar circulasse por baixo, dispúnhamos o feno, camada sobre camada, ao redor da estaca. À medida que a meda gradualmente aumentava de tamanho, uma moça escalava até o topo para ajeitar os montes de feno que eram lançados para o alto com os forcados.

«Você se lembrou de colocar as roupas de baixo esta manhã?», perguntou Mihai antes de ela escalar. Logo a moça estava bem alto acima de nós, e o feno era lançado para ela com os forcados de madeira de cabo longo, feitos de troncos de plátano especialmente selecionados. Ela vacilava no alto, agarrada na estaca com um só braço, e eu perguntei a Mihai se alguém já tinha caído alguma vez. «Sim, às vezes. Dumitru caiu. Ele estava meio bêbado. Quebrou o pescoço. É por isso que ele anda todo curvado. Não devia nunca ter passado um domingo trabalhando.»

Com o alto da meda terminado, a moça deslizava para o chão por um mastro de madeira polida feito de um pinheiro pequeno. Ao descer, a não ser que fosse muito cuidadosa, suas saias esvoaçavam e descobríamos a resposta da pergunta anterior de Mihai.

No fim da tarde, quando até o último pedaço de feno tinha sido rastelado e tudo estava limpo e organizado, juntávamos nossas ferramentas e Mihai as amarrava com um arremate de capim torcido. Então, voltando em direção ao poente, ele tirava o chapéu, fazia o sinal da cruz e pedia a Deus que abençoasse suas lidas.

«Bem, boa noite, Ion», ele dizia para o primo. «Vamos ver o que Deus vai nos reservar pela manhã.» Nós andávamos para casa na luz dourada e no ar quente e sem brisa das noites de verão, com fibras de feno nos nossos cabelos, cansados mas contentes. Ao passar por outros campos, chamávamos aqueles que ainda trabalhavam – «Vamos embora com a gente. Deixem alguma coisa para fazer amanhã!».

Naquele horário da noite, quando os últimos raios do sol atingiam suavemente as encostas, nos caminhos que levavam ao vilarejo costumava haver outros que voltavam do trabalho, com cestas nas costas e ferramentas nos ombros, todos tão cansados quanto nós mas ainda satisfeitos em conversar até que chegássemos a caminhos diferentes que se bifurcavam para cada uma de nossas casas. Fiz muitos amigos nesse caminho. Um deles era Charlie. Alguns dos campos de Charlie eram próximos aos nossos, e uma vez quando passei gritei para ele deixar alguma coisa para fazer no dia seguinte.

«Tem sempre mais trabalho para fazer amanhã», ele gritou de volta, «a não ser que você já esteja na cova.» Ele tinha mais de oitenta anos, rosto enrugado e coriáceo, e olhos azuis. Tinha toda a aparência de um nativo do Maramureș, mas na verdade Charlie era americano.

Charlie tinha nascido em Ohio e possuía um passaporte americano que me mostrou com orgulho um dia, embora estivesse, ao inspecioná-lo, vencido havia muito tempo.

«Eu me lembro das comemorações no fim da Grande Guerra em Nova York, as danças nas ruas, os sinos das igrejas tocando e as pessoas buzinando em seus carros. Eles têm muitos carros nos Estados Unidos, sabe.»

Sempre que o via, ele dizia «*Goodday*!», a única palavra em inglês de que conseguia se lembrar, e a pronunciava, como consequência, com todo o entusiasmo. Ele sempre estava com um sorriso radiante no rosto quando nos encontrávamos. Talvez sentisse que ele e eu fôssemos de algum modo especiais, tendo ambos vindo de terras distantes. Nas caminhadas de volta dos campos, com as foices nos ombros, ele me contava a sua história.

«Meus pais tinham emigrado daqui para os Estados Unidos antes da primeira das duas grandes guerras. Naquela época, o Maramureș era governado pela Hungria e eles não tratavam bem os romenos. Meus pais estavam fartos.»

Eu me lembrei de fotografias que tinha visto de emigrantes da Europa do Leste vestidos em trajes camponeses intricados chegando em Ellis Island. Houvera um enorme deslocamento de pessoas da Ucrânia, da Rutênia, da Hungria e da Romênia naqueles primeiros anos do século, e os pais de Charlie estiveram entre elas.

«Meus pais foram morar em Ohio e foi lá que nasci e cresci», ele continuou. «Mas, quando eu tinha doze anos, minha mãe levou um tiro. Um homem tentou entrar na nossa casa para nos roubar, ela bateu a porta na cara dele, que atirou nela. Ela não morreu, mas depois daquilo meus pais decidiram que os Estados Unidos não eram para eles, e nós fizemos as malas para voltar para o Maramureș. Prendemos todos os nossos dólares ao redor do corpo debaixo das roupas e voltamos em um navio a vapor pelo oceano. Por muitos dias e noites não vimos nada além do mar e do céu, até que por fim avistamos terra; poucos dias depois o navio passava por Istambul e seguia rumo ao porto romeno de Constanța.»

«E o que você achou quando chegou ao vilarejo?», perguntei. «Devia ser muito diferente daquilo a que você estava acostumado nos Estados Unidos.»

«Era. Eu não gostei nadinha. Chorava muito. Era tão diferente. Não havia carros e as pessoas circulavam em carroças puxadas por bois e búfalos. Usavam roupas feitas em casa e andavam descalças ou de *opinci*, que me pareciam estranhos. E era horrível quando alguém morria. As mulheres se ajoelhavam, gemendo, apertando a cabeça com as mãos de um modo terrível que me assustava.»

«Então pouca coisa mudou de verdade», disse eu.

«Não, de fato, não mudou.»

«Em que ano você chegou aqui?», perguntei.

«Em 1924... sim... 1924», ele repetiu devagar, os olhos azuis fitando as colinas verdes que nos cercavam e todos os camponeses de *opinci* voltando a pé dos campos, «e estou aqui desde então.»

Charlie faleceu em 2001. Por fim não havia mais trabalho para ele no dia seguinte. Ele foi enterrado usando suas melhores roupas camponesas do Maramureș e segurando seu passaporte americano. Em respeito a seus desejos, as mulheres se abstiveram da lamentação em seu funeral. O Maramureș tinha sido um lugar alarmante e desconcertante para o garotinho recém-chegado dos Estados Unidos, mas no fim ele teve uma vida feliz aqui. Estava claro pelo sorriso em seu rosto e em seus olhos quando ele caminhava com a foice no ombro na ida e na volta dos campos, ou quando assistia de pé aos cortejos matrimoniais passarem diante de sua casa à medida que os jovens do vilarejo se casavam e a vida em Breb seguia em frente. Contudo, na vida como na morte, Charlie se agarrara a seu passaporte americano, um símbolo esmaecido de que era diferente dos outros.

Na Romênia havia muitos que não se encaixavam perfeitamente, que sabiam que eram diferentes. Havia os Velhos Crentes no delta do Danúbio que tinham fugido da perseguição na Rússia, ainda resolutamente se persignando com dois dedos; havia os saxões, lá do outro lado das montanhas ao sul na Transilvânia. E, é claro, havia os ciganos.

5
«Um povo selvagem e perigoso»

Mamãe me disse nunca se meta
A brincar com os ciganos na mata

Cantiga de ninar vitoriana

Eu estava no norte havia mais de três meses e a primeira roçada de feno estava quase no fim. A colheita do trigo só começaria em algumas semanas. Parecia um bom momento para uma viagem curta. Eu pensava com frequência nos saxões e nos ciganos da Transilvânia, e decidi voltar a visitar Halma. Já fazia quatro ou cinco anos que eu estivera lá pela última vez.

Em julho os campos eram aparados em toda a Romênia. Eu viajava para o sul e passava por cavalos puxando carroças pesadas de feno, e nos campos as pessoas estavam ocupadas roçando e rastelando. Ver os ramos de flores silvestres nas colinas e todas aquelas pessoas trabalhando juntas nos campos fazia o interior inglês do presente parecer um lugar solitário e pálido.

Eu alcancei Halma à última luz da tarde e caminhei até a casa de Gerhilde e seus pais. Não havia galinhas, não havia gato, não havia movimentação ou vida no pátio. Eu vi buracos no telhado da casa, a cerca de madeira estava em frangalhos, erva daninha crescia entre os paralelepípedos e o estábulo estava precariamente inclinado, pronto para desmoronar. Então notei uma luz vindo de um dos cômodos dos fundos. Um cachorro latiu e um velho cigano com um belo bigode apareceu nos degraus, sorriu e acenou.

«*Să trăiți!* – Que tenha uma vida longa!», gritou ele.

«Para onde os saxões foram?», gritei de volta.

«Eles foram embora faz tempo», respondeu. «É uma pena. Como pode ver, está tudo caindo aos pedaços.» De fato estava caindo aos pedaços, mas ele não estava fazendo nada a respeito.

«Por que você não conserta os buracos no telhado então?», perguntei.

«A casa não é minha. Eu só a aluguei na prefeitura», disse o cigano.

Ainda havia, ao que parecia, alguns saxões morando em Halma, e eu bati no portão da casa de um velho casal, Herr e Frau Knall. Um senhor saiu de chapéu de palha e avental azul, o qual, mais tarde descobri, ele só tirava aos domingos. Ele me convidou para entrar. À mesa descascando cenouras estava sua esposa, Frau Knall, uma senhora saxã de muitos aventais e sorrisos. Seria difícil encontrar uma *Hausfrau* de bochechas mais rechonchudas e coradas, ou uma com tal comportamento acolhedor. Eles foram muito gentis ao me oferecer uma cama para passar a noite e me serviram um jantar simples de sopa de feijão e pão. «Às quartas e sextas os saxões comem feijões», me disseram.

Antes de comermos, Herr e Frau Knall baixaram a cabeça e deram as mãos para rezar.

«*Komm Herr Jesu sei unser Gast,/ Und segne was du uns bescheret hast.*»

«Amém», dissemos juntos.

Enquanto tomávamos nossa sopa, perguntei a eles quando a família de Gerhilde tinha ido embora.

«Eles foram há uns cinco anos», disse Frau Knall. «E nunca mais voltaram. A avó de Gerhilde foi com eles para a Alemanha. Ela costumava nos mandar cartas. Disse que não tinha nada para ela fazer por lá. Eles não tinham terra nem animais, e ela não podia ficar limpando o apartamentozinho deles toda hora. Disse que chorava toda noite pensando em Halma, e depois de um ano morreu. *'Ein alter Baum soll nicht verpflanzt werden* – Não se deve tentar replantar uma árvore antiga.' É o que dizemos.»

Bem cedo na manhã seguinte, quando o sol se levantou, olhei pelas janelas pintadas de branco e vi uma rua larga, ladeada de sólidas casas saxãs caiadas, e mais além, erguendo-se sobre elas, as colinas cobertas de bosques e pastos. Ainda era o lugar lindo de que eu me lembrava. Andorinhas voavam rente ao riacho que corria em meio ao verde, e de um ninho enorme, de mais ou menos um metro de largura, que se equilibrava na ponta de uma das torres da igreja, uma mãe cegonha guiava sua ninhada de cinco em lições de voo precoces sobre as cumeeiras dos telhados íngremes de telhas terracota. Certas coisas continuavam constantes.

Quando desci as escadas, Frau Knall tinha servido um café da manhã de ovos cozidos, café, leite morno, torrada e geleia de ameixa sobre uma toalha de mesa branca e limpa.

«Você gostaria de ver a igreja?», eles me perguntaram. Eu disse que sim, então, depois do café da manhã, Herr Knall apanhou um molho de chaves barulhento, colocou seu chapéu de palha de aba larga e subimos a colina até a igreja. No caminho, Herr Knall apontou o presbitério, o salão municipal, a casa do professor e a escola, todos agora abandonados. Mais adiante, acima de nós, se erguia o campanário que tinha sido meu guia quando, em minha primeira visita, eu tinha saído da floresta e descido para o vilarejo.

Entramos em uma muralha circular de defesa por uma portinha antiga de madeira, com barras e alças de ferro, e demos de cara, depois de uns poucos metros, com outra muralha alta e outro portão com barras de ferro. Herr Knall virou a chave na tranca e, com as dobradiças a ranger e chiar, ela se abriu.

Diante de nós, estava a igreja. Ao redor dela, havia roseiras muito bem aparadas e árvores frutíferas podadas, e a grama que margeava a construção tinha sido roçada havia pouco tempo. Mas esses toques domésticos não escondiam o fato de que aquela era mais do que uma simples igreja do interior. Nós tínhamos passado por duas muralhas circulares, reforçadas com bastiões enormes, todos com fendas para armas, e na própria igreja havia mais delas e outros mecanismos de defesa, além de canaletas para lançar pedras em invasores que tentassem minar as muralhas.

As fortificações eram prova dos perigos de viver nessa parte do mundo durante a Idade Média. Os saxões tinham vindo se estabelecer aqui no século XII sob proteção do rei húngaro. Mas ele era uma figura distante. A cada dia eles tinham de tomar conta de si mesmos. A qualquer momento grupos de saqueadores tártaros da costa do mar Negro, soldados turcos sem soldo encorajados a viver da terra, vizinhos húngaros invejosos ou apenas bandos de ladrões podiam aparecer no horizonte e arrasar o vilarejo. Alertados pelo soar dos sinos ou pelo rufar de um enorme tambor, os moradores do vilarejo corriam para o santuário atrás das enormes muralhas de seus castelos-igrejas onde sempre havia armazenadas água e provisões, e ficavam lá por quantos dias os invasores estivessem dispostos a desperdiçar. No século XVI os saxões se tornaram luteranos. As famosas palavras de Lutero, «*Ein feste Burg ist unser Gott* – Uma fortaleza resistente é nosso Deus», eram, para os saxões, mais do que metafóricas. Escritas em letras garrafais sobre os portões das igrejas-fortalezas ou pintadas em portas de sacristias medievais, elas lembravam os saxões da proteção mundana assim como da espiritual que lhes era oferecida pela igreja.

Durante centenas de anos, gerações de pedreiros, telhadores, marceneiros e ferreiros saxões mantiveram as igrejas-fortalezas em seu estado original. Mas hoje, com a maioria dos saxões ausentes, as estruturas estavam ruindo. Havia buracos nos telhados, o estuque estava despencando e as vigas de madeira começavam a apodrecer. As escadas e passarelas bambas ao redor das ameias ainda estavam lá, assim como as portinholas de madeira sobre as fendas para armas, e uma boa hora podia ser passada escalando as ameias e aprendendo sobre a mecânica das fortificações medievais. Mas agora havia apenas um punhado de saxões para empreender os consertos, e seu número só diminuía. Herr Knall apontou para os buracos no telhado.

«O que a gente pode fazer? É demais para nós agora», disse.

As portas da igreja em si ficavam abertas para arejar, e nós entramos. O interior das igrejas saxãs costuma ser bastante oposto a seus arredores belicosos. Têm pinturas delicadas de flores, pássaros, bosques e representações primitivas de igrejas e vilarejos. Este não era uma exceção.

Embora as telhas estivessem despencando, o interior estava limpo e arrumado. O pároco que ocupava o presbitério junto da igreja tinha ido para a Alemanha como todos os outros saxões, mas outro de uma cidadezinha próxima vinha uma vez por mês fazer uma celebração para os saxões que restavam. Herr Knall explicou onde os diferentes membros da comunidade se sentavam; os homens, as mulheres, os velhos, os jovens, os casados e os solteiros – todos tinham seus lugares designados em bancos numerados.

«Na comunidade saxã havia um *Ordnung* rigoroso, foi assim que sobrevivemos por tanto tempo.»

Então Herr Knall, com muito orgulho, apontou para o retábulo. Tinha sido pintado, entalhado e folheado a ouro no início do século XVI pelo Mestre de Schässburg (Sighişoara), que tinha sido aprendiz de Johann Stoss, filho de Veit, o famoso artesão de Cracóvia. A Transilvânia e a Polônia eram, naquela época, governadas pelo mesmo rei. Ele era emoldurado em vermelho e dourado e tinha doze painéis pintados representando a vida de Cristo. No centro havia uma figura renascentista belamente entalhada de São João. Ele tinha sido feito especialmente para a igreja e estava ali havia quinhentos anos.

«É maravilhoso ter isso na sua igreja», eu lhe disse.

«Sim. É como o coração do nosso vilarejo. A gente faz o que pode para manter o teto sobre ele, mas, quando não estivermos mais aqui, quem sabe o que vai acontecer?»

Na época, eu não fazia ideia de como esse retábulo figuraria na minha vida.

Tirei do bolso o valor correspondente a algumas libras em moeda romena e coloquei na caixa de doações para a manutenção da igreja. Quando saímos percebi que havia lágrimas nos olhos de Herr Knall. Não era tanto o dinheiro, mas a ideia de que alguém tinha se importado.

«Somos velhos. Perdemos todo o nosso povo, todos foram para a Alemanha, e podemos fazer pouco para ajudar nossa igreja agora. Mas nosso último desejo é que a igreja sobreviva de alguma forma, e que os saxões sejam lembrados de algum modo singelo.»

«Vou fazer o que puder para ajudá-lo», eu disse a ele.

Descemos a colina e voltamos para a casa onde Frau Knall agora preparava o almoço. Sentamo-nos e rezamos em agradecimento. Enquanto comia, Frau Knall falava de sua vida. As palavras ou frases que eu não entendia em alemão, ela me explicava em romeno, ou mesmo em saxão, o qual ela imaginava que eu entendia, por saber que eu era anglo-saxão.

Ela me contou como em 1945 tinha sido deportada para a Rússia para trabalhar consertando os danos causados pelo exército alemão durante a guerra. Todos os deportados tinham sido colocados em caminhões para gado e despachados para o noroeste no meio do inverno congelante.

«Eu fiquei lá por quatro anos, dez meses e dezoito dias», ela disse, «e trabalhei todo esse tempo sem um dia sequer de descanso.»

Na Rússia ela carregava entulhos, consertava estradas e coletava carvão nas minas.

«Naquela época eu não era gorda como agora», disse rindo, percebendo que era difícil, para mim, imaginá-la passando pela entrada de uma mina. Dos que estavam no grupo de Frau Knall, apenas metade sobreviveu. Os outros morreram na Rússia de doenças, frio, inanição e falta de remédios. Por fim, em 1949, Frau Knall teve permissão para voltar para casa na Transilvânia, mas tinha sido para um tipo de vida diferente daquele que ela tinha conhecido.

Desde a guerra de Hitler, tudo tinha mudado para os saxões, e, enquanto Frau Knall estivera longe, um novo regime comunista tinha assumido a Romênia. As casas, a terra e os móveis dos saxões tinham sido confiscados ou roubados, e Frau Knall e o resto de sua família tiveram de viver como inquilinos em qualquer lugar onde pudessem encontrar um romeno ou cigano que os acolhesse. Em 1952, no entanto, ela se casou com Herr Knall, e em 1954 sua casa foi devolvida a eles. Com trabalho duro e bom cultivo, juntos eles conseguiram reconstruir o que tinham perdido.

Devido às dificuldades experimentadas durante a guerra e depois dela, muitos saxões tinham perdido o desejo de continuar a viver na Transilvânia. Então, quando nas décadas de 1960 e 1970 o presidente Ceauşescu começou a vender permissões de saída para saxões por alguns milhares de marcos alemães, muita gente aceitou a oferta, e a ideia da emigração como uma opção ficou na cabeça dos saxões. Depois da Revolução de 1989, quando ficou mais fácil cruzar as fronteiras e, como a família de Gerhilde tinha me contado, com a Alemanha disposta a oferecer cidadania a todos os saxões, as comportas foram abertas e em alguns anos a população saxã minguou. Apenas alguns milhares agora continuavam ali, e uma cultura única de 850 anos estava à beira da extinção.

Os saxões mais velhos não queriam ir embora, mas seus filhos insistiam; temendo ficar sozinhos, eles concordavam relutantes em ir. Nos anos seguintes, muitos como a avó de Gerhilde morreram de *Heimweh*, encostadas em apartamentozinhos nos subúrbios de Hamburgo ou Frankfurt, sonhando com sua bela terra natal tão distante. Na Alemanha eles não tinham campos para cultivar, animais para cuidar, videiras para amarrar, galinhas para alimentar e nenhuma floresta densa e vasta no monte. Nos vilarejos, os belos sinos antigos nas torres das igrejas saxãs soavam quando mais um saxão, que tinha literalmente morrido de saudades de casa, era enterrado em algum cemitério municipal na distante Alemanha.

Os Knall não tinham filhos. Mas amigos e vizinhos, prestes a ir para a Alemanha, tentavam convencê-los a ir também:

«Vocês vão ficar sozinhos se continuarem aqui», disseram.

«Não é a gente que vai ficar sozinho, e sim vocês», respondeu Frau Knall, apontando para o cemitério saxão no monte. «Todos os seus antepassados estão aqui.»

Tudo no vilarejo saxão falava de permanência. Havia a solidez das casas de pedra e tijolos, cujos tetos com vigas aparentes tinham datas entalhadas que chegavam ao século XVIII. Havia os enormes celeiros de carvalho arrematados nas laterais com pregos de madeira de quase meio metro de comprimento, e havia os grandes agrupamentos e círculos de carvalhos antigos nas terras do vilarejo. Acima de tudo, havia os vastos castelos-igrejas com portais góticos, muralhas de três metros de espessura e fortificações imponentes construídas por homens que queriam preservar não apenas a si mesmos, mas também seus filhos e os filhos de seus filhos. Tudo sempre tinha sido feito com as gerações futuras em mente. Mas agora estava quase tudo acabado: essas gerações futuras tinham se mudado dali. Agora apenas algumas pessoas de idade, como Herr e Frau Knall, continuavam sentadas em bancos à beira da estrada assistindo, perplexos, ao novo modo de vida assumir as coisas.

Os saxões mais velhos se esforçavam para entender esse novo modo de vida. Uma vez a maioria, eles eram agora uma minoria diminuta. Quando os saxões se foram, os ciganos se instalaram para preencher as lacunas. Os Knall não gostaram nada. Sempre houvera ciganos, mas eles moravam no *Țigănie*, no limite do vilarejo. Agora eles tinham se mudado para o centro para viver nas casas que os saxões que partiram tinham deixado vazias.

Herr e Frau Knall achavam difícil ver seu vilarejo ficar cada vez mais tomado pelos ciganos, mais negligenciado e arruinado. O salão municipal saxão estava caindo aos pedaços. Os Knall culpavam os ciganos por roubar telhas e tijolos, e arrancar tábuas do piso para usar como lenha. Agora com as portas abertas e o vento varrendo livre, ele não era mais usado, nem para encenações nem para bailes do vilarejo, e os resquícios do cenário da última peça ainda estavam lá, rasgados e quebrados, como um lembrete de como as coisas tinham mudado. Os ciganos, ao que parecia, não precisavam absolutamente de um salão ou de um palco; estavam muito satisfeitos dançando nas ruas.

À tarde eu deixava a casa dos Knall para fazer caminhadas pelo vilarejo. Sempre que eu saía, os dois me enchiam de alertas. Os Knall pareciam obcecados com os ciganos, sua aparente indolência e suposta perversidade. Mas sempre que eu saía da casa, um garoto cigano aparecia como que brotando do chão, embora ele estivesse esperando por mim. Seu nome era Nicu, um cigano Băiaș, originalmente de um bando de garimpeiros de ouro. Ele me seguia como minha sombra para onde quer que eu fosse, e toda noite, depois de me acompanhar vilarejo afora, ele me perguntava se eu queria comprar um pão de seus irmãos e irmãs. Como desculpa ele me dizia, dando de ombros: «Eu sou cigano e pobre, o que é que eu posso fazer? Foi assim que Deus me fez. É com isso que eu tenho que me virar».

Uma noite, eu estava com Nicu em uma trilha que subia para perto da igreja saxã, observando as vacas voltarem dos campos para casa. As vacas saíam toda manhã assim que o sol raiava. Os moradores do vilarejo abriam as portas de seus estábulos e as vacas e os cavalos zanzavam pelo pátio em direção à estrada, de onde eram guiados por um vaqueiro que empunhava um grande chicote cujo som no açoite parecia de um tiro. Elas vagavam rumo às encostas que levavam à floresta e ali pastavam contentes o dia todo. Então, quando o sol começava a baixar, faziam o caminho de volta ao vilarejo, onde, sem serem guiadas, cada vaca tomava o rumo de seu próprio estábulo e esperava paciente sua ordenha.

Foi quando eu assistia a essa cena pitoresca no resto de luz da tarde que notei uma moça cigana morena agachada de pés descalços junto a uma pereira do outro lado da trilha. Nicu também a viu e gritou:

«*Ce faci*, Natalia? – O que você tá fazendo?»

«*Nimic* – Nada», ela disse, voltando o rosto languidamente para nós. «E vocês?»

«Só dando uma volta», respondeu Nicu.

Enquanto conversavam, uma das vacas se afastou do grupo, coçou a cabeça na pereira e foi zanzando para o pátio da casa atrás de Natalia.

«Marishka!», gritou Natalia, virando o rosto. «A vaca voltou.»

Logo um cavalo apareceu trotando.

«Nicu!», gritou Natalia. «Faça ela entrar no pátio. É do Nicolae.»

Nicu tentou parar a égua mas ela balançou a cabeça, andou de lado e foi a galope em direção ao centro do vilarejo.

«Quer que eu vá atrás dela?», perguntou Nicu.

«Não, não tem problema», disse Natalia. «Ela volta mais tarde.»

Natalia ficou onde estava, nos observando; então, como por capricho, ela se levantou num salto e correu até uma ameixeira, da qual, na ponta dos pés, apanhou algumas frutas azuis, colocou-as na barra dobrada da saia e veio para onde Nicu e eu estávamos.

«Sou a Natalia», ela disse. «Quer umas ameixas?» Com um sorriso de incentivo ela me ofereceu as frutas e despejou-as nas minhas mãos em concha. Ela conversava animada com Nicu e eu a assistia falar. Ela era admirável de olhar, com seu cabelo castanho, quase loiro nas pontas, rosto moreno e olhos escuros cor de avelã, o branco luminoso e brilhante. Acomodamo-nos na grama juntos – os ciganos agachados como é costume dos indianos –, comendo ameixas e conversando enquanto as sombras do fim da tarde se estendiam.

Logo o sol estava se pondo, luzindo rubro atrás das árvores da floresta na colina. Eu sabia que os Knall estariam esperando por mim e espiando ansiosos pelas frestas das persianas. Não era seguro, eles tinham me dito, ficar fora depois que escurecia, mesmo no vilarejo; os ciganos eram pessoas selvagens e perigosas. Eu me levantei para ir embora. Quando fiz isso, Natalia me mirou, erguendo seus olhos «perigosos» para mim.

«Você vai voltar amanhã, não é?», disse.

Como de costume, no dia seguinte depois do almoço fui dar uma volta pelo vilarejo e Nicu se juntou a mim. Passamos pelos pomares sob a muralha de defesa da igreja saxã.

Lá, recostado na grama debaixo de uma macieira estava um homem trigueiro de bigode limpando as unhas com uma faca comprida e medonha. Quando passamos, ele levantou a cabeça devagar nos lançou um olhar fulminante.

«Aquele é o namorado da Natalia», disse Nicu, quando ele não podia mais nos ouvir, «chamam ele de 'O Cara'.»

Aconteceu que, na volta da nossa caminhada, passamos pela casa de Natalia. O Cara estava sentado ameaçadoramente em um banco do outro lado da estrada, e seguimos nosso caminho. Mas as janelas da casa estavam escancaradas e o rosto de Natalia apareceu.

«Aonde vocês vão?», ela gritou, radiante, apoiada na base da janela. «Entrem aqui!»

Quando passamos pelo portão, senti a fulminada do Cara, carrancudo, esquentando a minha nuca.

Dentro da casa, Natalia estava estendida langorosamente na cama, a cabeça apoiada na mão, um belo arranjo de saias e membros morenos. E no canto mais distante do quarto estava mais alguém. Era outra das filhas morenas e de olhos escuros da Romênia, jazendo numa pose também graciosa em uma poltrona, seus olhos me examinando devagar. Essa garota era Marishka.

«Eu já te vi em algum lugar?», ela perguntou.

«Onde?»

«Não sei direito. Tive a impressão de que te reconheci.»

«Passei pelo vilarejo há uns anos», eu disse. «Eu estava caminhando pelas colinas. Umas pessoas encheram a minha garrafa, me deram umas maçãs e me mostraram o caminho para Floreni.»

«Você estava com um bastão?», ela perguntou.

«Estava.»

«Fui eu que te dei as maçãs», disse ela sorrindo. «Eu lembro dos seus óculos. A gente riu do estrangeiro carregando um bastão daquele tamanho como um pastor.»

«Senta», disse Natalia.

Nicu se sentou na cama. Eu avistei uma cadeira de balanço. Por um tempo elas nos observaram. Seus olhos enfeitiçavam. Elas os lançavam em nossa direção nos hipnotizando como chamas, desviavam de vez em quando, os bruxuleando pelo quarto e então de volta para nós, nos fixando em seu brilho.

«*Ce mai faci?* – Como você está?», perguntei por fim, me dirigindo a Natalia, já que tinha sido com ela que eu conversara na noite anterior.

«Estou bem.»

«E o que você anda fazendo?», perguntei.

«*Nimic* – Nada», respondeu ela. «Nada» era o que aparentemente acontecia o tempo todo. Imaginei que era a resposta padrão que davam para qualquer um em quem não confiassem inteiramente.

«Mas com certeza você faz alguma coisa às vezes», eu disse.

«Não, na verdade não. Só à noite. A gente dança e dá festas, principalmente quando nossos pais estão trabalhando na Hungria. Quase toda noite.»

«Então por que você falou que não andava fazendo nada?»

«Por que não?», ela disse dando de ombros. «E por que é que você faz tantas perguntas? Parece um policial.»

«Desculpe. Pode me perguntar coisas, se quiser.»

«Está bem. O que você está fazendo aqui em Halma?»

«Eu quero aprender alemão e ver como é a vida aqui no vilarejo saxão.»

«Se você ficar aqui vai ver muita coisa», disse Marishka. «Pode ter certeza.»

Então Natalia teve uma ideia. Seu rosto se iluminou.

«Por que a gente não faz um piquenique amanhã?», ela disse.

Na parede no alto da cabeça das garotas eu avistei alguns tecidos antigos bordados. Esses tecidos tinham sido abandonados pelos saxões e ainda estavam pendurados nas paredes das casas então ocupadas pelos ciganos. Em um deles, em belas letras ornamentais bordadas, se lia

«*Gebet und Arbeit* – Oração e Trabalho». Aqueles dois povos, os saxões e os ciganos, que tinham vindo para a Transilvânia havia tantos séculos, um do frio noroeste, o outro do exótico oriente, não podiam ser mais diferentes. E no entanto se viram vivendo lado a lado no lugar onde o caminho de suas diferentes terras natais se encontraram. Agora os saxões tinham ido embora e os ciganos, herdado suas casas, com os lemas daqueles ainda pendurados nas paredes.

Natalia jazia na cama em uma pose extremamente relaxada. O clima de *dolce far niente* era irresistível. «Oração e Trabalho» claramente não era a máxima segundo a qual Natalia, Marishka ou qualquer de seus amigos levava a vida, nem tinha nenhuma intenção de levar.

Antes de voltar para a casa dos Knall, me apressei em concordar em aparecer na manhã seguinte para o piquenique na floresta. Quando Nicu e eu saímos da casa, o Cara tinha sumido da rua.

Quando terminei meus ovos cozidos e o café na manhã seguinte, fiz as malas e disse para Herr e Frau Knall que eu estava de partida. Mas, em vez de ir embora, segui para a casa de Natalia, e com ela, Marishka, o namorado de Marishka e Nicu fomos fazer o piquenique. Eles tinham levado comida, vinho e cobertores grossos, e caminhamos até o limiar da floresta.

No fim da tarde, com os montes azuis e enevoados ao longe e as brasas da fogueira incandescentes, minha intenção de ir embora evaporou. Com os encantos de Natalia, um copo ou dois de vinho, muita risada e o convite delas para eu passar a noite, mudei de ideia. Ao descermos o monte em direção ao vilarejo, Natalia e Marishka cantavam durante todo o caminho.

Já estava quase escuro quando atravessamos a praça de terra batida do vilarejo e seguimos para a casa dos ciganos, as garotas olhando ansiosas ao redor, seus olhos disparando alertas para ver se alguém estava escondido nas sombras. Ao nos aproximarmos da casa, havia um clima de urgência crescente. Elas me levaram rápido para dentro, mas não antes de Eugen, o irmão mais novo de Natalia, ter me levado para um canto do pátio para me mostrar sua coleção de coelhos nas gaiolas.

As coisas pareciam calmas. Então Eugen, Nicu, Marishka e seu namorado decidiram voltar para a praça do vilarejo, deixando Natalia e eu sozinhos.

«Se tranquem no quarto e apaguem a luz», eles nos disseram. «Vamos trancar a porta da frente por fora quando sairmos.»

Não é todo dia que ficamos trancados num quarto com uma linda garota cigana. E eu estava trancado por dentro e por fora. Parecia bom demais para ser verdade. Eu me perguntei por um momento por que aquelas medidas de segurança tão estritas eram necessárias, mas o pensamento logo se dissipou: eu só estava muito feliz por estar preso. Há um ditado romeno muito conhecido: «Você só aprende a acender uma fogueira depois de ter beijado uma cigana». Agora finalmente eu estava pronto para descobrir o que ele significava.

No fim das contas não houve oportunidade para beijos. Assim que os outros foram embora a situação se deteriorou rápido. Natalia e eu mal tínhamos nos sentado na cama no escuro e ouvimos batidas violentas na janela, que quase arrancaram o caixilho da dobradiça. O vidro espatifou e o rosto do Cara, enfurecido, apareceu por entre os fragmentos de estilhaço, gritando e praguejando. Ele estivera esperando os outros irem embora do lado de fora nas sombras. Com a faca ele abriu caminho batendo no vidro quebrado preso no caixilho.

«Que a minha mãe caia morta se eu não matar vocês dois agora!», ele gritou. As desvantagens de estar preso do lado de dentro logo me vieram à mente. Nós não tínhamos por onde fugir.

Natalia agiu rápido. Num vergastar de saia ela já estava na janela e com um cabo de vassoura tinha empurrado o Cara para trás da base. Ele caiu no chão quase dois metros abaixo. Foi fácil expulsá-lo já que as janelas eram altas o suficiente para ser difícil para ele se segurar, um aspecto útil da arquitetura saxã que eu nunca tinha admirado antes. Lá de baixo, ele cuspiu ameaças de gelar o sangue, e Natalia gritou de volta. Era um glorioso ensejo cigano. Ela tentou argumentar com ele, mas a fúria só aumentou e mais uma vez ele tentou pular para dentro. Eu fiquei nos fundos, fora de vista, tentando fingir que não estava ali e me perguntando por que raios não tinha ficado em casa em Breb. Eu me lembrei das ciganas me falando que a vida era muito mais divertida em Halma. Isso não era bem o que eu tinha imaginado, embora com certeza fosse diferente. Corajosamente, Natalia o manteve longe até por fim ouvirmos vozes. Eram os outros voltando pela trilha. O Cara escapou silenciosamente nas sombras.

Nós dormimos todos na mesma cama naquela noite, Natalia com a cabeça no meu ombro. De uma coisa eu tinha certeza: quando os Knall descobrissem que eu tinha ficado com os ciganos, eles não achariam graça.

Acordamos na manhã seguinte e encontramos todos os coelhos de Eugen mortos, espalhados pelo pátio, um deles sendo devorado pelo cachorro. O Cara tinha entrado sorrateiro no pátio no meio da noite e cortado a garganta deles, em parte por vingança, em parte, sem dúvida, como algum aviso sinistro do que logo poderia acontecer comigo.

Minha presença estava causando problemas demais para todos. Estava na hora de ir embora. Mas, antes que eu pudesse juntar as minhas coisas, um policial sinistro apareceu na casa.

«Gostaria de dar uma palavra com o estrangeiro em particular», ele anunciou.

Num quarto dos fundos, ele me pediu para não contar aos outros o que estava prestes a dizer.

«Meu nome é Barbu. Você tem que tomar cuidado», ele avisou. «Essas pessoas são perigosas e violentas. Eles são os ciganos mais perigosos do vilarejo. Eu o aconselho a ir embora, e, se algum dia voltar aqui, a não trazer dinheiro ou nada de valor, entendeu? Não é seguro.»

Olhei preocupado para ele e disse que eu ia mesmo embora e que teria cuidado. Mas, mesmo assim, mal os conhecendo, não conseguia acreditar que os ciganos eram tão maus quanto ele dizia.

6
Uma carta perdida

> Assim como o contraste entre verão o inverno era mais severo do que para nós, também o era o contraste entre luz e escuridão, silêncio e ruído. A cidade moderna praticamente desconhece a escuridão e o silêncio profundos, assim como o efeito de um lume solitário ou de um grito distante.
>
> Johan Huizinga,
> *O outono da Idade Média*[6]

No meu bolso estava um pedaço de papel no qual Natalia tinha escrito seu endereço. Quando eu estava de partida, ela o colocou na minha mão e garantiu que, se eu lhe escrevesse, me responderia. Segui para o norte, além dos fornos de cal fumegantes do desfiladeiro Baba e dos fornos de carvão no vale Baiuți, e então à noite subindo e atravessando a passagem coberta de árvores e descendo pelos vales verdes e sombreados do Maramureș, o ar fresco com cheiro suave de capim recém-cortado. Um velho camponês uma vez me

---

6   Johan Huizinga, *O outono da Idade Média*. Trad. de Francis Petra Janssen. São Paulo: Penguin-Companhia das Letras, 2021.

contou como tinha ido embora dos Maramureş. Chegar ao desfiladeiro e descer pela trilha da floresta rumo a Breb era, disse ele, como voltar ao paraíso. Tinha sido a primeira vez que eu estivera longe e, quando desci pelos campos recém-aparados e pelos bosques, entendi o que ele queria dizer. Era uma paisagem encantada.

Em Breb voltei direto para o trabalho nos campos. A primeira roçada de feno estava quase terminada e, enquanto eu estivera ausente, eles tinham começado a colher o trigo. Os últimos lotes ainda tinham de ser apanhados, assim, com a foice na mão, me juntei a eles, arrancando as ervas cuidadosamente e dispondo as hastes no chão numa pilha arrumada, então tomando-as nos braços, enfeixando-as e amarrando-as com um arremate de haste e apoiando-as umas nas outras. Como para o feno, varas de seis metros de altura eram afiadas e fincadas no chão em fila. Os feixes eram então içados, empalados na extremidade das varas e empurrados pelo eixo da vara. Ali ficariam por um mês secando ao vento e ao sol.

Então em setembro, no tranquilo ar outonal, ouvia-se um som desconhecido. Eram os zumbidos e estampidos dos debulhadores do vilarejo. Motores autônomos de um cilindro a diesel funcionavam engasgando e sibilando, e longas cintas eram acionadas, fazendo rodar lentamente as polias nas laterais das próprias máquinas. Gradualmente as grandes bestas – fabricadas em Budapeste antes da Grande Guerra mas ainda firmes – ganhavam vida estremecendo, um dente da engrenagem girando o outro à medida que as cintas se estabilizavam, até que todas as máquinas estivessem vivas, tossindo e arfando pó de cada orifício, chacoalhando e tilintando, tremendo e bamboleando sobre as velhas pernas. Filas de cavalos e carroças chegavam o dia todo dos campos com pilhas altas de feixes de trigo, e à noite deixavam o pátio empoeirado carregadas com sacas cheias de grãos. Cães e gatos também se reuniam para pegar os ratos-do-mato que tinham cometido o erro de fixar residência nos feixes ou até nas próprias debulhadoras. Os ratos pulavam para se salvar poucos segundos antes que os feixes fossem inseridos na debulhadora, e então iam descendo pela geringonça que tremia, até uma saliência próxima ao chão onde se reuniam e esperavam. Os cães e os gatos também esperavam, olhando fixamente para seus lanchinhos parados na saliência. Tomado de pânico pelo barulho, pelas vibrações e pela poeira, às vezes um rato pulava. Então havia uma grande comoção. Os cachorros e os gatos lançavam-se todos ao mesmo tempo e o rato-do-mato raramente escapava.

A comunicação entre o vilarejo de Breb e o mundo exterior era em geral efetuada pelos bons ofícios de Petrovici, «o carteiro ofegante» de Ocna Şugatag, que tinha de se arrastar, verão e inverno, pelos sete quilômetros de seu vilarejo até nos alcançar. Durante o trabalho no outono, meus pensamentos muitas vezes se voltaram para Natalia, e não demorou para que eu lhe escrevesse uma carta. Assim como eu tinha ficado fascinado pela música cigana, agora parecia que Natalia e seus olhos castanho-claros tinham me ganhado.

Alguns dias depois de eu ter escrito a carta, Petrovici veio à nossa casa trazer a correspondência de Mihai e Maria. Cansado e ofegante depois de sua longa caminhada, uma tigela de sopa de batata foi disposta na mesa e disseram para ele se sentar e comer. Aproveitei a oportunidade para lhe dar a carta e dinheiro para um selo. Ele me garantiu que a entregaria à responsável da agência do correio do vilarejo e, guardando-a na bolsa de couro onde levava a correspondência, tirou o chapéu e seguiu seu caminho.

Eu trabalhava todos os dias, e todos os dias imaginava se uma carta tinha chegado para mim enquanto estava nos campos. Mas nada nunca vinha. Assim, quando Petrovici passou por nossa casa novamente, perguntei se ele tinha postado a carta. Um tanto ofendido e limpando o suor da testa, me garantiu que tinha. Pedi sua opinião. Talvez ela não tivesse chegado ao destino? Ao se sentar para tomar sua sopa que Maria sempre colocava diante dele quando aparecia e para beber o copo de *horincă* que Mihai sempre lhe servia, ele explicou que eu mesmo precisaria ir ao correio em Ocna Şugatag e mandar uma carta registrada. Então no próximo dia de mercado foi o que fiz.

Na semana seguinte voltei a me juntar às filas de moradores do vilarejo que seguiam por trilhas entre os campos e pomares rumo à feira. Eu queria comprar uma nova pedra de amolar para minha foice; como todo mau trabalhador, eu sempre culpava um equipamento ou outro por minha falta de habilidade de manter o fio da foice afiado. Ao mesmo tempo aproveitei a oportunidade para ir à agência do correio perguntar à responsável se a carta registrada tinha sido entregue. De fato tinha, ela me respondeu sorrindo. Voltei feliz para o vilarejo e esperei uma resposta, que presumi que não demoraria a chegar.

Quando ia para casa pelos pomares, ouvia o barulho de frutas caindo na grama por todo lado. E, dito e feito, nos dias seguintes colhemos todas as maçãs e peras no jardim, subindo bem alto e nos equilibrando precariamente nos galhos com sacos sobre os ombros para apanhar as frutas sem machucá-las. Nos campos colhemos abobrinhas, abóboras enormes, repolhos e espigas de milho, e voltamos para o vilarejo em carroças sentados no alto da nossa carga multicolorida. Toda manhã, com a ajuda dos filhos dos vizinhos, recolhíamos as nozes que tinham caído durante a noite. Quando balançávamos os galhos, uma chuva de castanhas caía em nossa cabeça, repicando em nossos chapéus.

Estava começando a esfriar. Os bosques e as árvores que estiveram tão frescos e vivos na primavera começavam pouco a pouco a se assentar para o inverno. As ovelhas desciam devagar de seus pastos nas montanhas com os pastores, e no dia 9 de novembro, na mesma data todos os anos, elas eram devolvidas aos seus diferentes donos para o inverno. O Natal não estava longe, mas eu ainda não tinha recebido resposta para minha carta registrada. Esperava pacientemente, ficava de olho procurando o rosto sorridente de Petrovici, e, sempre que o via, perguntava. Mas nenhuma resposta chegou.

Eu me convenci a mandar a carta registrada novamente.

O primeiro borrifo de neve caiu no início de dezembro, e por fim o ofegante Petrovici, batendo a neve das botas, entrou na cozinha segurando triunfante uma carta com um selo romeno endereçada a mim. Abri e examinei a escrita fina e corrida. Li espantado.

William. Estamos dizendo a você para não escrever para os ciganos, eles são pessoas perigosas. Você não sabe o que está fazendo.
Insistimos que pare.

Não havia assinatura.

Então minhas cartas tinham sido interceptadas.

«Esta não é a carta que eu estava esperando», disse gentilmente para Petrovici, e perguntei o que ele achava que tinha acontecido com a carta registrada.

«Imagino que você deva tentar 'registrada com confirmação de entrega'», ele sugeriu enquanto tomava mais uma colherada de sua sopa preferida, «só que é um pouco mais caro.» Uma carta registrada, ele explicou, é assinada apenas pelo carteiro do vilarejo para onde ela é enviada. «Talvez o carteiro tenha deixado a carta no portão, como se tivesse entregado, e então o vento a levou.»

«O carteiro de lá portanto poderia», sugeri, «se quisesse, assinar pela carta e não entregá-la de fato.»

«Sim, imagino que teoricamente sim, mas não vejo por que ele faria isso.» Petrovici era um homem bom demais para suspeitar de tais subterfúgios. No caso das minhas cartas, parecia que não apenas alguém tinha se abstido de entregá-las como também tinha tomado a liberdade de lê--las. Eu não estava achando graça, mas, com grandes esperanças no sonoro «registrada com confirmação de entrega», deixei passar.

O destinatário, como a responsável pelo correio de Ocna Şugatag me explicou quando lhe entreguei a carta, tem de assinar e confirmar o recebimento em pessoa. Parecia infalível. Pelo menos assim eu teria certeza se a carta havia sido entregue ou não e, quem sabe, chegaria mais perto de entender o mistério de que raios estava acontecendo.

Segui para casa para uma tarde de trabalho ajudando Mihai, com cavalo e carroça, a recolher feixes de feno dos campos. Descendo a colina, Mihai me contou como, quarenta anos antes, ele tinha olhado para o alto enquanto dirigia sua carroça cheia de feno e tinha visto pequenos balões flutuando no céu nublado do fim do outono. Alguns desceram nas terras de Breb e foram recuperados. Havia cartas presas a eles – apelos desesperados de ajuda dos húngaros, descobriu-se, cujo país estava sendo invadido pelos russos. Era 1956.

«Só que a gente não era o povo certo ao qual mandar as mensagens, não é mesmo?», disse Mihai. «Só gente simples trabalhando no campo, o que podíamos fazer?» Era comovente ele pensar que as cartas eram destinadas a eles.

«Pelo menos as cartas chegaram a vocês», eu disse.

«Sim», disse a responsável do correio de Ocna Şugatag quando perguntei a ela sobre minha carta no próximo dia de mercado, «ela foi entregue.» Só que, mais uma vez, dias e semanas se passaram sem que eu recebesse resposta. No dia de mercado seguinte, mais uma vez dei uma passada no correio e me juntei a uma fila de camponesas de saias de pregas e lenços na cabeça que solicitavam seu salário-família. Mesmo a telefonista que trabalhava na central telefônica de baquelite vestia roupas do vilarejo e usava fones de ouvido por cima do lenço.

Quando cheguei na frente da fila, perguntei mais uma vez: «Tem certeza de que a carta foi entregue?».

«Ela foi assinada», me disseram. «Não tem nada mais que a gente possa fazer.»

«Mas como você sabe que foi de fato assinada pela pessoa para quem ela foi endereçada?», perguntei.

«E como é que a gente pode saber isso?»

«Bem, como é que o sistema de cartas registradas funciona então?»

«Se quiser fazer uma reclamação, podemos enviar para você», me disseram, embora estivesse claro que achassem que eu estava fazendo um estardalhaço absurdo. Mesmo assim, fiz a reclamação, que a responsável pelo correio, agora com os lábios um pouco apertados, preencheu.

Uma semana depois, caminhei mais uma vez até Ocna Șugatag, dessa vez na neve. Agora as pessoas, todas agasalhadas para se proteger do frio, viajavam de trenó, deslizando silenciosamente pelos campos. No mercado uma mulher que vendia *horincă* de uma garrafa apoiada em uma banqueta diante dela na neve e que servia a bebida no mesmo copo para cada freguês, estava se dando bem no negócio. Assim como o vendedor de gorros de pele que levava suas melhores astracãs empilhadas precariamente umas sobre as outras no alto da cabeça. Por toda parte as pessoas usavam os casacos de lã felpudos dos Maramureș que as faziam parecer os animais que estavam vendendo. Todos os cavalos, com gelo pendendo dos bigodes, tinham camadas grossas de cobertores no dorso, e os pequenos leitões rosados à venda, aconchegados no feno, agora eram mantidos em caixas bem embrulhadas com tapetes.

Mais uma vez dei um pulo no correio. Agora havia uma resposta à reclamação. A carta, fui oficialmente informado, tinha sido entregue e assinada. Eu tinha certeza de que Natalia já teria me mandado uma resposta a essa altura, e, depois da carta anônima que eu recebera, não estava convencido. Foi o que eu disse à responsável. Ela, no entanto, estava começando a se cansar da história.

«Receio que a gente não possa fazer mais nada», respondeu. «Se quiser fazer outra reclamação vai ter que escrever para o inspetor dos correios da cidade de Baia Mare.» O simples ato de enviar uma carta a uma amiga estava se tornando verdadeiramente kafkiano. Já fazia agora mais de três meses e eu não tinha chegado a lugar algum. Sem dúvida o correio de Baia Mare me encaminharia a outra pessoa, e depois de meses indo de um correio ao outro eu seria remetido novamente a Ocna Şugatag.

Voltei para o vilarejo com dificuldade pela neve. Era pleno inverno. Eu tinha de erguer muito o pé a cada passo para avançar. O vento açoitava minhas faces enquanto eu passava por riachos congelados e feixes de feno cobertos de neve. A neve abafava os sons, tudo estava quieto. Só de vez em quando ouvia o gralhar de um corvo ou o estalido e pingos das árvores quando elas balançavam e encostavam umas nas outras ao vento. Até os trenós puxados por cavalos quase não faziam barulho ao passar, a não ser pelo tinido de seus arreios e pelo tilintar suave dos sinos.

Enquanto eu me arrastava pelo caminho, meus pensamentos se voltavam mais uma vez para o caso curioso das cartas desaparecidas e do aviso misterioso que eu recebera. Ele teria, me dei conta, de permanecer um mistério por algum tempo; mesmo que eu quisesse ir a algum lugar, era quase impossível nessas condições. Os invernos aqui eram longos e difíceis. As temperaturas caíam a menos de trinta graus negativos. Meu carro velho já estava completamente congelado, e, mesmo que eu conseguisse fazer com que desse partida, ele não conseguiria subir a colina íngreme que partia do vilarejo sem ser puxado por cavalos. Eu tinha, por ora, sido derrotado pelo sistema postal romeno.

Voltando do mercado, no meio do caminho, ouvi o som fraco de sinos. Um trenó se aproximava, vindo na minha direção. Embarquei, cobri os joelhos com um cobertor grosso que me ofereceram e assim seguimos em uma velocidade espantosa, guinando colina abaixo para o vilarejo ao longo da estrada coberta de gelo, os sinos tilintando e as borlas vermelhas esvoaçando. Nas curvas o trenó deslizava para as valas, e eu achava que íamos tombar, mas sempre éramos arrastados de volta pelos cavalos com o calcar preciso dos cascos. Enquanto zuníamos, o condutor apanhou uma garrafa de *horincă*, e todas as preocupações que poderíamos ter logo foram esquecidas.

7
Todos os elementos da excentricidade

> Os ciganos são [...] os beduínos de nossas comunas e nossos bosques [...] eles não são os párias da sociedade; eles se mantêm voluntariamente distantes de sua organização esmagadora e se recusam a usar as amarras que ela impõe. A mesmice e a limitação da vida civil, a rotina de negócios e trabalho [...] os céus turvos, o ar confinado [...] o anseio por frescor e beleza natural – essas condições de existência são intoleráveis para eles.
>
> Henry T. Crofton,
> *The Dialect of the English Gypsies*

Em dezembro o clima e a luz do dia apertaram o cerco. Neblina pairava sobre o vilarejo. O sol passeava de leve pelo alto do monte Gutin e às quatro da tarde ele já tinha afundado nas colinas ocidentais em direção à Hungria. Os dias eram curtos e as noites, longas. Às vezes, por causa do frio, eu nem sequer tentava sair de casa e me enfiava na cama, debaixo de cobertores grossos que Maria tinha feito, e lia por muitas horas. *Anna Kariênina*, *Os irmãos Karamázov* e todos os livros sobre a vida camponesa do século XIX foram rapidamente consumidos e eu estava ficando sem material de leitura.

Na minha pequena coleção havia diversos livros sobre os ciganos. Um deles tinha sido escrito por um homem chamado Angus Fraser, que curiosamente, de acordo com as chamadas da capa, tinha sido funcionário público em Londres e um dos conselheiros de Margaret Thatcher. Eu lia seu livro agora, fascinado.

De acordo com Fraser, o povo nômade que mais tarde ficou conhecido como cigano deixou o noroeste da Índia em grupos díspares mil anos atrás e, vadiando pelo caminho, seguiu rumo ao sul da Europa. Sua língua dá pistas da rota que percorreram. Como John Sampson, o grande estudioso do dialeto cigano galês, coloca, sua língua é «uma espécie de diário de suas errâncias» com «aqui tesouros trazidos da Índia, ali palavras perfumadas com fragrâncias da Pérsia, acolá antiguidades armênias». A palava *bacht*, por exemplo, que significa «sorte», vem do persa, enquanto a palavra *grast*, cujo significado é «cavalo», parece derivar do armênio.

Os nômades de pele morena apareceram nos Bálcãs no século XIV, e de lá se espalharam por toda a Europa, alcançando até as regiões mais frias e mais ermas. Em 1529, de acordo com o livro de relatos medievais de Holyrood House, um grupo de ciganos dançou para a satisfação do rei Jaime V da Escócia. De fato, de acordo com Fraser, Jaime V teve «relações notadamente cordiais com os ciganos por quase todo seu reinado». Mas tudo acabou mal. Ao que parece, Jaime, que fora pai de pelo menos nove filhos ilegítimos, tinha sido golpeado na cabeça com uma garrafa ao tomar liberdades com uma cigana. Então disfarçado, ele estava, como Fraser colocou, «sujeito a indignidades adicionais». Isso colocou um fim abrupto ao relacionamento especial. Os ciganos foram banidos da Escócia sob pena de morte. Jaime morreu pouco depois, no entanto, aos trinta anos. Seu único filho legítimo que sobreviveu, nascido apenas uma semana antes de sua morte, foi a malfadada Maria da Escócia. Será que foi, eu me pergunto, uma maldição cigana?

Em outras partes da Europa também, graças a sua engenhosidade como músicos e ferreiros, eles foram acolhidos pelos mais superiores da terra. Nos livros de contabilidade reais da Hungria do ano de 1489 havia uma entrada que listava o pagamento a «ciganos que tocam alaúde na ilha da princesa» – a ilha em questão era a Ilha Csepel no Danúbio, perto de Budapeste, a princesa era Beatriz de Aragão, filha do rei de Nápoles. Então em 1543 «os mais excelentes músicos egípcios... descendentes dos faraós» (era uma crença comum na época que os ciganos tivessem vindo do Egito) estavam tocando na corte da rainha Isabella da Hungria, enquanto outros ainda mais tarde dançaram para Henrique IV da França.

Como ferreiros, os ciganos estiveram a serviço do bispo de Pécs fabricando canhões, e de Vladislas II da Hungria, que concedeu a um «egípcio» chamado Tamas Polgar o direito de se estabelecer onde lhe aprouvesse com suas 25 barracas de forjadores ciganos. Sigismund, rei da Polônia, tinha um ferreiro cigano a seu serviço, que se regozijava sob o nome de Mixidarius Wanko de Oppavia.

No fim, entretanto, as trupes incomuns de ciganos viajando pela Europa inquietavam as populações locais. As autoridades partiram para a ação. Nos séculos XVII e XVIII os ciganos foram banidos em massa da maioria dos países do continente sob pena de morte. «Caçadas a ciganos» foram organizadas e eles tiveram de se esconder nas florestas e montanhas, se mudando de um lugar para o outro e ocultando seus rastros ao pregar as ferraduras dos cavalos de trás para frente. Se capturados, eram executados ou condenados a ser escravos em galés pelo resto da vida.

Outros eram mandados para as colônias. Famílias eram cruelmente separadas e crianças eram levadas e entregues para que famílias de camponeses as criassem, independentemente de terem ou não cometido algum crime. Era um rol terrível de injustiças. Como Angus Fraser aponta, na Inglaterra os nômades e errantes levavam a culpa por muitos dos pequenos delitos da área rural, mas um olhar mais cuidadoso nos registros mostra que a violência e o furto eram com frequência obra dos residentes, e não dos ciganos.

Durante cem anos ou mais, uma existência obscura e fugidia era o que cabia aos poucos ciganos que continuavam livres. Apenas no século XIX, com o movimento romântico, surgiram aqueles mais simpáticos ao espírito dos ciganos e a sua música e dança espontâneas. Goethe foi o primeiro a idealizar os ciganos como nobres selvagens, vivendo junto da natureza e lutando por liberdade e justiça; então Liszt, Púchkin e Borrow abraçaram sua causa, e até o arquiduque habsburgo Karl Josef Ludwig escreveu um livro sobre a língua dos ciganos. Gradualmente a educação, em vez de banimento, tortura ou execução, se tornou o método que o mundo «civilizado» pensou em usar para melhorar os ciganos. Fraser descreve a empreitada de um certo John Baird em Kirk Yedholm no ano de 1830 para «aprimorar» os ciganos na Escócia. Ele esperava convencê-los a abandonar seus hábitos errantes. Mas os ciganos não eram tão facilmente convencidos. Em 1842 Baird relatou sobre seu experimento que «o sucesso até então está próximo ao completo fracasso».

Nas províncias romenas, a expertise dos ciganos como ferreiros voltou-se contra eles. Em vez de trazer-lhes privilégios, só lhes trouxe escravidão. Eles eram tão habilidosos e tão esquivos que os príncipes romenos, com medo de perdê-los, os escravizaram em massa para assegurar que estivessem sempre à disposição. Essa servidão coletiva durou centenas de anos. Em 1837 o grande reformador romeno Kogălniceanu escreveu o que havia visto em Iași, a capital da Moldávia:

[...] pessoas com braços e pernas acorrentados, prensas de ferro ao redor da testa e coleiras de metal no pescoço [...] fustigações e punições como inanição, suspensão sobre fogueiras, confinamento solitário e na neve ou em rios congelados, era assim que os miseráveis ciganos eram tratados.

Só em 1856, cinquenta anos depois de o tráfico de escravos ter sido abolido do Império Britânico, eles foram eventualmente libertados e o comércio de escravos foi banido da Moldávia e da Valáquia. Ao ganhar a liberdade, muitos ciganos retomaram seus hábitos nômades. Alguns se espalharam e viajaram para surpreendentemente longe. De fato, na década de 1890, o filólogo dr. Sampson encontrou um grupo deles na praia de Blackpool, e mais tarde outros em Birkenhead. Admirando seus cordões de moedas douradas, ele se dirigiu a eles em romani galês. Embora falassem um dialeto diferente, foram capazes de entendê-lo. Para seu espanto, Sampson descobriu que eles tinham vindo da Romênia, tendo conseguido de alguma forma atravessar o Canal com seus cavalos, carroças e barracas volumosas. Aonde quer que tivessem ido, devem ter causado comoção. Eles falavam, escreveu Sampson, sua própria versão do romani, «com caimento mais belo como o dos lábios do tipo de homens e mulheres esplêndidos e orgulhosos que de fato possuem todos os elementos da excentricidade acrescentados a sua beleza». Ele notou entre eles «as mais belas *'chais'* [garotas] que já vi – alegres, destemidas, amigáveis, luminosas em todos os tons de vermelho e amarelo... o brilho e a cintilância sob o sol, eu nunca vi nada parecido. Nenhum tipo de pompa desse tipo já foi encenado».

Outro inglês, Sacheverell Sitwell, em suas viagens próximas ao mosteiro de Horezu no sopé dos Cárpatos no fim da década de 1930, se deparou com uma família de ciganos *Căldărari*, fabricantes de caldeirões de cobre e alambiques. Ele ficou muito impressionado.

Os *Căldărari* são tipos notavelmente indianos; sua pele tem um acastanhado que é totalmente estrangeiro à Europa. As *gitanas* de Triana ou do Albaicin são claras se comparadas com os ciganos da Romênia. Uma das mulheres desta família, que amamentava o filho, passava pela versão perfeita da madona cigana, e tinha traços dos mais belos em sua expressão suave.

Sitwell não sabia que estava testemunhando os últimos anos de vida errante dos ciganos. Sem aviso, em 1942, todos os ciganos nômades e muitos milhares dos estabelecidos foram cercados e deportados para campos na Transnístria por ordem do marechal Ion Antonescu, o ditador fascista da Romênia, aliado e títere de Hitler. A madona cigana e sua família quase certamente estavam entre eles. E também, mais tarde descobri, o avô de Natalia e Marishka e a maioria da família dele. Na Transnístria, mais de 20 mil ciganos romenos morreram de doença, inanição e frio.

Quando depois da guerra um governo comunista apoiado pela Rússia tomou a Romênia, era hora de assentar os ciganos de uma vez por todas. Eles se empenharam em convencê-los a aceitar empregos em fábricas e «a aprender sobre as leis e respeitá-las». Então, na década de 1970, viajar de carroça foi considerado ilegal e um programa sistemático de «civilizar» os ciganos foi colocado em ação. Muitos receberam casas muito mais salubres do que as choças em que antes viviam. Mas, quando se mudavam, nem sempre as usavam para o propósito a que tinham sido destinadas. No típico modo avesso dos ciganos, muitas famílias preferiam viver em barracas montadas do lado de fora e usar as casas como estábulos para cavalos.

Após a Revolução de 1989, muitos daqueles que tinham «assentado» foram para a estrada novamente. Houve uma nova liberdade, a palavra «*Libertate*» estava em todas as bocas, e o tumulto político criou condições favoráveis à vida cigana. As estradas estavam vazias, esburacadas e impróprias para veículos motores. Por toda parte havia carroças de ciganos. Os *Corturari* – aqueles que moravam em barracas – estavam circulando novamente. Entre os *Corturari* havia diversos subgrupos. Os mais comuns de ver eram os *Căldărari*, os fabricantes de alambiques bulbosos de cobre, com os quais Sacheverell Sitwell tinha cruzado. Mas havia também os *Lingurari*, artesãos de colheres e tigelas de madeira, os *Cărămidari* – fabricantes de tijolos, e junto com eles os prateiros, os que faziam vassouras e aqueles que viajavam de vilarejo em vilarejo coletando tecido ou garrafas velhas e vidro para reciclagem. Todos eles se lançaram na oportunidade de viver mais uma vez na estrada. Talvez tenha sido o último suspiro da antiga vida cigana autêntica na Europa.

Eu os via com frequência. Em um dia memorável, um velho cigano prateiro passou pelo vilarejo. Os prateiros eram poucos e esparsos, e eu parei para observá-lo. Ele usava um chapéu marrom de feltro, tinha bigodes abundantes e levava uma sacola de lona no ombro. Caminhou devagar até a praça do vilarejo, encontrou um pedaço de grama confortável perto do riacho e sentou de pernas cruzadas no chão.

Então estendeu um tecido diante de si com as suas diversas ferramentas. Tinha uma bigorna em miniatura, limas de todos os tamanhos, martelos minúsculos, alicates, moldes e um conjunto de formões cônicos cujas bordas estavam batidas, e pequenas garrafas arrolhadas, com produtos químicos e pós para lustrar. De um lado estava uma pilha de antigas moedas austro-húngaras e do outro, à medida que trabalhava, um monte de guimbas de cigarro. Uma multidão se juntou e ele recebeu encomendas. Uma garota trouxe um colar de prata que pediu que ele transformasse em anel; outras encomendaram joias que seriam feitas a partir de moedas. Ele trabalhou tranquilo derretendo, vertendo em moldes, soldando e polindo. Todos assistiram petrificados. Ele trabalhava com muita rapidez e fluidez. Para derreter os metais ele tinha um maçarico simples que consistia de uma garrafa de gasolina e um bico de metal. Soprava o bico que parecia um caniço e acendia a base. Se ele continuasse soprando, surgia uma chama pontiaguda quente o suficiente para derreter quaisquer dos metais com os quais estivesse trabalhando. Os prateiros itinerantes da Índia usavam as mesmas ferramentas e os mesmos métodos.

Quando a gasolina na garrafa estava acabando, o cigano, tragando um dos cigarros que tinha ganhado de um dos espectadores, vasculhava entre a multidão de romenos.

«Onde é que podemos roubar um pouco de gasolina?», ele perguntava, dando uma piscadela e sorrindo maliciosamente. No lampejo úmido de seus olhos naquele momento estava condensado um entendimento amargo de todos aqueles anos do estereótipo de *gajo* dos ciganos.

8
A morte de Grigor e outros eventos

> Os impulsos de de cada um daqueles povoados remotos ainda eram pagãos – nesses lugares a celebração da natureza [...] diversões frenéticas [... ritos [...] a divindades cujos nomes foram esquecidos pareciam ter sobrevivido, de uma forma ou de outra, à doutrina medieval.
>
> Thomas Hardy,
> *O retorno do nativo*[7]

Eu estava do lado de dentro no calor, enquanto no exterior frio e escuro as ruas ressoavam com o clamor de sinos e cornetas. Os dias sagrados do inverno estavam chegando e toda noite até tarde as ruas estavam tão cheias de sons de sinos de vacas ou cornetas sendo tocadas que daria até para acordar os lobos. Os mascarados seguiam pelas ruas, indo ensaiar a peça de Natal. Os diabos com tiras de sinos nas costas corriam a fim de fazê-los tilintar terrivelmente e o máximo possível; eles podiam ser ouvidos muito depois de terem passado, ressoando pelo vilarejo e noite adentro. À medida que seguiam, estalavam seu chicote e sopravam suas cornetas, e os cães da cidade, levados ao frenesi, latiam e uivavam para eles por todo o caminho.

---

[7] Thomas Hardy, *O retorno do nativo*. Trad. de Michelle Gimenes. Vitória: Pedra Azul, 2019.

Na véspera de Natal, às nove da noite, segui pelo vilarejo com um grupo de rapazes solteiros e de moças que eles haviam convidado para acompanhá-los. Um desses rapazes tinha um violino, outro um *zongoră*, o violão de duas cordas dos Maramureş, e um terceiro, um tambor caseiro de couro de cão. Todos vestiam o gorro de pelo e os casacos grossos e espessos de pele de ovelha dos Maramureş. Seguimos no luar em fila indiana ao longo das trilhas estreitas cheias de pegadas na camada de neve de noventa centímetros de espessura. Caminhávamos ao som do violino e do *zongoră*, das batidas ritmadas do tambor e do canto vigoroso dos rapazes. Eles cantavam o mais alto que podiam, desejando que todos os ouvissem e, diziam, para espantar espíritos malignos que estivessem à espreita. A neve caía silenciosa e cobria o alto de nossos chapéus e ombros enquanto avançávamos.

Ao chegar na primeira casa, entoamos cantigas natalinas do lado de fora e então, batendo a neve dos chapéus, casacos e botas, corremos para o calor. Lá dentro, depois do habitual gole de *horincă* e de uma prova de rolinho de repolho ou bolo, os músicos puxavam e cada rapaz tomava a mão de uma moça e dançava os volteios dos bailados do Maramureş, que, à medida que a noite avançava, se tornavam mais rápidos e furiosos. As casas de madeira mais velhas tremiam e as cristaleiras vacilavam perigosamente com os rapazes batendo os pés nos assoalhos de madeira e girando as garotas, suas saias rodando alto e varrendo garrafas e bolos sofisticados das mesas. Eu tive de esticar o braço para aparar um armário da cozinha que oscilava. Depois de 45 minutos marchamos para fora e, cantando, fomos para a próxima casa, deixando nossos anfitriões a ajeitar os ícones e encostar as cristaleiras com segurança de volta nas paredes, como se um redemoinho ou um terremoto tivesse passado por ali. Fomos a noite toda de casa em casa. Outros grupos de cantadores rondavam pela região e podíamos ouvir suas vozes e o som de seus violinos à distância à medida que eles percorriam os caminhos batidos e cobertos de neve. Por fim, apareceu a leste no horizonte um aro luminoso que transformava a paisagem congelada e coberta de neve em um azul cintilante, e a luz do dia logo seguiu. Cheguei em minha cama exausto, às oito da manhã, e perdi a hora para ir à igreja.

Acordei e, me inclinando para fora da janela, tive um lampejo dos mascarados descendo a rua para participar da peça de Natal. Diabos, tilintando a cada passo, se apressavam junto das famílias que caminhavam até a casa do padre, onde a apresentação ocorreria. Os diabos estavam cobertos até os pés por andrajos de peles – de raposa, coelho, ovelha e até de javalis. Na cabeça levavam uma espécie de capacete, criações horrendas e fantásticas de pele de coelho; favas secas faziam as vezes de dentes, crânios de galinhas eram o nariz, e chifres vergados de carneiro eram as coroas, com ratos empalhados encaixados na parte de trás entre eles. Quando apareciam em suas peles bastas de animais, rugindo e estalando seus chicotes, as crianças saíam correndo e gritando para o lado das mães e se escondiam entre as pregas de suas saias.

 Então apareceu o padre de batina e mitra, com a barba emaranhada e óculos escuros grandes sobre o nariz. Cambaleando pelo caminho, ele levava um chicote longo e cheio nas mãos, que estalava sob os pés de um grupo de garotas que passava. «Confissões! Estou ouvindo confissões!», ele enrolava, rindo lascivo. «Mas só confissões das garotas!»

Ele foi até elas, que guinchavam e riam, e as enlaçou nos braços esticados. Ao fazer isso, derrubou a Bíblia. As páginas se espalharam no chão e ele caiu de quatro para recuperá-las. Apoiado nas mãos e nos joelhos, teve a oportunidade de apalpar o joelho e as pernas das moças. Elas escaparam das garras do padre e saíram correndo dando risadinhas. Ele então se ergueu, cansado e bêbado, e tirou os óculos escuros. Era um dos rapazes da noite anterior, ainda embriagado e com um tino afiado para a sátira, que representaria o papel de padre na peça de Natal.

Eu fui, na noite de Natal, visitar uma família pobre que vivia numa velha casa de madeira nas cercanias. Eles tinham cinco filhos pequenos, os quais, com alguns doces e as ocasionais maçãs e peras, tinham decorado a árvore de Natal em sua casa, e insistiam que eu devia vê-la. Era também, eu sabia, o aniversário de uma das meninas. Ela tinha agora oito anos. Dei a ela um envelope com duas notas de 10 mil lei, o equivalente a três libras inglesas, e desejei feliz aniversário. Ela abriu o envelope e, sem dizer nada, voltou a se sentar num canto.

«Você não vai dizer obrigada?», a mãe perguntou a ela. A garotinha veio até mim e me devolveu uma das notas.

«*E prea mult domnul* – É demais, senhor», ela disse rapidamente. Voltei a lhe dar a nota, com um sorriso reconfortante. Era esse mesmo o valor que eu queria dar a ela, eu disse. Ela voltou e se sentou no canto em sua cadeirinha de madeira, com seu lenço na cabeça e sua saia de pregas, enquanto os outros conversavam, riam e bebiam. Depois de alguns minutos, dei uma olhada e vi que ela chorava.

No dia 28 de dezembro estava -30°C, e, se você tocasse os pingentes de gelo, suas mãos logo se colavam a eles. Eu raramente saía, embora fosse às vezes obrigado para ir à latrina atrás do pomar. Apesar disso, eu gostava do belo clima do inverno. Os moradores de Breb estavam mais circunspectos. A neve tinha caído antes que o solo estivesse propriamente congelado e ela agora funcionava como isolamento. Como resultado, ainda havia lama sob a neve, apesar das temperaturas que despencavam, e era difícil para eles usar os trenós.

Durante o tempo congelante Mihai estivera sentado na cozinha fazendo um par de *opinci* em seu banquinho de lida. Enquanto trabalhava, apontava que a fumaça da chaminé estava soprando em direção à antiga igreja. O clima logo ficaria mais ameno, ele me disse. E ele estava certo; no dia seguinte os pingentes de gelo começaram a derreter.

Na véspera do Ano-Novo descobri que os *opinci* em que Mihai vinha trabalhando eram um presente para mim. A partir de então eu os usava orgulhoso, para o divertimento das moças do vilarejo, que não conseguiam esconder a hilaridade quando passava por elas. O principal, no entanto, era que meus artelhos estavam extasiadamente quentes e confortáveis. Calçar *opinci*, descobri, era como estar com os pés debaixo das cobertas o dia todo.

Era o nono dia depois do Natal. Na noite anterior, andando perto do chiqueiro quando ia para a cama, eu tinha ouvido a respiração pesada de Grigor dormindo. Mal sabia ele, enquanto sonhava com papa de milho, iogurte, cascas de batata e sobras de bolos sofisticados do Natal, e seja lá o que mais integra sua deliciosa lavagem, que o jantar que tinha acabado de comer seria seu último.

Às seis horas da manhã seguinte ouvi os passos dos que preparavam a execução. Pouco depois Mihai veio me acordar. Fui tropeçando, meio dormindo, para o pátio. Ainda estava escuro. Quatro homens tentavam empurrar Grigor para fora de seu chiqueiro. Grigor, no entanto, objetava fortemente a ser acordado nesse horário sobrenatural antes do amanhecer. Alguma coisa estava claramente errada. Nunca antes ele tinha sido levado para dar uma volta às seis da manhã. Durante a comoção, os homens corpulentos tentaram amarrar uma corda a uma de suas pernas traseiras. Finalmente ele foi forçado a sair e levado para trás do celeiro, os homens gritando «*ne, ne, ne...*», o que em geral significa comida. Quando ele estava a postos, a corda presa a sua perna traseira foi puxada de uma vez e Grigor tropeçou e caiu de lado com um som surdo na neve. Ele agora estava furioso, lutava e urrava com toda a força. Mas três dos homens pularam em cima dele, um com o joelho em seu pescoço. O quarto, um sujeito com ares medievais, nariz adunco e queixo pontudo, esgravatou pela neve até onde tinha deixado sua faca, correu de volta e plantou-a fundo no pescoço de Grigor. Fiquei parado ali impotente enquanto acabavam com nosso companheiro no pátio, me sentindo de repente culpado por não manifestar a menor objeção ao que estava acontecendo. Sangue começou a golfar lentamente na neve e Grigor uivava. Me pareciam talvez urros de indignação furiosa por nós, seus amigos, o termos traído assim. O executor então aumentou a extensão da ferida para ter certeza absoluta de que tinha cortado apropriadamente a artéria mesmo sem ver. O sangue passou a gotejar e então a jorrar. Grigor esperneava e lutava, mas os homens o seguravam. Ele continuou urrando e gritando em protesto, mas pouco a pouco a força se esvaiu e os urros se tornaram cada vez mais fracos. Depois de alguns minutos, tudo parecia ter acabado, então num esforço final ele soltou um urro tremendo, tentou se erguer, mas caiu sem forças e estava morto.

Imediatamente colocaram palha sobre ele e atearam fogo. A chama ficou alta, iluminando de baixo todos os rostos que encaravam Grigor, e emprestando um calor acolhedor à hora mais fria e depressiva da manhã. Os pelos de Grigor queimavam. Logo as chamas morreram. Os homens esfolaram o corpo enegrecido e molengo com uma faca, e então, abrindo as pernas dele com um graveto, enfeixaram mais palha para se certificar que queimariam as cerdas em suas partes baixas. À medida que os homens trabalhavam, cães se reuniram e começaram a lamber e devorar a neve manchada de sangue.

Com o flanco agora liso, eles o viraram sobre a outra lateral para repetir o processo. Ainda na neve estava o formato perfeito de um porco em preto e branco. Uma vez que todo o queimar e esfolar acabaram, era hora de esfregar e lavar. Ele colocaram Grigor em uma tábua de madeira larga e despejaram água sobre ele. Vapor subiu de seu corpo meio carbonizado, e sangue continuava pingando da ferida em sua garganta. Toda a fuligem e a sujeira eram agora removidas dele com uma escova.

«Está vendo só como ele gosta que cocem as costas dele», gracejou um dos executores. Eles esfregaram minuciosamente atrás de suas orelhas e até mesmo dentro, com uma espiga de milho. Depois removeram seus cascos.

«Você vai querer uma orelha?», alguém me perguntou.

«Para quê?», respondi, pensando que me ofereciam a orelha como uma espécie de troféu primitivo do meu primeiro abate de porco para eu pendurar na parede.

«Para comer, é claro», foi a resposta entre muita gargalhada.

Com uma faca, um deles cortou uma orelha meio chamuscada mas basicamente crua e arrancou um naco dela com os dentes.

«Humm, está boa», ele disse enquanto mastigava. Os outros fizeram o mesmo e me ofereceram uma fatia.

«Não, obrigado, está muito cedo para mim», eu disse. Realmente não me apetecia comer um pedaço de orelha crua do meu amigo Grigor às seis da manhã, poucos minutos depois de o terem matado.

«Mas é a melhor parte. É uma iguaria», eles me disseram. Eu fui convencido a aceitar um pedaço, que segurei entre a ponta do polegar e do indicador.

«Vamos lá, coma!», eles disseram. Todos os olhos voltados para mim.

Eu levei o pedaço de pele e cartilagem aos dentes da frente e dei uma mordida. Mastiguei e mastiguei mas não conseguia me forçar a engolir. Tinha gosto de fumaça e estava meio duro de mastigar e meio crocante, a pele e a cartilagem respectivamente.

«E então, como estava?», perguntaram.

«Humm», eu disse, mexendo a cabeça de um lado para o outro para dar a entender um grau de incerteza sobre o assunto. A última coisa que eu queria era que oferecessem mais.

Por fim, depois de mastigar por cinco minutos, dei um jeito de engolir. Então, enquanto os outros continuavam com o abate, ocasionalmente tirando uma fatia da orelha para comer, me afastei discretamente para dar o resto do meu pedaço da orelha de Grigor para os cachorros.

Grigor agora estava deitado de costas, com o focinho franzido e a cara com um esgar horrendo. Primeiro cortaram suas pernas fora, uma a uma, depois sua cabeça foi decepada. Os olhos foram arrancados e lançados aos cães. A cabeça então foi partida ao meio com um machado do galpão, seu cérebro minúsculo removido e, junto com sua língua, jogado numa panela.

Nesse ponto, deixei o frio e a carnificina do lado de fora e me refugiei na cozinha para tomar café da manhã, embora certas coisas não tivessem ajudado meu apetite. No chão diante de mim, de molho em uma bacia com água manchada de vermelho, estava a cabeça de Grigor partida ao meio. Seu focinho, orelhas rasgadas e testa estavam fora da água, os dentes à mostra na frente, parecendo um pouco um crocodilo à espreita. Em um prato ao meu lado estava outro pedaço da orelha de Grigor que alguém tinha atenciosamente guardado para mim ao perceber que eu tinha terminado o último.

Então saí de novo. Dois grandes pedaços de gordura agora estavam sendo cortados das laterais de seu corpo, e então levantados até os ombros de um ajudante e derrubados em um grande barril de madeira cheio de água salgada, onde ficaria com as pernas para curar durante vários dias. O resto da carcaça foi rapidamente picado. O lombo foi fatiado da coluna, os pulmões, o fígado, o coração, os rins foram removidos e colocados em bacias. Os intestinos inchados foram amarrados nas duas extremidades para evitar que a última refeição de Grigor escapasse (não era para ele ter comido em sua última noite, mas Maria teve pena dele) e a bexiga foi esvaziada na estrumeira. Pouco tempo depois, Grigor era meramente pedaços em bacias no chão da cozinha, não mais o companheiro divertido e resmungão que conhecíamos.

Maria desceu até o rio com os intestinos. Ela abriu um buraco no gelo e os lavou. Era um negócio frio e fedorento embora ela tivesse um balde de água quente para mergulhar as mãos de tempos em tempos. As longas tiras de intestinos tinham de ser viradas do avesso, usando um graveto, e completamente lavadas na água gelada. Elas se tornariam o invólucro das linguiças, e, ao ver o espesso líquido amarelo escorrendo e manchando a neve, e o fedor que era liberado, percebi que comê-las nunca mais seria a mesma coisa.

O resto do dia foi passado fazendo diferentes tipos de linguiças, pudins e outras receitas com partes obscuras do porco, com as quais os ingleses nunca entram deliberadamente em contato. Como sempre, nunca se desperdiçava nada. A cozinha estava cheia de um vapor de cheiro sórdido que subia de caldeirões borbulhantes no fogão, e o piso estava liso de gordura. Tentei ficar lá, mas no fim o calor e a fedentina me expulsaram. Lá, no ar congelante mas pelo menos fresco, longe do cheiro de abate, os corvos bicavam a neve vermelho-escura, empapada de sangue. Grigor tinha sido sacrificado para que nós pudéssemos viver. O único problema era que eu achava que nunca mais conseguiria digerir nada feito de porco, muito menos de Grigor.

Durante os meses congelantes que seguiram o Natal nós nos recolhemos no calor da cozinha. O cheiro do abate de Grigor se fora e ali era o único cômodo da casa onde o fogo ficava aceso o dia todo. Pelos pingentes de gelo que se formaram diante das janelas, assistíamos à neve cair silenciosa, derretendo um pouco durante o dia e depois caindo de novo, e isso semana após semana após semana. Às vezes a neve se acumulava tão alta sobre os telhados das casas ou celeiros que parecia que eles iam ceder sob o peso. Mihai ficava sentado em seu banquinho fazendo *opinci* ou arreios para carroças. Em outros momentos ele entalhava e moldava cuidadosamente ancinhos simples e leves, deixando-os prontos para a primavera. Ele ainda se preocupava em cortar e amarrar os topos com padrões simétricos. Eu imaginava que era para deixá-los mais bonitos, e elogiava o trabalho que estava tendo para decorá-los. «É para deixá-los mais leves», ele me disse. Maria armou seu velho tear de madeira rangente, que ocupava quase metade do cômodo, e tecia cobertores. Por todo o vilarejo as mulheres e garotas estavam armando seus teares. Elas teciam o dia todo e à noite reclamavam de torcicolo.

Depois que anoitecia, nas casas onde havia moças solteiras as atividades nos teares costumavam ser interrompidas por visitas de grupos de rapazes galanteadores. Cortejar ou «ir até as garotas», como era chamado, era uma atividade formal com regras, nenhuma das quais me era conhecidas. Mihai, na esperança que eu encontrasse uma boa moça sensível do Maramureș com quem eu me estabeleceria e ficaria ali, organizou para que eu me juntasse a dois vizinhos, Vasile e Petru, em uma de suas expedições.

Assim, em uma noite congelante, lá fomos nós no escuro e na neve. Tanto Vasile quanto Petru desataram a cantar no instante em que começamos a subir a estrada. Eu os segui por travessas secundárias sinuosas, sobre pontes e riachos congelados, pelos enormes portões entalhados tão famosos no Maramureș, com a lua ao fundo de casas de telhados íngremes, seus pingentes de gelo e luzes brilhando nas janelas. Às vezes passavam trenós, cães latiam e por todo lado havia o cheiro de esterco. Chegamos a um dos grandes portões intimidadores, viramos a cabeça para passar pela porta baixa, já que os portões principais só eram abertos para cavalos e trenós, e entramos no pátio.

Depois de subir os degraus de madeira e seguir pelo alpendre batendo o pé, e de limpar a neve das botas nos galhos dos pinheiros, entramos na sala da recepção. Não éramos, ao que parecia, os primeiros visitantes. Já havia outros oito rapazes para o cortejo, sentados ao longo do limiar da sala em bancos de pinheiro polidos usando coletes de lã e gorros de pele. Todos nós, aparentemente, tínhamos ido cortejar a mesma moça, que estava sentada de saia preguada e lenço na cabeça entre dois dos rapazes. Ao entrar, apertamos as mão dos rapazes, mas não a da moça ou a de sua mãe, e, tendo completado o circuito, tomamos assento nos bancos.

A garota tinha um rosto doce e rosado, e era um tanto rechonchuda, possivelmente razão pela qual ela tinha tantos pretendentes. No Maramureş, ser cheinha é um estouro. Os homens do Maramureş gostam que as mulheres que os cercam sejam gordas ou pelo menos robustas e corpulentas, já que acreditam que mulheres assim aguentam melhor os longos e duros dias de trabalho nos campos.

A mãe da garota, que estava carrancuda e de braços cruzados bem alto no peito, sentada no fundo da sala, era certamente cheia. Ao seu lado estava o fogão arredondado de lama e gesso com o qual ela ligeiramente se parecia e ao lado dele, a pilha de madeira que por ora permanecia ociosa. Seus olhos vasculhavam devagar o grupo de pretendentes diante dela, e, se fosse para se basear em sua expressão, ela não estava nem um pouco impressionada. Quase sem dúvida eu era o que menos impressionava.

Pouco depois que chegamos, a mãe se levantou e saiu por um minuto. Ao deixar a sala, ela olhou ao redor ameaçadora, como se para insinuar que ai de nós se não nos comportássemos enquanto estivesse fora. Os rapazes, no entanto, não se intimidavam tão fácil. No instante em que ela sumiu de vista, os sentados ao lado da filha começaram a fazer cócegas, provocá-la e beijá-la numa corrida contra o tempo. A moça encarou tudo com bom humor, embora só deixasse que eles fossem até certo limite e ponto final. Quando a presença ameaçadora da mãe foi avistada mais uma vez na porta, os rapazes imediatamente sossegaram como meninos de escola travessos, ajeitando seus gorros.

O meio da sala era uma vastidão de tábuas de pinheiro escovadas, sem nenhum móvel. Em vez de mobília, lá estava um garoto segurando uma garrafa e um copo. Seu trabalho era enchê-lo e entregá-lo para cada um dos rapazes nos bancos de cada vez. «*Să trăiți!* – Que tenha uma vida longa!», eles diziam, virando de uma vez e devolvendo o copo. Ele então era completado novamente e oferecido ao próximo rapaz, pela sala toda, de novo e de novo. Só a garota e a mãe não participavam. Sempre que acabava uma garrafa, um dos garotos sacava outra de um bolso do interior do colete de pelo de ovelha. Já que o que servia reservava uma dose para si a cada vez que oferecia o copo aos outros, ele logo ficava completamente incapaz de continuar e se equilibrava no meio da sala como uma árvore prestes a cair. Quando cambaleava, a garrafa e o copo eram tomados de suas mãos, ajudavam-no a se sentar e outro rapaz assumia seu lugar.

Enquanto esse ritual de inebriamento continuava, um dos rapazes se levantou e foi até a garota. Ele tomou sua mão e a levou para o meio da sala, e lá, sem um pingo de constrangimento, com tanta naturalidade como se fossem dar um passeio juntos, começaram a dançar a *Învîrtita*, a dança rodopiante do Maramureș, ao som da música que vinha de um pequeno toca-fitas no peitoril da janela. Eles começaram a rodar devagar, depois pararam e o rapaz passou a bater o pé marcando o ritmo nas tábuas claras de pinheiro que sacudiam os bancos em que estávamos sentados. Então os dois mudaram de toada e passaram a rodopiar pela sala, o vento da saia que rodava acertando nossas faces. Mas, tão de repente quanto tinham começado, pararam abruptamente, os dois batendo o pé no chão, em perfeita sincronia, como se para chamar a atenção. O rosto da garota, embora rodassem o mais rápido que podiam, com a saia e o lenço esvoaçando, permaneceu impassível o tempo todo.

Assim que eles voltaram para seus assentos, Vasile se levantou. Ele fez um sinal para a garota, que, sem questionar, o acompanhou na dança seguinte. Quando decidimos ir embora, ela já tinha dançado cinco vezes. Vasile e Petru se levantaram e saíram sem dirigir uma palavra a ninguém. Eu fiquei para trás sozinho, me sentindo notavelmente desconfortável. Imaginei que pelo menos um de nós deveria ser educado o bastante para se despedir. Agradeci a mãe e a moça do meio da sala como se eu estivesse num palco diante de uma plateia muda e pasma. A garota e a mãe me olhavam sem dizer uma palavra. Os rapazes sentados ao longo da sala faziam o mesmo. Nem uma palavra foi dita ou gesto feito. Eles simplesmente me encaravam.

«Bem, boa noite, então, e muito obrigado», eu disse, e cruzei a sala até sair constrangido pela porta.

«Você demorou, mas o que é que você estava fazendo?», perguntou Vasile.

«Estava me despedindo», respondi.

«Não é para se despedir», ele disse, como se fosse a coisa mais óbvia do mundo. Nesse momento a garota saiu para o alpendre. Vasile a puxou para junto de si, lançou os braços ao seu redor e a beijou na boca.

«É assim que funciona, está vendo? Ela sai e você tem a chance de a conhecer longe da vista dos pais. Vai. Agora é a sua vez», ele disse, passando-a para mim.

Sem saber o que fazer, apertei sua mão, constrangido. Então me lembrei que as garotas do Maramureș em geral não gostam de cumprimentar assim, e repeti debilmente meu agradecimento por sua hospitalidade.

Vasile e Petru observaram, indiferentes.

«Deve ser porque é a primeira vez dele», disse Vasile.

Com todas essas visitas às moças, meus pensamentos constantemente se voltavam para a cigana do vilarejo saxão, mas eu ainda não recebera notícia alguma dela e ainda estava frio e nevava como sempre. Nesse meio-tempo eu teria de assistir ao cortejo dos outros e pensar melancolicamente sobre a primavera, quando poderia viajar para o sul mais uma vez.

As expedições de cortejo foram uma diversão bem-vinda de inverno. Assim como os casamentos. Como não era permitido se casar durante os jejuns, e no verão havia trabalho demais, o período entre o Natal e a Quaresma era a temporada de casamentos. Mihai, como sempre, tinha sua própria visão. «É muito simples. As pessoas se casam no inverno porque precisam de alguém para esquentá-las na cama», disse com uma piscadela.

Depois de muito cortejo, e depois de todos os tipos de visitas formais do pai e do filho à casa da moça para trocarem elogios e falar sobre dotes, eles se decidiam pelo casamento. Durante esse inverno a filha de um vizinho ficou comprometida, e dias antes a vizinhança se reuniu para preparar a comida. A casa da noiva se tornou uma colmeia cheia de atividade. No pátio, as mulheres mexiam caldeirões enormes de carne ensopada, outras corriam atrás de galinhas cacarejando que logo seriam confinadas em panelas e cozidas até virar caldo. Homens cortavam lenha para manter os fornos acesos. Cães e gatos esperavam que migalhas lhes fossem lançadas. Na casa havia sacas de cânhamo cheias de farinha, cestas de ovos, panelões de cinquenta litros cheios de batatas, filas de bolos em formas esperando para ir para o reluzente forno de pão, longas tiras de linguiça em tigelas de madeira, garrafões de óleo, jarros de água e baldes de toicinho. Garotas quebravam ovos, tiravam farinha das sacas, batiam nata em bacias esmaltadas para fazer manteiga e quebravam nozes com um malho. Mulheres sovavam massa em tábuas de pinheiro até que os cotovelos doessem, deitavam tigelas no colo misturando nozes picadas na geleia, ou aplicavam diligentemente cobertura em bolos sofisticados.

As núpcias em si duravam 24 horas. Convidados meticulosamente arrumados e músicos ciganos bigodudos se reuniam na casa da noiva ao meio-dia entre mesas rangentes com charutos de repolho e bolos decorados, e seguiam horas de brindes, bebedeira, assuada e cantoria antes que chegasse a hora de a noiva ir embora. A família e os vizinhos se enfileiravam e cantavam versos de despedida e davam conselhos sobre a vida de casada.

Uma moça, recém-casada, cantou sobre como preservar a harmonia com o marido e manter uma boa relação com os sogros, em cuja casa logo a noiva moraria:

«*Din picioare să mergi uite/ Din gură să nu ştii multe* – Que suas pernas se movam rápido, e sua língua nunca seja muito esperta».

Uma garota se inclinou para a outra: «Escuta só», ela disse. «Acredita nisso? *Ela*, dando conselhos! Está casada faz um ano, e a gente escuta as discussões deles por todo o vilarejo».

Você só deixa a casa da família duas vezes: quando se casa e quando morre. Então, quando chegou a vez da mãe e do pai cantarem suas próprias canções de adeus, o tom mudou.

«Não se esqueça dos seus velhos pais. Não somos ricos mas fizemos tudo o que pudemos para criá-la bem», o pai cantou. «E, se alguma vez lhe fizemos mal, pedimos que nos perdoe.»

Ergueu-se um som de fungadas no ar à medida que os que estavam ali ficavam mais chorosos. Era quase como um funeral.

Então a noiva se levantou para deixar para sempre a casa da família e o primeiro e mais feliz período de sua vida. As mulheres da festa choramingavam e davam batidas nas bochechas, mas foram abafadas quando o coro dos homens irrompeu em uma última canção de despedida:

> Eu me vou com dor e anseio,
> Como a lua quando passa pelas nuvens.
> Eu me vou com desalento,
> Como a lua quando passa pelas estrelas.

Uma vez do lado de fora, o ânimo melhorava. A noiva, com uma longa procissão de convidados atrás de si, tomava o caminho em direção à igreja. Ela era cercada por um grupo de homens solteiros que cantava a plenos pulmões, levados por um violino, um *zongorǎ* e um tambor que tocavam uma animada marcha nupcial. O rugido dos homens cantando e o estampido do tambor ressoando por sobre a colina anunciavam aos moradores do vilarejo que a festa de casamento logo apareceria.

Por todo o caminho os moradores se enfileiravam nas cercas de seus jardins para assistir à procissão de cores vivas serpentear pelas trilhas sinuosas, em sentido horário, seguindo o sol poente, em direção à igreja onde o noivo estaria esperando. Aoes espectadores eram oferecidos goles de *orincă* de garrafas decoradas com laços e folhas de sempre-viva, e sem tardar os espectadores estavam altos.

Os cantores, notando uma garota se lançando sobre a cerca para dar uma olhada na procissão, imediatamente cantaram juntos:

> Suba também na estrumeira,
> Para ter uma visão mais limpa...

Os ritmos primitivos do tambor ribombavam pelas colinas, os rapazes assuavam e cantavam, pastores assobiavam e a energia selvagem da música atiçava uma euforia no ar.

As celebrações continuaram noite adentro. No salão municipal, no banquete do casamento, cem casais dançaram a *Învîrtita* em uníssono, os homens erguendo os chapéus no ar com um braço enquanto rodopiavam pelo salão, as garotas sempre conseguindo manter sua extraordinária compostura apesar da velocidade em que giravam no ar.

Nos casamentos no Maramureş, em geral eram os ciganos *Lăutari* os encarregados da música. Eu costumava assisitr a eles fascinado, me lembrando dos músicos do vilarejo saxão. Os *Lăutari* tocavam apenas de ouvido e com tamanho ímpeto que parecia que as cordas, ou até mesmo os próprios violinos, arrebentariam a qualquer momento sob a tensão. Com cigarros pendendo no canto da boca, eles tocavam entre rodopios e glissandos, correndo com as danças galopantes do Maramureş à medida que o pó que a resina do arco soltava se depositava sob as cordas.

A música e a dança continuavam até às onze da manhã. Só então os acontecimentos se aproximavam de um encerramento. Os violinos dos *Lăutari* agora tocavam uma harmonia diferente, uma melodia lenta e pesarosa, enquanto os padrinhos de batismo da noiva ofereciam a ela solenemente, um de cada vez, lenços de cabeça. Um a um, eles o depositavam sobre sua cabeça e ela o arremessava. Então o padrinho de casamento, usando a ponta da faca que levava em seu cinto, o recolhia e voltava a colocar o lenço sobre a cabeça dela. Mais uma vez ela o jogava longe, três vezes. Só na quarta tentativa ela por fim o aceitava, simbolicamente assumindo seu status de recém-casada.

Durante a cerimônia dos lenços, os moradores choravam ao assistir à jovem deixar sua juventude despreocupada para trás. Na multidão vi os rostos de Ion e Vasile. Os dois também, percebi, tinham sido levados às lágrimas. Mal sabia eu que dentro de dois anos eu também estaria derramando lágrimas entre os lamentos descontrolados de seus casamentos. Os dois, no fim das contas, acabaram se casando no mesmo dia.

Durante a maior parte do inverno, quando não acompanhava as expedições de flerte ou ia aos casamentos, eu caminhava pelo vilarejo, embrulhado em um antigo sobretudo de pastor, gorro de pelo e os *opinci* que Mihai tinha feito para mim. Eu visitava amigos e juntos bebíamos grandes quantidades de *horincă*, já que nenhuma desculpa era considerada suficiente para não participar. A *horincă* «curava qualquer coisa!», eles sempre me asseguravam. De qualquer modo, certamente ajudava a passar o tempo.

Uma das muitas pessoas que eu visitava era Moş Ilie, que, com sua esposa, morava em uma linda casa de madeira na parte mais alta do vilarejo, lá perto das trilhas para carroças que levavam ao bosque no sopé da montanha. Moş Ilie ainda debulhava o trigo com as mãos. Ele era um dos últimos do vilarejo a fazer isso.

«Eu não tenho milho o suficiente para que valha a pena ir até as máquinas debulhadoras», ele me disse, «então faço eu mesmo do jeito antigo.»

Foi assim que nos conhecemos. No outono eu tinha pedido a Moş Ilie para me ensinar a debulhar. Ele tentou, com muita paciência, mas eu não conseguia dominar a técnica e terminei apenas por machucar os braços enquanto o trigo continuava teimosamente preso às hastes.

No inverno, quando eu estava perto de sua casa, passava para ver Moş Ilie e sua esposa. Moş Ilie, que tinha exatamente a mesma idade de Mihai, me contava sobre a vida na era comunista.

«Aqui os comunistas tornaram a vida dos mais pobres melhor», ele disse. «Antes da Guerra Alemã a vida era dura. As pessoas trabalhavam para os donos da terra em troca apenas da comida que recebiam durante a lida. Às vezes, se tivessem sorte, ganhavam um pouco de farinha de milho para levar para casa, nada mais. Depois da guerra nós ganhamos terra dos comunistas e passamos a conseguir sobreviver daquilo que a gente mesmo produzia. Eu não sei como era a vida no resto do país, mas para nós a vida ficou melhor com os comunistas.»

Eu descobri que Moş Ilie e sua esposa eram católicos gregos. Na Romênia as Igrejas Católica Grega e Ortodoxa não estavam totalmente de acordo, e na verdade na era comunista os gregos católicos não tinham liberdade religiosa.

Sinceramente procurando entender as diferenças entre as Igrejas Católica Grega e Ortodoxa, perguntei a eles por que tinham optado determinadamente por continuar católicos gregos e ir às cerimônias ilegais de sua igreja.

«Bem», disse a velha senhora, pesando com cuidado suas palavras, «é porque a igreja católica grega ficava mais perto e eles tinham cadeiras.»

Outro dos que eu visitava era um senhor encantador chamado Gheorghe a Curatorului. Sua mãe tinha sido a maior contadora de histórias do vilarejo, e ele herdara seu talento. Ele morava numa casa simples e parecia ter sempre um sorriso no rosto. Na primeira vez que fui até lá, um cordeiro jovem estava brincando, pulando e rolando com a gata no meio do piso. Era uma cena comovente. O cordeiro dormia debaixo de uma cama na cozinha e dividia a caixa com a gata; ela tinha até tido filhotes ali, e todos ficavam embolados no calor ali perto do forno, a gata ronronava com a cabeça apoiada no corpo do cordeiro enquanto amamentava seus filhotes.

Ao me servir um copo de *horincă*, perguntei ao contador sobre suas histórias.

«Vou contar uma a você agora», ele disse, «se você estiver pronto para que eu comece», e então ele disparava sem esperar um momento sequer. A história foi contada em dísticos rimados e continuava sem pausa por quase uma hora inteira. Era sobre um herói romeno chamado Baba Novac, e seu filho Gruia, e seu trabalho penoso com turcos otomanos. As províncias romenas jazeram por muitos anos na fronteira entre a Cristandade e o Islã. Os turcos eram o bicho-papão dos romenos, usados para botar medo em gerações de crianças malcriadas, e foram até representados em afrescos e retábulos como os soldados brutais de olhares lascivos que tinham crucificado Jesus. Nas noites de inverno as crianças romenas se juntavam ao redor dos fogões para ouvir histórias de heróis romenos que, como os gigantes irlandeses, derrotaram sozinhos vastos exércitos de turcos. De fato os mosteiros pintados de Bukovina tinham sido construídos para celebrar as vitórias sobre os sucessivos exércitos de sultões.

Gruia Novac, na história que eu ouvia, parecia não ter problema para derrotar os turcos, e sempre tinha o cuidado de deixar o último deles vivo para voltar correndo a Constantinopla e descrever sua humilhação para o Califa. No fim Gruia é de algum modo capturado e condenado à morte. Mas o califa, antes que a sentença fosse levada à cabo, ordena que ele dome um belo garanhão preto. Naturalmente Gruia é a única pessoa corajosa e habilidosa o suficiente para essa tarefa. Os portões do palácio são muito bem fechados para o caso de Gruia tentar fugir, mas isso não amedronta alguém como nosso herói. Ele monta no cavalo, salta sobre as muralhas do castelo sem tocá-las e parte a galope para a liberdade no lombo do cavalo favorito do sultão. Ele volta para seu país, matando um dragão no caminho, é claro, e, como dizem no fim de todas as baladas nessa parte do mundo, «Se ele não tiver morrido/ Então em algum lugar ainda está vivo».

Muitas vezes eu ia visitar Gheorghe e ouvia histórias sobre princesas e dragões, lobos e ursos, heróis romenos invencíveis e sultões pérfidos. Ele até me contou uma história de Átila, o Huno, que, como ele disse, comia carne humana e fazia tigelas com o alto de crânios humanos.

«Ele foi enterrado em um caixão de ouro perto da cidade de Cluj, e as pessoas até hoje tentam encontrá-lo», ele me assegurou.

Agradecido e impressionado por suas histórias eu prometi comprar para ele uma foice austríaca de presente. Finalmente no verão eu consegui encontrar uma, e pedi que um amigo do vilarejo a entregasse. Às cinco e meia da manhã, a caminho dos campos, ele veio para nossa casa e direto para dentro do meu quarto. Ele não conseguia esperar para agradecer.

«Você é um homem de palavra!», ele disse com um grande sorriso no rosto e a foice na mão. «Você comprou uma foice para mim. E é da Áustria. Estou tão feliz. Vou contar quantas histórias você quiser, quantas eu conseguir me lembrar.»

Eu ainda estava meio dormindo, piscando e tentando me acertar com a presença inesperada desse alegre ceifador em meu quarto.

«Só espero que a foice funcione bem», gaguejei.

«Ah, sim, vai funcionar bem. As foices austríacas são as melhores. Roçar vai ser uma brincadeira pra mim agora», ele disse enquanto saía. Ao atravessar o pátio, eu o ouvi assobiar uma melodia alegre.

9
O degelo começa

O contraste contínuo e as formas multicoloridas, com as quais tudo se imprimia no espírito, confeririam à vida cotidiana uma excitação e um poder de sugestão que se manifestavam nos ânimos instáveis de exaltação violente, crueldade extrema e ternura íntima.

Johan Huizinga,
O outono da Idade Média[8]

Num dia ensolarado de março, como a neve em Breb estava finalmente começando a derreter e formar pequenos regatos claros e cintilantes que desciam pelos prados, tive uma ideia. Eu estava matutando sobre a estranha questão das cartas e decidi que era hora de mandar mais uma. Eu a enviaria como carta comum, só que dessa vez também escreveria algumas palavras cuidadosamente escolhidas no verso do envelope. Preparei a carta, lambi o envelope e escrevi usando meu melhor romeno:

Se esta carta não for entregue, eu mesmo vou ao vilarejo entregar a próxima pessoalmente.

Entreguei a carta a Petrovici e esperei.

---

8   Huizinga, *O outono da Idade Média*, op. cit.

A neve continuava a derreter e o riacho que corria ao lado da casa se tornou uma torrente. Quando o primeiro degelo forte chegou, veio com súbita violência. Os riachos e rios jorravam montanha abaixo, o gelo se partia contra os troncos das árvores nas margens, talhando-as e arrancando suas cascas. Depois que a inundação inicial amainou, placas grossas de gelo ficaram empilhadas nas margens, alguns blocos alojados entre as árvores, e lá permaneceram por semanas.

Onde a neve tinha baixado mais, os prados estavam cheios de campânulas-brancas e crócus roxos que as crianças trançavam em coroas para usar nos cabelos. Mihai colocou um crócus na aba de seu chapéu. O início da primavera parecia cheio de esperança. Os primeiros brotos de grama estavam aparecendo, e até mesmo alguns pequenos botões nas árvores. Eu, no entanto, estava começando a perder a esperança de voltar a ver Natalia.

Então, uma tarde, depois de uma manhã inteira rastelando folhas e gravetos dos prados de feno como se para deixar o caminho livre para a grama crescer desimpedida, Ion, o jovem primo de Mihai, veio correndo com uma carta para mim na mão. Um homem que morava do outro lado do vilarejo tinha, ele me disse, recebido a carta de Petrovici em Ocna Şugatag no dia do mercado na semana anterior. Esse era o método convencional de entregas usado por Petrovici se só houvesse uma ou duas cartas em dado dia, para evitar a caminhada de catorze quilômetros de ida e volta do vilarejo. O homem bem-intencionado tinha colocado a carta dentro do chapéu e ido para um bar. De lá foi andando para casa por entre os campos, embora não necessariamente em linha reta, e, exausto, caiu na cama e pegou no sono, seu chapéu tendo rolado no chão para um canto. Só quando sua esposa fazia a faxina alguns dias depois, ela viu a carta, e o estranho nome estrangeiro, e a deu para que Ion me entregasse.

Eu a abri, esperando encontrar mais ameaças anônimas. Ela parecia, no entanto, ser de Natalia. De fato estava assinado «Natalia», embora depois da carta anônima eu não pudesse ter certeza. Ela dizia:

Me encontre às duas da tarde do dia 24 no cruzamento da estrada Sighişoara.

O dia seguinte já era o 24.

As estradas estavam agora quase sem neve e então eu decidi ir. Mihai estava apavorado com meu plano de partir tão de repente. Ele sempre me avisava para desconfiar dos ciganos.

«Você devia levar uma arma», ele me disse.

«E onde é que eu arranjaria uma arma, Mihai? De qualquer modo, não posso sair por aí atirando nas pessoas.»

«Bem, então pelo menos você deve levar uma faca. Os ciganos são imprevisíveis.»

O carro estivera sem funcionar todo o inverno e levou um tempo para convencê-lo a pegar, mas no fim ele engasgou e voltou à vida. Parti no dia seguinte. Ao sair, Mihai me entregou solenemente uma faca que ele tinha preparado e afiado especialmente para mim. Eu o tinha visto curvado sobre a pedra de amolar na noite anterior.

«Você pode precisar disto», ele disse.

Enquanto saía do vilarejo dirigindo, vi Ion andando pelos campos, com um ancinho no ombro, e acenei para ele. Ele balançou a mão de volta.

«Tome cuidado no mundo exterior», ele gritou.

Quando cheguei ao cruzamento, logo depois das duas, Natalia e um de seus irmãos esperavam por mim. Claramente a carta não tinha sido enviada por um namorado ciumento para me atrair para uma cilada. Nós nos cumprimentamos alegres.

«Este é Nicolae», ela disse. «Ele estava viajando quando você esteve com a gente em agosto.» Nicolae se inclinou em minha direção, com um sorriso largo no rosto, e apertou minha mão. Ele tinha um jeito relaxado e reconfortante e em seus olhos azuis havia uma calma que inspirava confiança.

Encontramos um bar onde tomamos café turco.

«Como você está?», perguntei a Natalia.

«Estou bem.»

«E o que você anda fazendo?»

«*Nimic*.»

Eu devia ter adivinhado.

«Alguma coisa deve ter acontecido em oito meses», eu disse.

«Nada demais. A vida continua na mesma», ela respondeu. «Trabalhando um pouco, dançando um pouco. A gente precisa se manter aquecida.»

«A comida de vocês deu para o inverno?», perguntei.

«Não, mas meus irmãos apanharam lenha na floresta para vender. Eles têm cavalos. E meus pais ainda tinham um pouco de dinheiro do quando trabalharam na Hungria no verão. Com ele nós compramos comida.»

Eu agora me voltei para a questão enigmática das cartas. «Fora a última carta, você recebeu alguma das minhas outras?»

«Não», ela disse, dando de ombros. «Imaginei que você tinha esquecido da gente.»

«Eu mandei outras. O que pode ter acontecido com elas?»

«Alguém deve ter roubado», ela disse, direta. «Eu tinha certeza que você tinha mandado outras. Foi uma boa ideia escrever atrás do envelope da última. Se não tivesse feito isso, iam interceptar essa também.»

«Mas quem? Foi Frau Knall?», perguntei.

«Não. Deve ter sido a própria responsável pelo correio. Tem gente que não quer que você seja nosso amigo. E ela é uma.»

«Mas por quê?»

«É uma longa história. Você não vai querer ouvir agora.»

«Quero, sim.»

«O maior problema é a gente ser cigano, mas isso é só o começo.» Ela ia continuar mas então olhou para mim com seus grandes olhos de gazela. «Por que não vem morar com a gente um tempo e descobre tudo o que quiser?»

Era uma sugestão tentadora. Eu tinha pensado nela por todos os longos e frios dias e noites do inverno. Mas eu sabia que Herr e Frau Knall ficariam chocados, e claramente havia outros que tentariam impedir. Era encrenca na certa. E, mais importante, havia a delicada questão do namorado descontente que queria me matar.

«Ah, não se preocupe com o Cara!», disse Natalia. «A gente te protege.»

Eu admirei seu sangue-frio, mas continuei preocupado, e decidi recusar por ora sua oferta gentil.

«Eu tenho que voltar para o norte. Eu disse a Mihai que ficaria fora por um ou dois dias», acrescentei.

Antes de nos separarmos, marcamos outro encontro, com data e hora precisos, já que as cartas obviamente não eram uma opção.

Voltei para o norte, sobre as colinas e montanhas ondulosas, subindo vales estreitos onde riachos meio congelados desciam rápido rumo ao rio Someş. As águas congelantes tinham uma longa jornada. Elas entrariam no Tisa, no Danúbio, e dele seguiriam gentilmente para o mar Negro e eventualmente por correntes até o Mediterrâneo.

À noitinha eu tinha chegado no alto do desfiladeiro e, deixando o mundo exterior para trás mais uma vez, desci para Breb logo antes de escurecer. Mihai estava muito aliviado de me ver.

«Uh-huu!», ele gritou, «o Willy voltou.» Copos foram colocados na mesa e completados até a boca com *horincă*.

Era a noite da *Blago Veştenilor*, a Anunciação, que na grande maioria do restante da Romênia é chamada de *Latinate Bună Vestire*. No cair da noite as pessoas começavam a acender fogueiras. Havia fogueiras em diferentes partes de todos os jardins, e, à medida que eram acesas, folhas subiam girando no ar em ondas de fumaça. As fogueiras, Mihai explicou, servem para afastar insetos, camundongos, ratos e cobras indesejados da casa. Era claramente um costume de origem pagã. Eu subi a colina para assistir melhor ao espetáculo. Por todo o vilarejo, e então em vales vizinhos onde havia assentamentos, cada vez mais fogueiras eram acesas, até que toda a paisagem estava iluminada por milhares de pontos de chama alaranjada. Por trás do brilho das fogueiras estavam o frio, a beleza selvagem das florestas e montanhas escurecidas.

Os relógios foram adiantados em 30 de março, mas Mihai e Maria não prestaram atenção. Eles continuaram a usar o horário antigo. «A gente não consegue se acostumar com os modos da cidade», disseram. Além disso, o horário aqui raramente era ditado pelo relógio. No campo ele era calculado pelas sombras projetadas pelas medas, ou pelos aviões cujos rastros brancos podiam ser vistos lá no alto sobre o vilarejo indo de uma cidade grande para outra.

Durante as semanas seguintes, as primeiras folhinhas começara a aparecer nas árvores, a neve se restringiu mais ao topo das colinas e uma nova cor, cada dia levemente mais verde, foi se espalhando pela paisagem. Mas, embora estivéssemos em abril ,era perigoso presumir que o inverno tinha acabado, e de fato Mihai me disse que em um ano ainda estavam recolhendo palheiros das colinas de trenó no fim do mês. Estava bastante ameno durante o dia quando o sol aparecia, mas ainda nevava de vez em quando e à noite fazia frio. Uma senhora que morava sozinha tinha morrido congelada na cama, sem conseguir sair e apanhar mais lenha para o fogão. Quando ela foi enterrada, a cova estava cheia de água do degelo e da chuva, e o caixão teve de ser calçado com pedras.

Durante esses dias Mihai e eu continuamos a percorrer os campos e rastelar as folhas e os gravetos em pilhas nas quais ateávamos fogo a fim de preparar os lotes de terra para o capim bom e um roçar tranquilo. Por toda as terras de Breb penachos de fumaça se erguiam entre as árvores. Havia algo confortador em saber que todos se ocupavam com a mesma atividade.

Na véspera da noite dos Quarenta Mártires, no dia 9 de março, havia geado à noite. Mihai tinha me dito que, de acordo com os velhos, ainda haveria geadas por mais quarenta noites. Agora estávamos em 19 de abril, 41 dias desde o dia 9 de março, e a noite anterior de fato tinha sido a primeira sem gelo. Os velhos estavam precisamente certos. O tempo estava quente, e nesse dia as pessoas começaram a arar. Parecia que todos do vilarejo eram regidos pela mesma velha sabedoria. Ao voltar do mercado, vi um grupo no campo; uma garota de saia e lenço na cabeça guiava os cavalos, o homem conduzia a charrua. A charrua de madeira crua com suas pontas de metal protuberantes, que parecia um instrumento medieval de tortura, estava no chão rente ao lote. Quando já tinham espalhado as sementes, eles a engatavam ao arreio, calçavam com uma pedra, e os cavalos a arrastavam pelo lote de terra para quebrar os torrões de terra maiores.

Nosso vizinho Dumitru também estava se preparando para arar, prendendo uma relha a sua moldura de madeira. Ele fez a relha ao longo do inverno, usando um pedaço de sucata de metal. Cheio de admiração, eu assistia a ele cuidadosamente martelando a bela lâmina curvada em sua forja caseira.

«Isso é trabalho para os ciganos», ele me disse, «mas eu também sei fazer. Aqui a gente tem que saber fazer de tudo.»

As cerejeiras eram as primeiras a florir. Mihai se apoiou um dia em seu rastelo e olhou para os campos. Ele me chamou do outro lado do prado e apontou para as colinas sobre o vilarejo, que agora estavam cobertas de floradas brancas desabrochadas.

«É uma vista maravilhosa», ele disse.

Mihai realmente estimava a beleza das terras de Breb, e isso só tornou tudo mais difícil quando alguns anos depois as cerejeiras foram derrubadas.

No domingo do dia 20 de abril era *Duminică Floriilor* – o Domingo das Flores –, o nome romeno para o Domingo de Ramos. Na luz fraca da igreja, sob o teto arqueado em forma de u e escurecido pelas velas, uma centena de camponeses estava reunida, todos em trajes tradicionais e erguendo brotos de amento de salgueiros. Os amentos eram abençoados, levados para casa e colocados como enfeite perto dos ícones que adornavam as paredes até das casas mais simples. A maioria das pessoas, no entanto, os usava como amuleto para evitar tempestades.

«É só jogar uns pedacinhos no fogo e a tempestade vai embora», eles me disseram, com naturalidade. O padre tinha constantemente de lutar contra tais ideias. Nesse dia, mais uma vez ele protestou contra a magia e a superstição.

«Práticas de magia não funcionam, e executá-las é um pecado contra Deus», ele disse. Todos os camponeses se ajeitaram inquietos e olharam para os lados, evitando seu olhar. Nenhum deles via incompatibilidade entre acreditar em Deus e alguma divindade pagã ao mesmo tempo.

Eu cruzei com o padre mais tarde naquele dia quando ia ao poço apanhar água. Sem pensar, coloquei meu balde no chão. No vilarejo, era considerado mau agouro passar por alguém enquanto se carregava um recipiente vazio de qualquer espécie. Para abrandar a situação, você deve colocar o recipiente no chão e recitar um verso especial. Foi o que fiz. O padre me lançou um olhar fulminante.

«Eu sou padre, e não sei nada sobre essas bobagens de superstições nem acredito nelas.» Ele seguiu seu caminho sem mais nenhuma palavra.

Alguns dias depois, notei pela manhã pássaros cantando alto mais uma vez do lado de fora da minha janela. Era 25 de abril. No mercado em Ocna Şugatag, chapéus de palha estavam à venda pela primeira vez desde o último verão. Os comerciantes também tinham decidido que o tempo frio tinha acabado.

Desde o começo da semana, os sinais da Páscoa se aproximando eram aparentes. Ovos sendo acumulados, e no fim das tardes cavalos puxando carroças, carregadas com sacas de grãos, saíam trotando do vilarejo rumo à azenha em Budeşti; eles voltavam no escuro a meio-galope, as carroças agora carregadas de farinha para os bolos de Páscoa, os condutores altos e faíscas saindo das ferraduras dos cavalos. Enquanto eu andava pelo vilarejo, indo para os campos ou voltando deles, com o ancinho no ombro, passava por mulheres carregando cestas de vime cheias de tapetes que iam lavar no rio. Camisas recém-cosidas, que seriam usadas no dia de Páscoa, estavam sendo lavadas com cinzas e penduradas para secar nos mastros de madeira que se projetavam oscilando dos alpendres das casas de madeira. Por todo o inverno, as garotas e suas mães tinham diligentemente tecido, costurado e bordado. A cada Páscoa era essencial ter camisas novas em folha com todos os devidos punhos de renda e mangas bufantes de sino; senão as avós trocariam olhares sabidos.

No vilarejo testemunhei cenas de abates quase bíblicos. Era um massacre de inocentes. As cenas aconteciam em público, até nas ruas e nas calçadas. Ao longo da semana anterior à Páscoa, via cordeiros trotando felizes ao lado de suas mães na direção do mercado. No mercado havia um cômodo especial à parte. Lá estava uma fila de pessoas esperando, todas segurando nos braços os cordeiros que tinham acabado de comprar. Os cordeiros olhavam ao redor, procurando suas mães, mas, apesar do sangue que pingava na sarjeta ao lado, pareciam não perceber o que estava prestes a acontecer. Quando uma pessoa chegava ao início da fila, seu cordeiro era agarrado pelo açougueiro e pendurado em um espeto que passava pelos tendões de suas pernas traseiras. Essa era a hora de desviar o olhar. Sua garganta era cortada e sangue escorria como vinho pelas paredes de azulejo abaixo.

Outros escolhiam uma opção mais barata e matavam eles mesmos os cordeiros, na grama na frente de seus conjuntos de apartamento, pendurando-os em árvores. Um cachorro trotava ao longo da calçada, muito satisfeito, com uma pata de cordeiro balançando na boca.

Mihai comprou um cordeiro de um pastor em Ocna Şugatag. Ele escolheu um que estava sendo carregado por um velho vestido do alto da cabeça à ponta dos pés com artigos feitos de ovelha. Nós o levamos para casa na parte de trás da carroça. Por um tempo ele saltitou pelo gramado. Então à tarde apareceu um vizinho. Ele amarrou suas pernas juntas, o pendurou de cabeça para baixo e o cordeiro morreu com um rápido golpe de faca na garganta.

Sempre que eu ia ao vilarejo havia cordeiros sendo pendurados em árvores e suas gargantas cortadas em preparo para o banquete de Páscoa.

Em casa, os pisos de pinheiro estavam sendo esfregados, farinha estava sendo sovada, ovos quebrados em bacias, e pães de Páscoa e fileiras de bolos em formas sendo colocados, três ou quatro por vez, na ponta de uma longa espátula e para dentro do forno de pão aceso. Quando Maria terminou, os vizinhos apareceram e assaram seus bolos no forno dela também. No fundo do vilarejo tão cheio de atividade, as montanhas estavam imóveis, brilhando sob o sol, ainda cobertas com o branco da neve.

Era quase três horas da manhã e estava completamente escuro quando fui sozinho à igreja para a celebração de

Páscoa. Eu seguia meu caminho com cuidado sobre a trilha pedregosa. O riacho corria ao meu lado, ainda cheio por causa do degelo que vinha da montanha.

Ao me aproximar da igreja, por sobre o barulho do riacho eu conseguia ouvir os ritmos estranhos e urgentes da *toacă* sendo martelada e via as centenas de velas memoriais, acesas por cada família, bruxuleando entre as árvores, espalhadas em sepulturas por todo o cemitério.

Do lado de fora da igreja de madeira, na grama, havia uma reunião de todo tipo de homens e mulheres vestidos com coletes *pănură* marrons ou casacos de pele de ovelha com remates pretos. Os homens não usavam chapéus ou gorros. Também tirei meu gorro de pelo. Eles seguravam velas que iluminavam seus rostos em *chiaroscuro*. Por toda parte eu via os traços poderosos e dignos de camponeses que mais pareciam filósofos gregos.

Ficamos em reverência diante de um ícone de Jesus que tinha sido coberto por um véu. Sobre nós, no frio ar noturno, se erguia o pináculo da igreja, como a ponta de um chapéu de bruxa, indicando a lua, as estrelas e os planetas lá no alto. De repente o padre, como um mágico, removeu o véu com um floreio, e os homens começaram a cantar, com suas vozes fortes e graves, o belo hino de Páscoa da Igreja Romena:

Cristo ascendeu da morte, e pela morte calcou a morte, e deu vida àqueles em suas sepulturas.

Esperando sua deixa, as mulheres se juntaram, tranquilamente, quase imperceptíveis no início, suas vozes aumentando em crescendo para dar o máximo impacto ao momento de alegria ao ouvir novamente a notícia de que Cristo ascendera de sua sepultura. Os rostos dos velhos e das mulheres, jovens e idosas, suas cabeças cobertas com lenços, pareciam estar sob luz de velas como aqueles santos devotos. Ion e Vasile pegaram o ícone. Eles deram a volta no exterior da igreja três vezes, seguidos primeiro pelos homens e depois pelas mulheres, todos ao tilintar alegre dos sinos e às batidas selvagens do *toacă* para anunciar a Ressurreição.

Seguimos para dentro da igreja e beijamos o ícone sagrado que agora estava na entrada à luz de velas. O canto continuou, o turíbulo foi balançado ao norte, sul, leste e oeste, e o padre passava para cima e para baixo por nós anunciando que «*Hristos a înviat!* – Cristo ascendeu», e todos nós por nossa vez afirmamos que «*Adevărat că a înviat!* – De fato ascendeu!».

Eu saí da igreja para a escuridão. Já eram quatro e meia da manhã. Sob as estrelas, as velas ainda bruxuleavam no cemitério como se espelhassem o céu noturno. Outros iam para casa, mas eu perambulava entre as sepulturas. Ali, escondidos pelas árvores, apenas visíveis pelo brilho das velas tremeluzentes, uns poucos homens estavam ajoelhados no meio daquela noite fria de abril, com as mãos postas diante do rosto, rezando sozinhos junto das sepulturas de suas esposas.

Às onze horas da manhã seguinte, fui caminhando para a igreja novamente, dessa vez com Maria, Mihai e todo o resto do vilarejo. Cada uma das muitas famílias do vilarejo levava uma cesta de café da manhã pascal cheia de pães de Páscoa, ovos decorados, água e os inevitáveis amuletos mágicos. Estes ficavam bem escondidos no fundo das cestas, já que ninguém queria irritar o padre sem necessidade, mas tinham de ser santificados para ser de fato efetivos. As cestas

eram deixadas do lado de fora da igreja e o padre devidamente as abençoava e aspergia com água benta.
 No almoço comemos o cordeiro.

Na segunda-feira de Páscoa, vestidos em suéteres recém-tricotados com os últimos padrões e chapéus de palhas recém-trançados com fitas esvoaçantes, os rapazes se reuniam na casa do violinista do vilarejo. Os músicos, com violino, *zongoră* e tambor de couro de cão, tinham começado a tocar. O percussionista batia no tambor, cujo «bum» podia ser ouvido por todo o vilarejo, e eles partiram por entre os pomares, os rapazes cantando e assuando, as fitas de seus chapéus voando no vento. Eles caminharam pelo meio do vilarejo, passando pelas donzelas que passeavam agora vestidas em batas pascais tão brilhantes quanto a neve sob o sol da primavera, em direção ao pavilhão de dança a céu aberto. Lá eles esperaram e, quando as moças que passeavam apareceram, fizeram um sinal para o violinista. Então, encostados nas colunas do pavilhão, como marinheiros debruçados do cordame de um navio, acenaram para as garotas. Logo todos estavam dançando e o pavilhão tremia com os pés batendo. Os rapazes ficavam cada vez mais embriagados e felizes, dançando com garrafas nas mãos, e o violinista dava o melhor de si, suor escorrendo de sua testa. A Quaresma tinha acabado de uma vez por todas.

Depois da Páscoa todos voltaram ao trabalho. Alguns espalhavam esterco, outros aravam com os cavalos, búfalos e bois, suas charruas fendendo silenciosamente o chão como facas, erguendo uma linha de terra de superfície tão suave que ela quase refletia o sol. Outros desenterravam sementes de batata em montículos na horta, prontas para serem plantadas quando a aragem estivesse terminada. Em algumas hortas havia grupos de familiares sentados na grama cuidadosamente tosquiando suas poucas ovelhas, deitadas calmas com a cabeça no joelho do tosquiador se submetendo pacificamente a ter os pelos cortados.

«*Beatus ille*», pensei me lembrando do epodo de Horácio, «Feliz aquele que trabalha com o gado a terra da família... guarda o mel espremido em ânforas limpas, e tosquia as ovelhas inofensivas.» O sol brilhava, e por todo o vilarejo havia cenas de vida bucólica calma e contente, com os camponeses trabalhando com seu lento cuidado habitual para preparar tudo para o plantio e o tempo quente que logo chegaria.

Cada árvore perto do vilarejo era útil como fonte de alimento, seja ele maçãs, peras, ameixas, amoras ou nozes, e então a primavera, quando chegou, veio com uma explosão espetacular de floradas. Por toda parte havia árvores cobertas de flores cor-de-rosa e brancas. Violetas, roxas e brancas, anêmonas e narcisos estavam aparecendo. Velhas senhoras perambulavam com ramalhetes e as crianças decoravam os cantos das casas com brotos de lilases. Nas árvores do pomar para o qual a janela do meu quarto dava, pássaros estavam ocupados fazendo ninhos e me acordando cedo com seu clamor.

Mihai, por outro lado, estava muito mal. Ele estava tossindo feio e ficava sentado em uma cadeira olhando para o chão e nos dizendo que estava à beira da morte. Tinha até se recusado a fabricar um arreio porque, nos informou, não teria nem tempo nem forças para terminá-lo antes de sua morte iminente. Eu me preparava para ir embora, com o dia de encontrar Natalia se aproximando, mas primeiro tive de cuidar de uma incumbência. Eu tinha de ir até a casa da veterinária que morava na parte alta do vilarejo. Usando lenço na cabeça e saia, como todas as outras mulheres do vilarejo, ela vasculhou um armário e me deu uma agulha limpa e penicilina, reservada em geral para vacas e cavalos; esta, nos dias seguintes, foi aplicada no braço de Mihai. Em Breb havia um padre mas não um policial, e havia uma veterinária mas não um médico. Isso mostrava quais eram as prioridades. De qualquer modo, a maioria das pessoas usava aquilo que chamavam de «*Leacuri Băbeşti*» – herbáceos da carochinha e outros remédios curiosos. Maria me contou como Mihai tinha se curado de hepatite. Eles não tinham dinheiro para médicos, então ela usou pulgas, que catou dos búfalos. Ela o fazia comer as pulgas vivas. As pulgas, ela me garantiu, não morrem quando as engolimos, mas consomem seja o que estiver causando a doença. Com as pulgas, você deve comer apenas batatas, mas sem sal.

O dia de voltar para o sul para encontrar Natalia finalmente chegou. Ela estava no lugar onde tínhamos combinado. Em um bar, pedimos café turco e nos sentamos para conversar. Ela estava resfriada.

«A nossa casa é bem fria», ela explicou.

«Vocês não têm um fogão?»

«Sim, mas as janelas não têm vidro», ela falou bem baixinho para que o casal de nariz empinado na mesa ao lado não ouvisse.

«Por que não?»

«Meu pai quebrou todos.»

«Todos?», eu disse impressionado.

«Sim. Todos.»

«Mas por quê?»

«Ele tinha bebido demais e estava zangado com a minha mãe.»

«Você não tem *nenhum* cômodo com janelas inteiras?»

«Não, ele quebrou todas. Eu te falei.» Isso estava, mais tarde descobri, totalmente de acordo. Seu pai, Attila, nunca deixava as coisas pela metade.

«Então você vai vir morar com a gente agora?», ela perguntou.

Eu relutei. Não só o Cara ainda estava à solta, mas agora a casa mal estava habitável.

«Mas você não tem janela alguma.»

«Não, mas... talvez você possa nos ajudar a consertá-las... ou pelo menos a de um cômodo? De qualquer modo, quase já não está mais fazendo frio. Logo a gente não vai precisar das janelas.»

«Me desculpe. Eu não posso mesmo ir agora. Me perdoe. Eu gostaria, mas tenho que voltar para o vilarejo no norte. Mihai está doente. Aqui está um pouco de dinheiro para consertar as janelas. Não é muito, mas deve dar para um ou dois cômodos.»

«Estou cagando para o seu dinheiro!», ela disse com desdém. Ela estava certa de estar brava. Eu de fato tinha demonstrado fraqueza, covardia e falta de espontaneidade à moda cigana.

«Agora não é um bom momento para mim», eu disse. «E o Cara ainda quer me matar. A gente não pode morar no vilarejo com ele por perto. Escreva para mim. Mande as cartas do vilarejo vizinho e elas vão chegar. Vou ajeitar as coisas para que eu possa sair do Maramureș e logo a gente pode se encontrar. Então a gente organiza como eu posso vir morar com você.»

«Outros fariam qualquer coisa para estar comigo. Você só dá desculpas. E está com medo do Cara. Ah!», ela zombou. «Vou te dizer, se ele encostasse o dedo em você meu irmão mataria o Cara.» Esse último comentário deveria presumidamente me tranquilizar. O que não aconteceu.

O encontro não foi um sucesso. Eu me despedi e sugeri que ela me escrevesse. Assegurei-lhe que voltaria logo.

10
Cenas da vida no campo

Cetera mandru zice,/
Inima rau ma strice —
O violino soa doce/
Meu coração de dor se retorce.

Canção do Maramureș

Passei o verão roçando animado os campos e esperando uma carta de Natalia. Mas nenhuma veio e presumi que ela tivesse perdido o interesse em mim. Eu não estava surpreso. Eu tinha mostrado uma covardia digna de desprezo. Queria ir para Halma e morar com Natalia, mas ao mesmo tempo não sabia quase nada a respeito dela e de sua família, e ainda se demorava uma desconfiança irracional e atavista dos ciganos que me fazia hesitar em me lançar no meio do aparente caos em que viviam. Eu também não queria ser responsável pela morte do Cara, ou pela minha própria, ou a de qualquer outra pessoa. Sentia que tinha tomado a decisão certa, mas sentia falta de Natalia e de seus olhos hipnóticos, e a ideia de morar com ela continuava firmemente plantada na minha mente.

Os dias de verão nos Maramureș passaram em paz, mas agora no fim do outono uma percepção do inverno vindouro pairava sobre o vilarejo e as montanhas que o cercavam. Na primavera o verde das folhas desfraldando tinha subido cada vez mais na montanha. Agora o marrom descia rastejando lentamente à medida que as folhas de faia mudavam de cor e caíam no chão.

Nós realizamos as últimas tarefas do fim do ano. As abóboras, os repolhos, os feijões e as espigas de milho secas foram trazidos de carroça dos campos. Terminamos de aparar os últimos campos de *otavă* – o segundo roçado de feno –, que então eram empilhados nas últimas medas do ano. Logo tudo estava pronto para mais um inverno.

Muitos meses tinham se passado e presumi que Natalia tivesse me esquecido. Não escrevi para ela, já que tinha certeza que minhas cartas se «perderiam» no caminho, então o resultado foi um grande silêncio. Eu também estava preocupado com a saúde de Mihai no inverno que chegava. A penicilina da primavera tinha curado sua bronquite mas a tosse ainda não tinha passado.

«Você é como um filho para nós», Mihai costumava me dizer. «Às vezes a gente pode não se ver o dia todo, mas ficamos felizes só de saber que você está aqui.»

Embora eu tivesse pensado em ir para o sul ver Natalia, sabia que tinha dee ficar mais um inverno no Maramureş.

Mihai tinha notado durante meu primeiro inverno em Breb que eu estava reclamando de pés gelados e sofrendo por não ter o calçado adequado. Ele tinha então feito um par de *opinci* para mim. Agora para o meu segundo inverno, ele e Maria tinham se organizado para que eu tivesse as roupas apropriadas. As poucas que eu tinha trazido comigo da Inglaterra eram completamente insuficientes para me manter isolado dos tufões de vento do inverno romeno, e o velho casaco de pastor, emprestado de um amigo, agora estava puído.

O material espesso de lã usado para fazer os casacos e os tecidos marrons franzidos dos coletes, chamados *pănură*, foi comprado no vilarejo, de mulheres que fabricaram material extra em seus teares no ano anterior e tinham alguns rolos de reserva. Nós os colocamos em cestas que erguemos nas costas, e subimos a colina em direção ao vilarejo de Sîrbi, onde o melhor alfaiate da região morava.

«*Spor la treabă!* – Força nos seus trabalhos!», Mihai gritou quando passamos por amigos que ainda terminavam as últimas tarefas nos campos no outono para deixar tudo arrumado para o inverno.

«Para onde está indo, tio Mihai?», eles gritaram de volta.

«Ver o alfaiate. Temos que equipar o Willy com as roupas de inverno certas, não é?»

A concordância foi geral.

Quando chegamos a Sîrbi descendo pelos pomares, a grama sob as árvores estava salpicada com frutas, e nos quintais passamos por grandes pilhas de maçãs e peras que logo se tornariam *horincă*.

«Ah, meu Deus, nos perdoe», uma velha senhora nos disse enquanto empilhava as peras em uma cesta, «nós vamos beber um bocado nesse inverno e vai ter confusão – mas *horincă* é dinheiro e precisamos dele.»

O alfaiate do vilarejo usava roupas de camponês e até *opinci*. Ao redor do pescoço estava pendurada uma longa fita métrica, símbolo de sua profissão. Ele se pôs a me medir como se eu estivesse na Jermyn Street.

«E o senhor quer o remate em canelado preto ou veludo preto?», ele perguntou. Eu escolhi veludo preto para o casaco, o *gubar*, e canelado preto para o colete, o *pieptar*.

«E vai querer um bolso interno?», perguntou.

«Você tem de ter um bolso interno, Willy», disse Mihai, «grande o suficiente para caber uma garrafa pequena. É essencial ter uma garrafa de *horincă* com você quando vai cortejar.»

Com o modelo decidido, erguemos as cestas agora vazias nas costas e fizemos a caminhada de volta sobre as colinas na última luz antes de o sol desaparecer atrás da montanha. Espalhadas por toda parte, as medas altas projetavam sombras longas sobre os suaves prados roçados, e havia uma abundância tão grande de crócus rosados de outono que era impossível não pisar neles.

«Que você as use em boa saúde e que se case logo nelas!», disse o alfaiate sorridente quando algumas semanas mais tarde fui buscar minhas novas roupas. Daí em diante, apesar de ter de aguentar de início as risadinhas incontidas das moças do vilarejo, eu as usava com orgulho. Trajando meus novos *gubar* e *pieptar*, e com os *opinci* de Mihai nos pés, eu agora quase passava por um nativo, e gradualmente, à medida que meu domínio do dialeto melhorava, me incorporava melhor ente os moradores. Embora fosse eu quem usasse óculos, as pessoas que não me conheciam eram incapazes de enxergar além das roupas.

Sighetul Marmației é a principal cidade do Velho Maramureș. Sighet, como é chamada para facilitar, é certamente a última cidade da Europa onde ainda é possível ver pessoas caminhando pelas ruas em trajes tradicionais completos, usando *opinci*. Em Sighet havia apenas um banco, que ficava numa sala pequena do segundo andar de um prédio perto da estação de trem, e era ali que eu obtinha a pouca quantia de dinheiro que precisava para me manter em Breb.

Trajando minhas novas vestimentas, entreguei meu passaporte e esperei para compensar um cheque entre uma multidão de pessoas da cidade e dos vilarejos. Uma funcionária saiu de um dos escritórios dos fundos e, olhando através de mim, gritou: «Onde está o inglês?».

Eu estava na frente da fila olhando direto para ela.

«Onde está o inglês?», ela gritou de novo, só que mais alto, sobre o meu ombro.

«Estou aqui.»

A funcionária deu um pulo.

«Me desculpe», ela disse, «mas eu achei... bem, seu casaco e seu chapéu...»

«Não tem nada melhor para um tempo frio desses», eu disse.

Ela então começou a contar animada para seus colegas sobre o inglês fantasiado de camponês do Maramureș.

«Ele é inglês. De verdade. Olha o passaporte dele!»

Naquela época, e ainda hoje, a maioria dos romenos tentava fugir da vida no campo, e os que iam embora dos vilarejos se sentiam à frente dos camponeses; era difícil para eles imaginar por que alguém voluntariamente se permitiria ser visto em trajes camponeses.

Ana, a viúva de Ștefan, irmão de Mihai, era uma bruxa de magia branca, e nas tardes de inverno eu costumava me arrastar pela neve que soprava, vestido orgulhosamente em minhas novas roupas elegantes, para bater na porta de seu chalé de madeira de um cômodo. Durante os meses frios de inverno havia pouco a fazer do lado de fora, e os moradores ficavam felizes em passar os longos fins de tarde conversando. Foi com Ana que comecei a descobrir mais sobre a magia romena.

Ana tinha noventa anos, mas sua mente estava totalmente límpida, e, em sua voz chiada, ela recitava poemas e canções, e elaborava sobre os princípios da magia por horas sem se cansar.

De acordo com Ana, a magia romena era praticada para dois propósitos principais. O primeiro era proteção contra o poder do ciúme ou da inveja, que pode ser dirigido a você por um «olho gordo». O segundo era o amor.

«Se você tem um belo cavalo, vaca ou ovelha», ela explicou, «ou um filho bonito, pessoas más vão sentir inveja de sua boa sorte e podem tentar destruir tudo isso. Você precisa se proteger contra as forças do mal que podem ser direcionadas a você. Pode procurar uma bruxa, como eu, ou apenas tomar alguns cuidados sozinho em casa.» Ela fez uma lista. Você pode usar um dente de alho ou um frasco com mercúrio no pescoço, ela me disse. Alho é um escudo bem conhecido contra o mal, e mercúrio, por ser fluido, não deixa o mal se agarrar. Você também pode usar espelhos para refletir pensamentos iníquos, ou pode simbolicamente cuspir na cara do mal, como o romenos fazem quando veem uma criança bonita. Ou pode vestir vermelho. De Nápoles à Índia, vermelho é a cor de proteção contra o olho gordo. Na Romênia é costume pendurar borlas vermelhas nas cabeçadas dos cavalos ou na ponta dos chifres das vacas, e as pessoas costuram tranças de lã vermelha nos pelos das ovelhas.

Quando se trata de amor, mais uma vez, é possível recorrer a uma bruxa, ou há precauções que você mesmo pode tomar. Uma vez, cuidando do feno, coloquei meu chapéu no chão. Mihai me advertiu para tomar cuidado.

«Quando você não estiver olhando, uma moça vai passar o chapéu debaixo das pernas, deixar um pingo de urina cair nele, dizer um feitiço e você vai acabar apaixonado por ela.»

«Não fale besteira, tio Mihai», disse uma garota que rastelava perto de nós, «é claro que elas não fazem isso.»

Ele olhou para mim com uma cara de esperto e disse: «Sim, elas fazem».

«E nunca aceite bebida de uma moça», Mihai me disse uma vez.

«Por que não?»

«Porque podem ter colocado nela sucos de lugares secretos para enfeitiçar você.»

Na Romênia, quando dizem que um homem foi encantado ou enfeitiçado por uma garota, querem dizer literalmente.

Mihai também me contou como as garotas costumavam se banhar nuas no riacho no dia 6 de janeiro para prever que tipo de homem seu futuro marido seria. Isso Ana confirmou.

«Duas moças devem ir até o riacho no escuro», ela disse. «Uma se despe e fica de pé no riacho, enquanto a outra a asperge com água, usando ramos de manjericão seco, e diz um feitiço. Então o manjericão é plantado na neve e o futuro é previsto de acordo com o formato das gotas de gelo que pendem dele na manhã seguinte. E é importante que as garotas não olhem para trás quando voltam para casa, ou o feitiço perde a força.

«E, é claro, tem sempre a traqueia do lobo», Ana continuou. «Depois da igreja uma moça fica no limite da multidão de mulheres, e, quando passar o homem que ela deseja, ela sopra a traqueia do lobo em direção a ele, fingindo que é uma tosse, e ele é enfeitiçado – *farmecat* – e não vai conseguir resistir a ela. A única maneira de reverter o feitiço é usar a traqueia ao contrário», ela explicou.

Ossos de morcego também funcionam.

«Primeiro você tem que conseguir apanhar um morcego», ela disse.

«Onde é que se arranja um morcego?»

«Ah, as moças sabem aonde ir. Elas sobem na torre da igreja à noite, ou no sótão. Então, quando conseguem pegar, têm de matar.»

Eu tinha imagens de garotas de saias e lenços na cabeça escalando a torre da igreja, de algum modo conseguindo apanhar um morcego e tentando acertá-lo na cabeça enquanto ele batia as asas, mostrando os dentes e tentando mordê-las. Uma vez morto, o morcego tinha de ser enterrado em um formigueiro, Ana explicou, e deixado lá até que as formigas tivessem separado a carne dos ossos, formando um esqueleto perfeito. Entre esses ossos, você encontraria um com o formato de um rastelo minúsculo. É desse osso que você precisa. Mais uma vez, esperando pelo momento certo depois da igreja, quando sempre há multidões, você deve passar pelo homem por quem está apaixonada e raspar o pequeno rastelo em seu braço, tão de leve que ele nem perceba ou que simplesmente ache que se trata de um botão estourado ou um pedaço de algum material duro na roupa de alguém.

Com toda essa conversa sobre feitiço e olho gordo, e todas as travessuras que as moças aparentemente aprontavam para atrair um homem, comecei a pensar se Natalia não teria me enfeitiçado. Tinham sido, afinal, os ciganos que trouxeram muitas das práticas de magia da Índia para a Europa. Com certeza Natalia exercia uma atração poderosa. E, embora eu não tivesse lhe escrito, com frequência me pegava pensando nela e estava planejando uma viagem ao sul para encontrá-la na primavera. Mihai estava convencido de que eu tinha sido *legat*, ou amarrado a ela por feitiço. Como, de outra forma, poderia uma pessoa comum e aparentemente sensata como eu estar fascinado por uma cigana e continuar desaparecendo para ir vê-la? («Fascinado» é outra palavra usada em sentido literal, do latim, «estar amarrado» no sentido de ter um feitiço lançado sobre você.) Francamente eu não achava ruim a ideia de estar «amarrado» a Natalia, mas Mihai estava inflexível. Eu devia procurar uma bruxa de magia branca para ser *deslegat* – desamarrado. No fim, por curiosidade, concordei em ir. Outras pessoas, percebendo que eu não estava levando a sério, me avisaram para não ir.

«Você não deve brincar com essas coisas», disseram. «É muito perigoso.»

Mesmo assim, Mihai continuava me apresentando a bruxas de magia branca na esperança de que eu, quem sabe, mudasse de ideia. Uma delas, uma prima sua chamada Ileana, morava no vilarejo vizinho de Budeşti. Nós cruzamos a colina para encontrá-la.

Enquanto caminhávamos, ele me contou sobre os etnologistas que uma vez vieram de Bucareste. «As pessoas aqui fingiam saber feitiços e encantos porque os etnologistas traziam presentes. Havia uma mulher de Manasturi, eu me lembro, que todos eles queriam ver. Ela não era bruxa absolutamente. Ela inventava tudo para ganhar os presentes. Já Ileana é uma bruxa de verdade.»

«Mas você acredita mesmo em magia, Mihai?», perguntei.

«É claro que acredito.»

«Por quê?»

«Porque funciona.»

Mihai e Maria me contaram muitas histórias sobre como sua vaca e outros animais dos vizinhos tinham sido curados por bruxas. Muitas pessoas também, que tinham adoecido devido a olho gordo, se sentiam melhor depois de visitar bruxas que desfaziam os feitiços, mandando-os de volta para quem os tinha lançado. O principal era que elas eram curadas.

Mihai e eu entramos em uma casa de telhado alto e íngreme, cujos balaústres das escadas do alpendre estavam gastos de uso. Em um cômodo com janelas minúsculas que deixavam entrar pouca luz, uma senhora e sua neta de três anos estavam juntas na cama, se aquecendo. A voz de Ileana era suave e clara apesar da idade.

«Por que você veio?», ela perguntou amável a Mihai.

«Meu amigo quer saber sobre feitiços e magia.»

«Temo não poder mexer com feitiços hoje; é domingo», ela disse se desculpando. «Seria um pecado contra Deus.» Durante a semana presumivelmente Deus não se importava.

«Mas o que há de errado com o rapaz?», perguntou Ileana. «Lançaram um feitiço nele, ou ele quer achar uma esposa? Ou é outro problema?»

«Ele só quer saber sobre os feitiços, como funcionam e assim por diante», Mihai disse.

«Ah, entendi. Mesmo assim ele deve voltar amanhã se não for incômodo.»

Eu de fato voltei e por sua vez conheci, além dela, sua família e sua neta mais velha, a quem Ileana ensinava seu ofício. Elas sempre eram acolhedoras e me ofereciam uma tigela de sopa para eu ter forças para a caminhada de volta na neve. No fim das contas, a velha senhora optou por não me revelar muito sobre bruxaria, mas uma vez me contou por alto um feitiço complicado que envolvia colocar em uma garrafa nove pedaços de sabugueiro, cortados apenas às terças e quintas, nove punhados de terra de nove covas diferentes e nove pequenas lascas de madeira de cruzes de sepulturas, que então deviam ser enterradas juntas em solo virgem entre vilarejos.

«Se fizer isso do jeito correto, e eu conheço o jeito correto, ninguém pode fazer mal a você», ela disse, me encarando com seus olhos de coruja.

«Mas quem pode estar tentando me fazer mal?», perguntei.

«Qualquer um que procure um cigano para lançar um feitiço sobre você. Quem sabe? Pode ser qualquer pessoa, mas, se você fizer isso, vai mandar o feitiço de volta direto para eles.

«Mas eu não faço muitos feitiços hoje em dia», ela continuou. «As pessoas reclamam de ter que pagar. Não é justo. As pessoas pagam médicos, então por que não me pagar? Eu curo tão bem quanto qualquer médico. Na verdade sou melhor do que os médicos. Eles tratam dos sintomas, eu curo as causas. E, se alguém que me procurar estiver só doente, eu lhe digo. Eles acham que foram enfeitiçados. Eu falo para irem embora e tomarem uma aspirina.»

Eu não fui convencido a ser «desamarrado» do feitiço que Mihai estava tão certo que tinha sido lançado sobre mim. Considerei os alertas dos amigos sobre não brincar com magia, e de qualquer modo não queria me desamarrar. Eu gostava de estar enfeitiçado por Natalia.

Mas eu também gostava de atravessar a colina caminhando até Budeşti e assim usava as visitas a Ileana como desculpa para esticar as pernas.

Um dia, quando cheguei a sua porta, ela parecia particularmente satisfeita.

«Ah, que bom, eu estava esperando por você», ela disse. «Tenho uma coisa para te dar.»

Devagar, com um sorriso no rosto, começou a reunir coisas de diferentes esconderijos no cômodo. «Você deve cuidar deles muito bem, eles vão te manter seguro e protegido de todo tipo de coisas ruins.» Não pude deixar de imaginar que Mihai tinha conversado com ela. Na velha mesa de madeira diante de mim, depositou um punhado de terra que ela dizia ser de um mosteiro sagrado perto de Suceava e alguns cristais de sal em que ela tinha aparentemente «trabalhado». Eu devia misturá-los e jogá-los sobre o umbral da minha casa e debaixo da minha cama. Havia também um feixe de nove gravetos de sabugueiro amarrados com um barbante, cujos pedaços eu deveria depositar em intervalos ao longo da cerca de meu jardim. Nove era sempre o número usado nos feitiços. Havia um pedaço de madeira com pregos martelados que eu deveria afixar no umbral da minha casa, outro feixe de lascas de madeira arrancadas de seu tear que eu deveria depositar nos quatro cantos da minha casa, um prego torto enfiado em uma cebola seca que deveria ficar perto da minha cabeça enquanto eu dormia e um colar de dentes de alho secos em uma linha que eu deveria levar no pescoço. Eu agora estava bem equipado. Ela varreu tudo para dentro de um saco de tecido e me entregou, dizendo para eu tomar conta muito bem do que havia ali dentro.

Na última vez que visitei Ileana havia lágrimas em seus olhos. Fiquei surpreso ao vê-las já que nunca a tinha visto chorar antes. Acho que ela sabia que nunca mais me veria. Dizem que as bruxas são capazes de prever sua própria morte, até a hora. Externamente ela parecia saudável como sempre. Mas eu nunca mais a vi. Dentro de um mês ela estava morta.

Eu estava no alto da colina. A primavera finalmente tinha nos alcançado mais uma vez. Mihai e eu tínhamos rastelado todos os campos de feno, e agora o primo de Mihai, Ion, e eu estávamos arando. Eu caminhava sob o sol, com o chicote na mão, guiando os cavalos, com Ion e a charrua atrás, estalando e ribombando. Os cavalos, com seus semblantes calmos, trabalhavam pacientes e diligentes. No fim de cada sulco, eu os fazia dar a volta e Ion virava a charrua. Agora eu entendia por que os campos eram compridos e estreitos, exatamente como na Inglaterra medieval.

Ao passar por um caminho próximo, uma mulher chamou Ion e perguntou como eu estava me virando. Todos sabiam que eu era um iniciante.

«Ele está indo tão bem quanto alguns que passaram a vida inteira arando!», Ion gritou de volta.

«Isso foi gentil da parte dele», pensei, e me enchi de orgulho.

Terminamos nosso trabalho, soltamos os cavalos e nos acomodamos debaixo de uma macieira para descansar. A relha e a faca agora brilhavam como prata polida. Os cavalos pastavam feno e nós tomávamos *horincă* da garrafa que Mihai tinha me entregado quando saíamos de manhã.

Olhei por sobre o vale para as montanhas em cujos topos a neve agora derretia. Durante o inverno eu tinha me decidido firmemente a voltar para Halma quando o tempo melhorasse. Agora havia um calor no ar. Eu iria dentro de alguns dias. Sabia que estaria trocando minha vida tranquila pelo caos e pela incerteza, mas o feitiço dos ciganos, como Mihai e outros afirmavam, era forte demais para que se resistisse a ele.

Deitei usando meu novo colete de *pieptar* para ler e caí no sono. Uma égua tinha perdido a ferradura e Ion a levara ao ferreiro cigano. Havia tempo para uma soneca. Acordei com todos aqueles sons conhecidos do campo dessa época do ano: o estalo da charrua, o brado dos que aravam os lotes vizinhos, o balido das ovelhas pastando nos prados, os assovios agudos dos garotos que as pastoreavam e o ritmado alegre da conversa das mulheres que plantavam batatas em um campo do outro lado do vale. Pessoas tinham passado pelos caminhos enquanto eu dormia, mas é claro que ninguém me perturbou. Meu livro continuava aberto onde eu o tinha deixado cair, a brisa virando gentilmente suas páginas.

11
A lua vagueia livre

> Então compreendi que aquela gente ainda estava tão próxima do ato de matar que a visão do sangue lhe era familiar, e que para eles o faiscar de um facão era um fenômeno tão natural como o sorriso de uma mulher.
>
> Sándor Márai, *As brasas*[9]

Para a decepção de Mihai, logo depois do arado, eu deixei a calma segurança de Breb e mais uma vez parti rumo ao sul para encontrar Natalia. Na noite da véspera de minha partida, o tempo estava tempestuoso. Os montes de feno do ano anterior estavam desgrenhados e agora os rastros delgados das nuvens da tempestade da noite passada estavam se desemaranhando dos picos pontiagudos sobre o vilarejo e disparando rumo à parte mais alta dos Cárpatos e além, a leste, para as ondulantes colinas da Moldávia e as estepes bessarábias. Eu serpenteei pela estrada tortuosa montanha acima, cruzei o desfiladeiro rumo ao sul e desci rumo à Transilvânia, onde bosques enormes de faias estavam agora frondosos, todas com uma semana de vantagem de crescimento em relação ao norte mais frio.

---

9   Sándor Márai, *As brasas*. Trad. de Rosa Freire D'Aguiar. São Paulo: Companhia das Letras, 2016.

Cheguei em Halma no começo da noite, e não demorou para as coisas começarem a dar errado. Fui primeiro à casa de Herr e Frau Knall, esperando a acolhida afetuosa e amistosa de costume. Não foi o que recebi. Eles não me deixaram nem entrar na casa. Apenas detrás de uma janela meio aberta eles estavam dispostos a falar comigo, para me dizer que seu amado retábulo tinha sido roubado da igreja. Eu estava horrorizado.

«Mas quem o roubou?», perguntei.

«Os ciganos», foi a resposta. Eles logo fecharam a janela e cerraram as cortinas para mostrar que a conversa estava definitivamente acabada.

Eu caminhei até a praça do vilarejo, a cabeça rodando com as notícias, e segui para a casa de Natalia ansioso para não cruzar com o Cara na estrada.

Entrei no pátio e a encontrei descalça, secando pratos com a saia, despreocupadamente.

«Você voltou», ela disse seca.

«Sim», respondi. «Por que você não me escreveu? Eu teria vindo antes.»

«Era melhor você vir no seu próprio tempo. De qualquer modo, você faz o que quer.»

«E você não?»

«Sim, é claro.»

«Onde está o Cara?»

«Ainda preocupado com o Cara? Não precisa. Ele está na cadeia. Pode vir e morar aqui sem medo.»

«Você ainda quer que eu venha?»

«Quero. Se você quiser.»

Ela me encarou com seus grandes olhos cor de mel em formato de amêndoas e fui convencido a me lançar no turbilhão da vida dela e de sua família. «*Ochi căprui,/ Fură inima oricui*», como os romenos dizem – «Olhos de mel/ Roubam o coração de qualquer um».

Da parte de Natalia, acho que ela tinha pouco mais do que uma curiosidade lúdica a meu respeito, um questionamento sobre a natureza dessa entidade estrangeira difícil de situar, que de repente tinha aparecido em meio a eles e que, curiosamente, falava romeno com um sotaque do campo bastante singular. Poderia ser uma boa diversão para ela me ter por perto durante um tempo. Eu estava apaixonado por ela, assim como muitos outros homens. Estava disposta a me aturar por ora.

Eu perguntei a ela como andava a vida desde a última vez que tínhamos nos visto.

«Não muito boa. Meu tio morreu. Ele só tinha 34 anos e quatro filhos», ela disse.

«Mas, se ele era tão jovem, como ele morreu?»

«A polícia o levou quando o retábulo foi roubado, e no fim da tarde, quando ele voltou, já estava acabado.»

Minha cabeça rodava mais uma vez.

«Seu tio roubou o retábulo?», perguntei, chocado com tudo o que ouvia. Eu me lembrei de como Herr Knall tinha me mostrado o retábulo com tanto orgulho alguns anos antes e dito que ele tinha sido feito especialmente para a igreja em 1513. Eu tinha dito aos Knall que os ajudaria a protegê-lo e a consertar o telhado para que parasse de chover sobre ele. Agora estava ouvindo que a família de Natalia era a principal suspeita do roubo.

Natalia me corrigiu.

«É claro que ele não roubou. Todo mundo sempre culpa os ciganos. Você não sabia disso?», ela falou se irritando. «Por favor, não vamos falar disso. Ele foi levado para a delegacia e morreu na manhã seguinte. É isso. É assim que nossa vida é aqui.»

«Mas o que aconteceu?», eu perguntei.
«Quem vai saber?»
«Você não pode descobrir?»
«Duvido. De qualquer modo, é a mulher dele que deve prestar queixa e não eu, só que aqui reclamar só torna as coisas piores.»

Eu me mudei para a casa da família. Todos os irmãos e irmãs de Natalia estavam lá, mas não os pais, que estavam trabalhando na Hungria. Frequentemente durante aqueles dias eu desejava poder voltar para a paz e sanidade de Breb. Eu mal podia acreditar na situação em que me encontrava. Quanto mais pensava nela, mais ansioso ficava. Eu estava no processo de levantar dinheiro para proteger as igrejas saxãs e seus pertences. Eu tinha escrito um panfleto sobre a situação, e algum dinheiro já estava chegando. Mas agora era possível que eu estivesse morando com a própria família que tinha roubado o retábulo. E o principal suspeito, o tio de Natalia, estava morto. Será que tinha sido deliberadamente assassinado ou fora um acidente? O que tinha acontecido? Eu não sabia de quase nada. Tinha esperado surpresas, mas essa superou todas as que eu poderia prever. Seja lá o que tivesse acontecido, por ora eu tinha de ficar no escuro, imaginando, nervoso, qual seria a verdade.

A atmosfera de *dolce far niente* que eu tinha experimentado da primeira vez que estivera na casa de Natalia havia alguns anos ainda continuava bastante presente. Às vezes os irmãos trabalhavam nos campos arando a plantação de batatas ou semeando, mas Natalia não trabalhava de fato. De vez em quando ela limpava a casa ou lavava roupas. Fora isso, ficava languidamente deitada na cama ouvindo música de seu velho toca-fitas, se levantando às vezes para dar uma volta no quarto, praticando, sonhadora, seus passos de dança.

Só quando a noite chegava, ela começava a se animar. Todo dia, quando o sol se punha, todos se reuniam na praça esperando o rebanho do vilarejo, a *ciurda*, voltar das colinas. Na praça, cada animal parava para tomar um gole d'água antes de voltar para os estábulos.

Essa era a hora de se encontrar e conversar. Quase todo o vilarejo estava reunido, mesmo aqueles que não tinham animais. Para o contingente cigano, e sobretudo para Natalia e sua irmã Marishka, era a hora de planejar o entretenimento da noite. Parecia haver uma festa praticamente toda noite, na qual jovens e velhos, quase todos ciganos, dançavam como se não houvesse amanhã. Suas vidas eram tão difíceis e incertas que era melhor que se divertissem enquanto pudessem. Sem dúvida, para Natalia e Marishka, e todos os outros ciganos, essa parecia sua *raison d'être*.

Qualquer lugar parecia bom o bastante para fazer uma festa; no verão na colina que parecia empilhada, a Huiberi, sobre o vilarejo onde, da praça, era possível ver a fogueira tremeluzindo e as silhuetas das pessoas dançando, ou no inverno em uma das casas saxãs abandonadas ou meio arruinadas, desde que ainda houvesse piso de madeira e desde que se fizesse uma lâmpada funcionar usando eletricidade «emprestada» por um fio ligado à rede de energia mais próxima.

Nessas festas, todos dançavam as tradicionais danças ciganas, os jovens imitando os velhos. Era fascinante assistir a eles, especialmente os homens, com os braços e pernas se movendo em repetições tão desnorteantes e hipnotizantes, complicadas demais para imitar, e tão rápidos, com os dedos estalando e as mãos batendo nas coxas e nos saltos dos sapatos, que parecia que seus pés mal tocavam o chão. As garotas também chamavam a atenção, mas por razões diferentes. Dançar era algo que tinham transformado em arte. Durante o dia, tinha notado que, como Natalia, muitas outras garotas ciganas colocavam um toca-fitas no peitoril da janela, e, na estrada ou no pátio diante das casas, ensaiavam os passos, mexendo os quadris no ritmo da música, sempre aperfeiçoando cada vez mais os rituais de provocação. Agora na dança elas se moviam de maneira tão erótica, Natalia no meio delas, que eu às vezes achava que devia desviar os olhos, como se estivesse testemunhando algo que deveria ser reservado à privacidade entre duas pessoas. Parecia que elas estavam fazendo amor com o ar. Em resposta a essa provocação, os jovens arrancavam as camisas e dançavam seminus, exibindo seus corpos trabalhados em longos dias de roçado nos campos, que logo luziriam com suor no brilho bruxuleante da lâmpada.

Minha memória desses dias que passei com Natalia é vaga. Eles foram dominados por um turbilhão de festas, um seguindo intensamente o outro e com frequência se estendendo bastante noite adentro. Ela e as outras ciganas tinham um vigor extraordinário. A dança parecia às vezes infinita; pois, quando Natalia por fim se levantava de sua cama, ligava seu fiel toca-fitas – cuja vida destras mãos ciganas e o uso sagaz de linha, fio e cola tinham prolongado muito além de seu fim natural – e dançava pelo quarto ou pelo pátio em mundo só dela.

«Não se importando em comandar», escreveu Franz Liszt sobre os ciganos, «eles também escolhiam não obedecer.»

Isso descrevia Natalia. Ela era selvagem e caprichosa e fazia tudo como lhe aprazia. Eu era o amante de Natalia, mas, quando o espírito a tomava, ela desaparecia e tinha encontros românticos com outros, gostasse eu ou não. Nessas horas eu ia ao *crîşma* e perguntava a Marishka se ela sabia para onde Natalia tinha ido. Ela dava de ombros e me lançava um olhar de compaixão.

Inevitavelmente, no fim descobri que Natalia nem sempre falava toda a verdade. Eu estivera fora por alguns dias para deliberadamente fugir do caos, e enquanto tinha me ausentado ela estivera com outro homem. Ela tinha tentado esconder isso de mim, mas eu sabia o que ela vinha fazendo. Eu a confrontei com a prova. Ela não se abalou.

«Eu não sei por quê, mas os homens estão sempre se apaixonando por mim», ela dizia com leveza, à guisa de explicação.

«De qualquer maneira, eu achei que era melhor você não saber», ela continuou. «Você podia ter se irritado, feito algo estúpido e acabado se machucando.» Ela tinha, portanto, me feito um favor.

«E você estava fora. O que é que eu ia fazer? Eu não tinha ideia de quando você ia voltar, *se é que* ia.» As justificativas de suas mentiras escandalosas combinadas com sua veracidade desarmadora deixavam a pessoa zonza, e, de alguma forma, no fim ela o deixava pensando que ela mal tinha feito algo de errado. De qualquer modo, eu não sentia que cabia a mim tentar restringir sua liberdade, e estava inclinado a concordar com o velho do conto de Púchkin, «Os ciganos» (que ele escrevera quando estava apaixonado por uma cigana da Moldávia), que aconselhava o forasteiro, Aleko, sobre a moça cigana, Zamfira:

Não se entristeça... Está aborrecido sem razão. Ama aflito e sincero. Uma mulher ama com graça. Veja como no céu a lua vagueia livre, lançando sua luz por todo o mundo igualmente... Quem lhe indicaria um lugar nos céus e diria «lá deve ficar»? E quem diria a uma jovem «uma única vez deve amar»?

É claro que a jocosidade de Natalia às vezes lhe causava problemas, e como resultado ela estava sempre de guarda. Um dia, quando estávamos prestes a entrar na *crîşma*, ela sacou o canivete do bolso, abriu a lâmina com cuidado e a guardou de volta.

«Natalia, por que você fez isso? Vai acontecer alguma confusão? Se for, é melhor eu já ficar sabendo.»

Sua resposta foi lacônica. «Nunca se sabe. De qualquer forma, é melhor estar preparado.»

A julgar pelo que tinha acontecido em outra ocasião, seu conselho era sensato, mas, se estando preparado ou não, dessa vez foi Marishka que veio ao socorro. Natalia estava dançando no *crîşma*, mexendo os quadris do jeito que ela sabia muito bem que era provável despertar paixões violentas. Sua intenção era me deixar com ciúmes. No mundo cigano, só assim você pode realmente dizer se uma pessoa está apaixonada por você. Em vez de *me* deixar com ciúmes, no entanto, ela irritou outra pessoa. Da escuridão do vilarejo apareceu um homem no vão da porta. Para meu pavor, percebi que era o Cara. Ao que parece, ele não estivera na cadeia, mas em custódia temporária. Galgando pela sala em direção a Natalia, ele sacou uma faca cuja lâmina cintilou sob o brilho da lâmpada. Eu estava sentado do lado de Marishka, nas sombras. Estávamos rindo juntos, mas sua expressão mudou num instante, e ela deu um salto. O Cara, com os olhos brilhando de raiva, brandiu a faca contra Natalia e seu parceiro de dança. Quando ela reluziu no ar, Marishka se lançou no caminho do Cara e tentou agarrar seu braço. A faca se movia rápido e ela conseguiu apanhar só a lâmina, que passou direto pela pele logo acima da articulação entre o polegar e o indicador. Irrompeu um pandemônio. Os dançarinos foram salpicados de sangue enquanto juntos lutavam para arrancar a faca da mão do Cara. Marishka saiu apertando sua ferida. No dispensário da cidade não havia anestesia e eles fecharam o talho com seis pontos grosseiros. Enquanto a agulha entrava e saía, Marishka não reclamou sequer uma vez.

Eu sabia que não aguentaria toda aquela agitação por muito mais tempo, sobretudo com o Cara de volta para deixar as coisas ainda um pouco mais afogueadas. A vida com Natalia tinha sido uma experiência reveladora, e de fato eu tinha por fim aprendido como «acender uma fogueira», mas era exaustivo. Eu admirava sua imprudência mas não conseguia suportá-la por muito tempo. Ela era parecida demais com a cigana de Púchkin. Como a lua se movendo pelo céu, ela iluminava o brilho de cada nuvem, mas inevitavelmente passava para as seguintes. Estava claro que ela já seguia para a próxima, e percebi que era hora de ir embora. Eu lhe disse um dia que ia voltar para o norte. Agora era a vez de Natalia ficar chateada. Eu não queria magoá-la, e fiquei surpreso de ela se importar, mas eu estava cansado e não tinha forças para mudar de ideia.

Na viagem de volta para o Maramureș, continuei pensando na morte do tio de Natalia. Com frequência naquelas semanas, eu tinha pensado se ele estivera envolvido no roubo do retábulo, embora ela tivesse dito o contrário. Por ora continuava um mistério. Só mais tarde vim a descobrir os detalhes terríveis e abomináveis do que tinha de fato acontecido.

Quando cheguei ao alto do desfiladeiro no fim da tarde e desci rumo a Breb, vi as lâmpadas de 60 watts das ruas do vilarejo bruxuleando. No fundo pairava o vasto breu de quilômetros e mais quilômetros de colinas cobertas por bosques e montanhas, que até então tinham servido de barreira entre o Maramureş antigo e o «mundo exterior».

12
Um casamento duplo

O Maramureş é um dos [...] lugares
mais estranhos da terra.

Sacheverell Sitwell,
Roumanian Journey

Eu retomei entusiasmado meu antigo modo de vida. Mihai estava radiante por eu ter voltado inteiro mais uma vez para a segurança encapsulada do Maramureş, e saíamos juntos todos os dias para trabalhar nos campos. Eu ainda estava muito feliz em Breb mas triste em ver como a vida ali mudava gradualmente. Em 1997 houvera uma eleição e um novo governo com inclinações ocidentais fora eleito. Não demorou para que corporações globais, em busca de lucro a qualquer custo, mandassem agências de publicidade espertas para Bucareste, com o intuito de vender aos camponeses coisas de que eles nunca tinham precisado ou desejado. Um novo tipo de anúncio passou a aparecer na televisão. As pessoas se amontoavam impacientes ao redor das poucas que havia no vilarejo e assistiam pasmas a mulheres nuas no chuveiro usando um novo tipo de sabão muito desejado chamado xampu, dançando em praias enquanto tomavam Coca-Cola, ou em saias escandalosamente curtas entoando elogios a uma cafeteira. Os mais velhos estavam horrorizados com essas imagens impróprias cujo intuito era claramente enredar os mais jovens; estes ficavam horrorizados por estar perdendo toda a diversão e começaram a questionar os modos tradicionais. Ideias provenientes do outro lado da montanha começaram a se infiltrar, o que eventualmente acabaria destruindo o modo de vida do velho Maramureş.

Nos campos não víamos mais Ion e Vasile e eu sentia falta de como conversavam alegremente. Eles tinham ido para a cidade do outro lado das montanhas aprender uma profissão. Tinha sido um grande passo para eles. Seria uma experiência assustadora e desorientadora para alguém de um vilarejo tão pequeno morar em uma cidade grande e moderna em comparação, mas eles não queriam ficar para trás, e sem dúvida também não queriam perder toda a agitação insinuada pela nova televisão.

 Naquele verão, o tempo estivera particularmente quente e, numa tarde de folga, Ion e Vasile foram convencidos por seus novos amigos da cidade a ir a um lago das redondezas para se refrescar. Todos exceto Ion e Vasile sabiam nadar. As pessoas do campo não aprendiam a nadar. Ion, no entanto, não queria que as pessoas do mundo exterior pensassem que ele estava com medo ou que era atrasado, e se lançou na água. Talvez não o tivesse feito se soubesse quão fundo o lago era.

Quando começaram a chegar as notícias de que Ion e Vasile tinham se afogado no Lago Azul, ninguém acreditou. Afinal de contas não havia corpos. Os dois tinham ficado abraçados no fundo do lago por três dias. Então por fim foram encontrados e trazidos à superfície. Eles tinham ido embora do vilarejo cheio de esperanças para o futuro e voltaram dentro de caixões. O mundo moderno tinha acabado rapidamente com eles.

«Vai ter um casamento duplo», disse Mihai. «Nenhum dos dois era casado.»

«Um casamento? Mas eles morreram, Mihai», eu disse, confuso.

«Sim, mas mesmo assim eles vão ter que casar. É nosso costume.»

«Mas quem vai se casar com eles?»

«Duas moças do vilarejo.»

Quando os corpos foram trazidos de volta, Mihai me abordou.

«Eu preciso ir ver os garotos. Por favor, venha comigo», ele disse.

Nós subimos no fim da tarde pelas trilhas entre os pomares, Mihai adiante, ligeiramente inclinado para a frente, de chapéu de palha e bengala, calado e solene, bem o ancião do vilarejo indo cuidar de assuntos importantes.

Cruzamos com pessoas voltando dos campos com enxadas nos ombros.

«Aonde está indo, tio Mihai?», elas perguntavam.

«Para a casa do Vasile.»

«Ah, que coisa horrível de acontecer», diziam, balançando as mãos com uma expressão grave. «Coitados dos garotos, eram só crianças.»

Quando nos aproximamos da casa no crepúsculo entre as árvores frutíferas, traçando nosso caminho sobre o capim recém-cortado, divisamos um grupo de pessoas lá no alto, no pátio. A casa ficava no limite do vilarejo, contornada pela montanha e pela última luz azul do dia.

Uma mulher perambulava com o rosto nas mãos. Um velho, o avô, com o cabelo desgrenhado e malcuidado, como um personagem de uma tragédia grega, nos viu chegar. Com os braços erguidos diante de si, como se carregasse um grande objeto, ele veio em nossa direção.

«Ah, Mihai, era para todos nós termos vivido até a velhice. Não haveria tantos ais.»

«É verdade, Gheorghe. Pelo menos quando a gente morrer não vai haver tantas lágrimas.»

«Os dois morreram abraçados», disse uma tia, «foi assim que os encontraram no fundo do lago! Os coitadinhos, dois irmãos amados pela mãe, agarrados nos braços um do outro. Ah, acontecer uma coisa dessas, os dois ao mesmo tempo, um já teria sido ruim o bastante, mas os dois... Mas talvez seja melhor eles terem ido juntos, porque como é que iriam viver um sem o outro?» Seu discurso foi se tornando lágrimas no final.

«Venham», eles disseram, «entrem para ver os dois.»

Entramos na pequena casa de madeira. Os garotos tinham ficado submersos por quase três dias antes de serem encontrados. O lago era fundo e escuro. Eu tinha pavor de pensar em como eles estariam agora.

No piso jaziam dois caixões simples de madeira lado a lado. Um jovem, um primo, estava parado na parte dianteira dos caixões. Com os pés afastados para se equilibrar, ele levantou a tampa pesada do primeiro. Lá estava Vasile em suas melhores roupas de domingo: bata branca engomada, colete preto de lã de ovelha encaracolada, e o chapéu de palha do Maramureș inclinado sobre a fronte. Sua pele estava cérea e parda, mas ele não estava desfigurado nem com a aparência chocante que eu esperava.

As mulheres na sala começaram a chorar ao ver o rapaz.

«Ah, coitadinho, coitadinho», uma delas soluçava, «ele pulou na água para salvar o irmão mais velho.»

O primo, lutando para manter a tampa desajeitada aberta, nos implorou com uma voz alta e urgente.

«Toquem nele, toquem nele, vejam como ele está frio! Não tenham medo.»

Mihai inclinou-se e colocou a mão sobre a de Vasile.

O segundo caixão foi aberto. Vi o rosto céreo de Ion. Seus dedos estavam enrugados por terem ficado na água, seus lábios também. Tão recentemente eu o tinha visto cantando e dançando no Natal. Eu me lembrei de como ele tinha corrido até mim, sorrindo, com a carta de Natalia, e me desejado sorte no «mundo exterior».

Nós fizemos o sinal da cruz, e Mihai se inclinou mais uma vez e tocou a mão do rapaz.

«Que Deus os perdoe e os deixe descansar em paz», ele disse.

«Os dois costumavam ir à igreja todos os domingos. Eram bons garotos», disse uma das mulheres; portanto estava fora de questão que Deus os houvesse punido.

Do lado de fora, na quase escuridão, estavam o pai e a mãe. A irmã mais nova, a única filha viva, estava no alpendre da casa principal olhando para nós, encarando silenciosa.

«Ela estava tão ansiosa para os irmãos voltarem para casa e brincarem com ela, mas eles vieram em caixões», disse a mãe aos prantos.

«É um acontecimento terrível», disse Mihai.

«Deus nos deu os dois e agora os levou embora», respondeu a mãe.

«Que eles descansem em paz», disse Mihai, e fomos embora, voltando com cuidado pelas trilhas escuras e deixando a família com seu pesar.

Num sábado de manhã, fui até os talhões com Mihai cortar varas de aveleiras. Nós as trouxemos de volta de carroça e as fincamos no chão ao lado de cada novo broto de feijão na horta. No fim da tarde no pomar eu rocei capim o suficiente para durar pelos próximos dois dias, os dois feriados de Pentecostes, já que só voltaríamos a trabalhar na terça--feira. Pardais me seguiam, comendo as larvas que surgiam a cada golpe da foice. Quando eu me abaixava para pegar um punhado de capim com o qual limpava a lâmina antes de afiá-la, eles saíam voando agitados e pousavam nos galhos das ameixeiras para que eu me ocupasse inofensivamente do roçado mais uma vez.

Todos que eu encontrei durante o dia me perguntaram como estava a aparência dos rapazes afogados. No fim da tarde, na rua cheia de gente conversando ao voltar dos campos para casa, uma mulher nos contou quem seriam as noivas, os padrinhos e as damas de honra no funeral. Durante toda a tarde, um grupo de homens, todos parentes dos garotos, tinha cavado uma grande cova dupla. Eles também passaram enquanto conversávamos, com picaretas, pás e varas de medição nos ombros.

Na manhã de domingo o vilarejo foi acordado com sinos – dois longos repiques de dez minutos, um para cada um dos rapazes afogados. Eles foram tocados com solenidade especial.

Ao meio-dia percorri as mesmas trilhas verdejantes no limite do vilarejo que percorrera dois dias antes, só que dessa vez acompanhado por centenas de outras pessoas, todas sobriamente vestidas nas melhores roupas de domingo, todas seguindo em uma longa fila única, já que os caminhos que cortam os prados de feno são estreitos, subindo a colina para o funeral. Hoje mais uma vez o sol castigava, o céu estava azul e sem nuvens, quase opressivamente. Ao nos aproximarmos, ouvimos os gritos das mulheres que lamentavam.

No pátio do lado de fora da casa, essas mulheres, conhecidas dos garotos, perambulavam devagar diante dos enlutados reunidos, como se estivessem num palco, soluçando e torcendo as mãos. Uma tia de olhos cansados e fixos, cantou um lamento rimado:

«Boa noite, Ionuc e Vasile, Boa noite mais uma vez, seus corações viraram pedra e suas bocas, gelo, tanto tempo ficaram águas frias do lago. Venham pequenos, amados de sua mãe, venham à noite cear e olhem pela janela. Vão ver que em vez comer nosso jantar estaremos a prantear.»

Por toda a borda do pátio, mulheres, algumas com os cabelos soltos por baixo do lenço, como é tradição nos funerais, ouviam e limpavam os olhos. A irmã mais nova, Ileana, vestida de preto, com o cabelo batendo abaixo da cintura, estava de mãos postas ao lado da entrada da casa, onde seus irmãos jaziam. Ela parecia estranhamente calma mas as bordas de seus olhos estavam vermelhas.

«Ah, pequena Ileana», entoou uma das mulheres que lamentavam, «ficou sem os irmãos. Ah, Vasile e Ionuc, como foram cruéis e deixaram a irmãzinha na solidão. Ah, Morte,

Morte e Morte pois então, terrível e injusta, separa irmãos e irmãs sem compaixão.»

A lamentação continuou inabalável, temerosa e assustadora, sempre na mesma melodia lastimosa, as últimas palavras sustentadas por um suspiro piedoso, cada dístico repetido duas vezes para dar tempo de compor o próximo verso desolador. Uma das mulheres se descompôs por alguns momentos e chorou com um lenço sobre o rosto antes de continuar: «Como a mãe os vestia bem e os mandava para a escola, mas vocês chegavam e entravam na água, e ela os sorveu até morrer, os afogou, e, Deus, como sofremos, porque, Ah, Ionuc e Vasile, quando foram embora não se despediram direito, nem da sua mãe nem de seu pai, já que acharam que iam voltar».

Mihai indicou a avó. Ela estava andando sozinha, lamentando não da maneira tradicional, mais tranquilamente, os olhos fixos à frente, as mãos juntas diante do peito, dizendo repetidamente: «Ah, se pelo menos não tivesse acontecido uma calamidade tão grande». Quando ela se aproximou da varanda, encostou a cabeça nas colunas de madeira entre as folhas das jovens videiras que subiam encaracolando para se enroscar nos beirais. Aqui no norte perto das montanhas as uvas não vão amadurecer nunca.

«Ah, amados de sua mãe, filhos», os versos do lamento seguiam, «vão se casar jovens com filhas de um imperador, as noivas do céu, mas quando saírem com seu compromisso nunca mais voltarão. Quando domingo chegar, vamos procurá-los mas vocês não estarão lá, então vamos procurar seus chapéus para nos lembrarmos de vocês, todos decorados com flores, mas vocês os terão levado também.»

Pouco tempo depois, viam-se duas moças vestidas de noiva, com buquês nas mãos, atravessando os campos em direção à casa, os rostos cobertos com véus brancos, seguidas por suas damas de honra. Quando chegaram à casa, seguiram direto para o cômodo onde seus finados «futuros maridos» jaziam e se posicionaram solenemente na dianteira dos respectivos caixões.

No Maramureş a semelhança entre casamentos e funerais é indiscutível. Ambos envolvem partidas irreversíveis, por isso as muitas lágrimas derramadas nos casamentos quando um amado filho ou filha deixa a casa da família para sempre. O casamento é, no entanto, um dos principais propósitos da vida. Então, quando uma pessoa morre sem se casar, mas ainda na idade de o fazer, ela deve, sem falta, se casar antes de ser enterrada. Por essa razão um casamento simbólico estava prestes a acontecer, entre duas jovens e dois rapazes que já estavam mortos, mortos na verdade havia quase uma semana, três dias da qual passaram submersos, beirava o macabro, mas tinha de ser feito, pois os rapazes não deviam ter nenhum motivo para sentir que suas vidas não tinham sido completamente satisfeitas.

Na Romênia existe uma balada antiga chamada *Mioriţa*. Todos conhecem a *Mioriţa*, mas ela é tão antiga que ninguém sabe sua origem. Ela fala de um jovem pastor que descobre que está prestes a ser morto por dois companheiros invejosos e então implora para que um de seus cordeiros encaminhe sua última mensagem para sua mãe. «Anho cordeiro, pequeno e bonito, por ela tenha piedade», ele sussurra. «Que seja dito, fui casar uma princesa nobilíssima dos céus.» O pastor de *Mioriţa* dignifica sua morte da mesma forma que os camponeses de Breb que casam seus filhos mortos com as filhas de um imperador. «O sol e a lua seguraram nossa coroa matrimonial», continua o pastor, «as montanhas foram nossos sacerdotes, os pássaros, nossos músicos, muitos milhares de pássaros, e as estrelas no céu foram nossas velas.» O pastor aceita seu destino. Em Breb os dois garotos afogados devem ser convencidos a aceitar o deles também; senão seus espíritos inquietos, ou *strigoi* como os romenos os chamam, ficarão tentados a voltar.

A Igreja é claro não aprova essa ideia, mas não tenta impedi-la. Pois os missionários da Igreja Bizantina, quando chegaram aos vales remotos em algum ponto da Idade das Trevas, foram forçados a fazer concessões se quisessem ter alguma esperança de convencer o povo local a venerar seu novo Deus. Talvez um dos efeitos dessas concessões tenha sido a encenação extraordinária que eu testemunhava hoje. O padre realiza uma cerimônia funerária cristã tradicional e os camponeses a reinterpretam eles mesmos como um casamento. Em suas batinas entrelaçadas de dourado, os padres, segurando cruzes e balançando turíbulos, observam impassíveis à medida que os camponeses cosem seus rituais pagãos aos funerais ortodoxos.

A sala onde jaziam os dois rapazes estava cheia de gente, a maioria com expressões de horror fazendo o sinal da cruz. As mulheres seguravam lenços ou folhas de nogueira diante do nariz. Desde sexta-feira houvera dois dias de verão abafados. Havia um odor doce e nauseante na sala e as mãos dos garotos estavam começando a dar sinais de decomposição. Os dois cadáveres embebidos agora levavam suas melhores roupas festivas, suas batas de alinhavados e bordados intrincados e seus coletes cobertos por borlas multicoloridas com minúsculos espelhos arredondados aplicados para refletir o mal. Espalhados sobre eles estavam todos os tipos de flores silvestres, e brotos de sempre-vivas estavam presos às faixas de seus chapéus de palha. Seus braços envolvidos em pães, e neles presos, provavelmente para pagar o barqueiro, não só uma moeda dos tempos romanos, mas todas as moedas que conseguiram fazer caber; não era hora de economizar em nada.

Lá fora no ar fresco do pátio agora estava uma multidão se abarrotando. O padrinho, carregando o mastro ritual do casamento revestido com sinos e tiras de lenços de cabeça, se apressava entre a multidão, organizando as questões exatamente como faria em um casamento. No canto do pátio estava um violinista junto a um grupo de moças adolescentes, todos de branco. Ele levou o violino ao queixo e tocou, e as moças começaram a cantar uma canção pesarosa:

«Ah Ionuc e Vasiluc, vejam como se casarão bem, com filhas de um imperador, as noivas do céu. Ergam-se para ver que lindas esposas esperam por vocês. Suas esposas desejarão ter filhos, mas vocês estão nos deixando apenas para tornar a terra escura. Suas noivas vão querer se divertir mas vocês estão nos deixando só para apodrecer.

«Na borda de um lago um forte vento soprou, e logo depois nos trouxeram a notícia de que deveríamos vestir nossas roupas pretas e ir a um funeral. Mas em vez disso viemos a seus casamentos, e nos vestimos com nossas roupas festivas, e não soltamos nossos cabelos.

«Veja como sua mãe e sua irmã estão desconcertadas, mas não são só elas que estão chateadas, as garotas também ficarão, assim como o local onde as flores crescem, já que vocês não irão mais colher os crócus, os ranúnculos e as manjeronas que decoram seus chapéus quando vocês vão ao baile.»

Mihai tomou meu braço.

«Os padres estão vindo», ele disse.

No caminho que levava até a casa, eu via o cortejo eclesiástico que seguia pelos campos carregando estandartes negros da igreja. À medida que se aproximava, eu ouvia seus cantos solenes sendo levados até nós pela brisa do verão. Eles entraram no pátio e foram direto para a casa. Quando o padre de Breb saiu, ele estava visivelmente emocionado, limpando os olhos com os dedos indicadores para afastar as lágrimas. Então, respirando fundo, como que para invocar força, ele seguiu para a segunda casa onde *horincă* e comida estavam sendo servidas.

Agora tinha chegado a hora de os caixões serem levados para fora da casa. Uma das tias disse suplicante: «Ei, Ionuc. Ei, Vasiluc, acordem! Não durmam! Suas noivas tão lindas quanto as flores chegaram. Elas chegaram uma de cada vez, mas vocês não lhes disseram uma palavra. As damas da honra e os padrinhos vieram mas vocês não querem falar. Amados de sua mãe, Ionuc! Vasile! Levantem-se! Não durmam! Tomem lugar à mesa e façam as vezes de anfitriões, levantem-se e conversem conosco pois agora mesmo temos que nos separar».

A mãe então cantou pela primeira vez desde que eu tinha chegado: «Ei, Ionuc e Vasiluc, lindos eram seus nomes, mas curtos os seus dias, vocês eram tão bonitos quanto flores desabrochando, mas agora vão derreter como o orvalho da manhã quando se esvai das flores.

«Com muita dificuldade nós os criamos, muitas noites não dormimos, muitas lágrimas derramamos até que vocês cresceram, mas agora vou chorar por quanto tempo eu viver, e meu coração vai estar cheio de dor. Ei, Ionuc e Vasiluc, eu não sei por qual de vocês dois vou chorar mais. Ergam-se uma última vez e me beijem, me beijem na bochecha, e esse beijo deve durar para mim até o fim da vida.»

Os caixões, ainda abertos, foram levantados e carregados para fora por entre a multidão de pessoas em luto que esticavam o pescoço para ver. Cada caixão foi seguido por seu quinhão de noiva, damas de honra e padrinhos balançando o estandarte matrimonial para cima e para baixo e da esquerda para a direita, seus sinos tilintando e os lenços de cabeça se agitando.

Eles foram levados até o pomar e dispostos sobre cavaletes, e a família se reuniu ao redor. O avô ficou imóvel, encarando fixamente os garotos, seu rosto envelhecido traindo um estoicismo surrado. Moscas pousavam no rosto dos netos e de tempo em tempo ele as espantava de seus lábios com um lenço branco. A mãe se inclinou sobre os garotos, um de cada vez, o tempo todo murmurando: «Os pintinhos da mãe, os meninos queridos da mãe», e sua irmã permanecia impassível, seus grandes olhos fixos diante de si, vermelhos por causa do fluxo constante de lágrimas. Por toda parte as pessoas se apertavam para dar uma olhada. Havia uma curiosidade sombria de ver os rapazes que tinham ficado debaixo d'água por tanto tempo.

Por bem mais de uma hora nós ficamos no calor enquanto os padres conduziam a cerimônia e tentavam encontrar palavras reconfortantes.

«Os pensamentos de Deus não são nossos pensamentos, os planos de Deus não são nossos planos. Do mesmo modo como as mulheres plantam seu jardim com muito zelo e então colhem as mais belas flores para a igreja aos domingos, assim fez o Senhor com esses dois garotos...»

A maioria dos que lamentavam conseguiu se abrigar à sombra das macieiras, mas os caixões jaziam sob o sol tórrido e o rosto dos garotos parecia cada vez pior à medida que os minutos se passavam e os três padres, um por vez, proferiam seus longos discursos. Moscas continuavam a se juntar. A família as espantava. Quando não conseguiram mais as manter distantes, uma musselina branca transparente foi disposta sobre o rosto dos garotos e as moscas presas debaixo, expulsas uma a uma. De vez em quanto as noivas olhavam para os rostos continuamente deteriorados de seus «maridos».

Por fim as orações acabaram e os lamentos pagãos contra um mundo injusto foram retomados. Doze garotos solteiros ergueram o caixão nos ombros e o violinista mais uma vez levou o instrumento ao queixo. Mas dessa vez a música me surpreendeu. Não era mais o canto fúnebre pesaroso de antes. Por toda parte as pessoas choravam e lamentavam. Mas o violinista tinha puxado a animada marcha matrimonial do Maramureş. Era um contraste que confundia os sentidos. A atmosfera mudou instantaneamente; antes pesada com lágrimas e pesar, de repente, conforme a sugestão da música alegre, ela ficou mais leve e as pessoas começaram a conversar. Os padrinhos balançaram os mastros matrimoniais e a procissão, encabeçada pelos caixões, seguidos pelas noivas e suas damas, seguiu pelos caminhos estreitos que cortavam os campos em direção à igreja, a música do violino serpenteando, o tambor batendo e os sinos no mastro tilintando no ritmo.

Enquanto eles saíam do pátio, ouvi uma mulher cantar: «Ei Ionuc e Vasiluc, quando forem embora, colham uma flor da árvore ancestral mágica e a prendam no beiral do alpendre. Deixem-na lá para seus pais, para que a dor deles passe mais rápido».

Três pastores estavam na pequena colina que se erguia sobre a casa. Eles deram um bom assopro em suas cornetas, que ressoaram pelos montes e vales. Então, com a procissão serpenteando pelas ruelas do vilarejo, as mulheres lamentando c o violino tocando, os pastores correram na frente para se posicionar em outros outeiros e morros que davam vista para o caminho do cemitério e tocar suas últimas saudações.

Em todos os cruzamentos e pontes, lugares que historicamente têm carga de energia espiritual, e onde dizem que espíritos malignos espreitam, a procissão parava. O violinista pousava o instrumento, o padrinho parava de fazer os sinos tilintarem, os que lamentavam silenciavam, os homens baixavam a cabeça e dava-se passagem às orações do mundo cristão por alguns momentos. Então os pastores assopravam suas cornetas e o mundo pré-cristão assumia novamente.

Todas as pessoas à margem do caminho estavam aos prantos. Uma velha senhora, arqueada pela idade, estava no jardim de sua casa de madeira com as mãos postas diante do rosto, como uma santa rezando, ocasionalmente oscilando-as para trás e para a frente, suplicante. Seu marido segurava o chapéu junto ao peito e mantinha a cabeça baixa.

Agora os sinos da igreja acrescentavam seu dobrar à grande onda de barulho à medida que as centenas de pessoas se aproximavam do cemitério e se espremiam ao redor da cova dupla aberta, em cuja dianteira os caixões foram dispostos. As noivas pararam de repente ao lado deles, dirigindo o olhar para seus «maridos» que logo seriam enterrados. No alto da pilha de terra recém-cavada estava um grupo de crianças a espiar dentro dos caixões com expressões de horror e fascínio.

«Fique feliz, cemitério!», cantaram as mulheres que pranteavam chorando e batendo na testa. «Trouxemos belas flores para plantar em você, mas não as trouxemos para desabrochar senão para se decompor. Ah, Ionuc e Vasiluc, vejam onde vão viver agora, no fundo deste buraco onde nunca bate sol, onde nunca neva, chove ou congela, onde nunca há orvalho e onde nunca há manhã. Ah, Ionuc e

Vasiluc, no verão onde vocês vão roçar, no verão onde vão fazer feno? Aqui no cemitério debaixo de uma nogueira. É onde vão estar a trabalhar, e sua avó, que também está aqui, vai fazer montes de feno, a avó que tanto os amava, como ela vai ficar surpresa de vê-los tão logo.»

A mãe agora estava perturbada. «Ah, como estou arrasada. Você, Morte, levou meus dois filhos ao mesmo tempo, por que não me levou no lugar deles?» Ela afundou no chão e lançou os braços pesadamente, como se estivesse sendo lavada por ondas de pesar. Os homens tentaram fechar os caixões, mas ela os espantou várias vezes antes que conseguissem colocar as tampas no lugar e bater longos pregos de ferreiro no alto e nas laterais.

Quando os caixões foram baixados lentamente por homens tensionando cordas sob ele, as mulheres ficaram histéricas e o lamento chegou ao auge do fervor. Gheorghe filho de Petru, que tinha passado o Natal com todos nós, olhava para dentro da cova com lágrimas escorrendo da ponta do nariz nos caixões. A irmã mais nova de Ion e Vasile continuava ereta na mesma postura que mantivera o dia todo, as mãos juntas no colo, mas agora lágrimas desciam por suas faces.

Então, em contraste repentino com as canções alegres de casamento que vinham sendo tocadas ao violino desde que deixamos a casa, irrompeu um silêncio quebrado pelo som alto e abafado de pedras e terra sobre as tampas dos caixões à medida que a cova era preenchida. O violinista baixou o arco.

«Bem», disse Mihai, com o qual me deparei ao meu lado, «eles se foram, foram casados com a terra.»

Agora era hora da refeição do funeral. Mas a mãe não saía do lado das covas.

«Não, não, me deixem ficar com meus filhos», ela gritou.

«Venha», os homens disseram firmes, «há trabalho a ser feito na casa.» Eles a ergueram e ela se deixou ser levada.

Comemos, em mesas compridas montadas no pomar, um rico caldo de cordeiro seguido por rolinhos de repolhos e em seguida bolos, todos regados com muitos tragos de *horincă* passada de pessoa em pessoa e tomados direto do bico. Sempre que bebíamos, levantávamos a garrafa e dizíamos: «Meu Deus, perdoe-os e deixe-os descansar em paz». Os ciganos cesteiros que tinham montado acampamento no limite do vilarejo se juntaram à reunião, todos os oito da família. Eles, como outros de lá, não conheciam os garotos, mas a comida dos funerais era boa demais para perder e é oferecida a todos os que aparecem.

Depois da refeição, o funeral mais uma vez se tornou um casamento quando o violinista ergueu o instrumento para tocar música dançante. Os jovens se levantaram e, como num casamento, dançaram a rápida *Învîrtita* e a *Sîrbi* em uma grande roda, os braços nos ombros uns dos uns dos outros, gargalhando e sorrindo.

Mihai e eu fomos embora quando a música ainda tocava, o sol do fim da tarde iluminando os pomares e espalhando seu brilho sobre os montes azuis distantes. Os filhos do vizinho nos seguiram, correndo atrás um do outro por entre o capim alto, caindo por terra quando eram apanhados e rolando às risadas. Ao longe ainda podíamos ouvir o som do violino e ver as silhuetas dos dançarinos entre as macieiras.

«Bem, que coisa», disse Mihai quando seguíamos lentamente para casa. «Vi meus dois primos se casarem, e os dois no mesmo dia.»

Durante aquele verão, outono e inverno, Mihai mencionou para mim muitas vezes como ele ia gostar se eu acabasse por me estabelecer e me casar no Maramureş.

«Imagine que casamento maravilhoso você pode ter aqui», ele disse. «E quando a gente morrer você pode ficar com a nossa casa – afinal não temos filhos para quem deixar», acrescentou.

«Eu ia gostar, Mihai, e é muito gentil da sua parte oferecer. Mas eu não posso me casar assim com qualquer pessoa.»

Então todo domingo Mihai me levava para assistir ao baile, e aos sábados ele tentava me convencer a *să merg la fete* – ir cortejar. Em outras oportunidades, caminhando pelo vilarejo, nós dávamos um pulo para visitar as bruxas de magia branca, como para me acostumar à ideia da magia na esperança que um dia eu pudesse considerar me desamarrar do feitiço cigano.

Quando encontrávamos as garotas, Mihai não fazia rodeios. Se ele as julgasse adequadas, começava na hora a incitar as coisas. Ele me considerava tímido e reservado demais, o que ele chamava *moale*. Eu precisava ser mais direto, ou *aspru*. Como resultado, uma série de incidentes constrangedores se sucedeu. Mihai combinava encontros com as gordas, com as magras, com as altas e com as baixas, moças simples e realistas, e outras vaidosas e cheias de graças. Das mais magras, que me pareciam estar em plena forma, Mihai dizia: «Não sei o que há de errado com ela – deve ter alguma doença». Das mais cheias ele dizia: «Agora *esta* é uma moça apropriada. Ela poderia ajudar você nos campos erguendo o feno bem alto das medas».

Havia uma moça, chamada Ana, que eu tinha conhecido mais ou menos um ano antes e de quem gostava mais do que das outras. Mihai tinha percebido. Ela era trabalhadora, esguia e elegante. Enquanto as outras moças se gabavam das realizações e propriedades de suas famílias, ela apenas dizia: «Bem, nós somos pobres. Não temos nada». Eu ria da sua franqueza. «Não, é verdade», ela dizia, «nós não temos nada.»

Um dia, passávamos por sua casa de madeira e Mihai sugeriu que entrássemos. Era inverno e o tear estava montado, tomando o costumeiro um quarto do cômodo. Ana e sua mãe estavam lá. Ana, que estivera inclinada sobre o tear, se levantou, espreguiçou e endireitou as costas.

«Nós louvamos Jesus!», disse Mihai quando entramos.

«Que ele seja sempre louvado, Amém», disse Ana. «Tio Mihai, que bom ver você.»

Copos de *horincă* foram distribuídos.

«Viemos *a peți*», disse Mihai sorrindo. Eu não acreditava no que tinha acabado de ouvir. *A peți* significava pedir a mão dela em casamento e falar sobre os arranjos para o casamento. Era uma piada de Mihai, e eu estava rezando para que Ana e sua mãe tivessem percebido, mas mesmo assim era ficar na mão do palhaço.

«Você é uma moça bem-apessoada, Ana», disse Mihai. «Você seria muito adequada para o Willy. O único problema é que o Willy é *moale* demais com as garotas.» Eu não conseguia fazer Mihai parar e não queria ofender ninguém, então fiquei lá sentado e aguentei.

«Eu sinto pena do Willy sozinho na casa principal. Nós dormimos na casa menor no pátio», Mihai continuou.

«Se você estiver se sentindo sozinho eu posso ir fazer companhia», disse Ana. Eu fiquei vermelho.

«Ah, eu estou bem, de verdade», eu disse, e acrescentei: «Além disso, só tem uma cama pequena».

«Não importa», disse Ana, rápida como um raio, «eu durmo em cima de você.»

Todo mundo explodiu em gargalhadas. Era tudo de brincadeira, e ri também, mas fiquei ainda mais vermelho. Não teria me importado se ela fosse, já que *estava* me sentindo sozinho, mas, se as coisas saíssem de controle, eu tinha certeza de que seria esperado que me casasse com ela, e não era isso que eu queria.

Quando fomos embora e não podíamos mais ser ouvidos, censurei Mihai.

«Eu só estava brincando», ele disse. «De qualquer modo ela é uma moça maravilhosa e você precisa de alguém como eu para te dar um empurrão.»

Então um dia no mercado vi um lindo rosto emoldurado por um lenço de cabeça pairando pela multidão. O rosto pertencia a uma garota alta e graciosa que morava num vilarejo próximo. Conversei com ela e perguntei se podia visitá-la. Ela me deu permissão. Dali em diante, eu ia mais seriamente cortejar, com meu *pieptar* sob medida e meia garrafa de *horincă* que Mihai sempre colocava no meu bolso interno antes de eu sair. Năstafă, esse era seu nome, era encantadora e inteligente, e sua família sempre me acolhia com muita gentileza. Quando eu visitava, nós dançávamos danças típicas do Maramureș e conversávamos e ríamos sobre as coisas do mundo. Mas, cada vez que ia embora à noite, não conseguia me lembrar de sair sem pronunciar uma palavra, como era o costume. Eu me despedia educadamente de todos, e eles me encaravam de volta em silêncio. Sempre me esquecia que devia sair e deixar a porta ligeiramente entreaberta como sinal de que gostaria que Năstafă me seguisse.

No verão eu ia trabalhar com a família de Năstafă nos campos do monte, e, quando o sol começava a se pôr, nós caminhávamos para casa sob a luz dourada do fim da tarde, com nossas ferramentas de madeira nos ombros, desviando o caminho entre as árvores do pomar, apanhando maçãs dos galhos que pendiam das macieiras enquanto seguíamos, ciscos de poeira da fenação no ar contra a luz enquanto os últimos raios de sol lustravam as folhas das árvores ao longo da beira das trilhas.

Eu me deixei levar bastante. Eu me imaginava me estabelecendo com Năstafă e vivendo em um pequeno casebre de madeira cercado por árvores frutíferas no limiar de Breb. Eu iria roçar e ela, em suas saias e lenços de cabeça, iria rastelar e virar o feno.

Na cozinha de casa Mihai me pegava perdido em pensamentos.

«Você está muito calado, Willy. Está pensando em Năstafă», ele dizia. Mihai em geral sabia o que passava pela minha cabeça.

«É, acho que estou.»

«Você devia se casar com ela. Está na hora de você se casar. Não pode ficar sozinho para sempre.»

«É, acho que devia.»

Mihai esperava ouvir boas notícias logo. Mas as notícias não vieram. Talvez ela tenha percebido a hesitação da minha parte. Talvez eu tenha fechado a porta vezes demais por engano e a deixado em casa. Ou talvez ela tivesse visto que eu também estava apaixonado pelo antigo modo de vida, enquanto ela já estava farta de semear e capinar os campos de batatas e queria, de braços abertos, acolher o mundo moderno que agora espreitava sobre o horizonte. Sejam quais forem as razões, ela sensatamente decidiu que nossas vidas e históricos eram diferentes demais para que qualquer estabilidade funcionasse. Mais uma vez as esperanças do querido Mihai foram por água abaixo.

13
Músicos ciganos e condes húngaros

Em cada vilarejo há ciganos que tocam música para *o povo*, malandros trigueiros com música dançando no sangue, que podem fazer seus instrumentos dizer tudo o que está nos corações dos homens, dos pássaros e da própria terra.

Donald Hall, *Romanian Furrow*

A neve ficou alta nos pátios naquele inverno, tão alta que tivemos de removê-la em carregamentos de trenó e despejá-la fora do vilarejo. Como sempre, o tempo congelante passou devagar, mas pelo menos o degelo começou em abril, e por mais um menos um mês os campos brilharam novamente com fios de água corrente. Viajar me veio à mente e mais uma vez decidi, para mudar de ares depois dos longos meses de inverno, rumar para o sul. Eu fiz minhas malas e segui em direção aos vilarejos saxões. Agora que tinha conseguido levantar o dinheiro para preservar algumas de suas igrejas-fortalezas e antigas casas eu precisava ir até lá para identificar as construções que precisavam especialmente de proteção. Mais uma vez Mihai ficou no portão com lágrimas nos olhos e acenou até que eu desaparecesse de vista.

Ao longo do inverno meu pensamento se voltou muitas vezes para Marishka e sua coragem no bar. Havia algo intrigante em sua combinação de beleza e bravura. Ela era diferente de Natalia. Natalia era obcecada por homens, assim como eles eram obcecados por ela. Ela não tinha tempo para outras considerações. Marishka, por ser a mais velha e ter carregado o fardo de criar seus irmãos e irmãs, parecia mais meditativa.

«A gente não deve rir demais», uma vez ela me disse, conferindo como estava depois de termos confidenciado uma piada, com lágrimas de tanto rir escorrendo pelo rosto, «ou alguma coisa ruim pode acontecer.»

Foi inevitável, enquanto eu estava em terras saxãs, que voltasse a Halma. Parei primeiro na casa de Herr e Frau Knall. Eu sabia que eles estavam aliviados por eu não estar mais com Natalia, e esperava que agora já tivesse passado tempo suficiente desde que o retábulo tinha sido roubado para que eles chegassem a falar comigo novamente. Eles me cumprimentaram, em seus aventais de trabalho, com sorrisos. Eles me contaram a boa notícia de que o retábulo tinha sido recuperado em algum lugar da Hungria e devolvido aos saxões. Os painéis agora estavam sob cuidados na cidade de Sibiu. Contei a eles sobre o dinheiro disponível para consertar a igreja. Quando nos despedimos, apertaram minha mão calorosamente e me agradeceram.

Mas acrescentaram: «Esperamos que você não esteja indo visitar os ciganos».

Havia uma severidade em seu tom, e em suas vozes eu pude sentir os muitos anos de frustração de conviver e aguentar o caos da vida dos ciganos.

«Devo passar para falar um oi», experimentei.

«Você não deve ir lá e provocar as coisas de novo», eles disseram. «Natalia está com outro namorado. Você tem de ir embora. Os ciganos não são para você.»

Não demorou para que eu os decepcionasse. Cheguei à praça do vilarejo e lá estavam Nicolae e Marishka sentados na ponte de madeira sobre o riacho que corria ao longo do gramado. O riacho agora estava cheio, um turbilhão serpenteando com água do degelo. Fui até os dois. Eles ficaram contentes de me ver.

«Então, o que aconteceu desde a última vez que eu vi vocês?»

«*Nimici*», eles responderam.

«É claro... *nimic*. E não muitas outras brigas, eu espero.»

«Não, não muitas, só as de costume.»

Eu disse a eles que tinha ficado impressionado com o modo como Marishka tinha salvado Natalia.

«Marishka está sempre fazendo esse tipo de coisa», disse Nicolae.

«Não estou nada. Cala a boca.»

«Como está a sua mão agora?», perguntei a ela.

«Está bem», ela disse, e esticou o polegar e o indicador para me mostrar a cicatriz entre eles.

Do vilarejo seguimos suas duas vacas e seu cavalo pela estrada até a casa. Quando chegamos, as vacas estavam paradas do lado de fora, voltadas para o portão, esperando que alguém as deixasse entrar. Elas sabiam onde moravam sem ninguém precisar lhes dizer. Nicolae abriu o portão e as vacas seguiram para os estábulos e ficaram esperando pacientemente para serem ordenhadas. Mais uma vez elas sabiam o que fazer. Marishka juntou os baldes da casa, um cheio de água morna, e se sentou no banquinho de ordenhar. Ela lavou e enxaguou as tetas inchadas de leite, colocou baldes vazios debaixo delas e apertou cada uma das tetas de cada vez. O leite esguichou em um jato no balde, criando uma espuma com bolhas minúsculas na superfície.

Naquela noite Marishka e Nicolae fizeram a cama para mim e me disseram que eu podia ficar por quanto tempo quisesse. Natalia a esse ponto estava morando fora com outro namorado. Comemos ovos mexidos com pão, tomamos uma caneca de leite e estávamos prontos para voltar para a praça.

Da casa seguimos para o *crîşma*, e, enquanto íamos pela trilha, Marishka e Nicolae mandaram mensageiros para pedir que seus tios levassem os instrumentos. Ovidiu e Gabriel apareceram meia hora depois, empunhando trompete e acordeão. Ovidiu inflou as bochechas e começou a tocar as músicas dançantes ciganas, e Gabriel inclinou em direção ao seu acordeão com um sorriso beatífico no rosto, seus dedos desfraldando as notas. Outro homem marcava o tempo em um tambor de couro de cão.

A música era revigorante, e em alguns momentos metade dos ocupantes do bar estava de pé. Como todas as bandas ciganas, eles tinham o jeito de fazer as pessoas dançar, e logo a poeira estava subindo das tábuas do assoalho. Como sempre, todos dançavam à moda cigana, e a sala estava transbordante de um sentimento de prazer maciço, rostos sorridentes, estalar de dedos e coxas e calcanhares sendo estapeados em velocidade que ofuscava os sentidos. As danças tinham uma mágica intrínseca e você podia se sentar e ficar se maravilhando com elas por horas. Os que não dançavam batiam palmas, bradavam, gritavam «*Zii Merrrrrr!* – Vamos tocar, garotos!» e levantavam os copos e as garrafas no ar.

Marishka se aproximou durante um intervalo na música, rindo e arfando. Ela me entregou a garrafa de cerveja, e se inclinou para perguntar se eu estava bem. «Está tudo maravilhoso», eu disse a ela.

«Sim, é divertido, não é?, só que Andrei não está aqui. Você se lembra dele, outro de nossos tios, o violinista.»

«Sim. Sinto muito pelo que aconteceu com ele.»

«A gente também», ela disse, voltando para junto dos dançarinos.

Por volta do ano 1010, o poeta persa Firdausi escreveu um poema épico chamado *O livro dos reis*. Nele, Firdausi relatou como o bom rei Bahram Gur, da dinastia sassânida, preocupado com o bem-estar do povo, ficou consternado ao ouvir que eles tomavam vinho sem o acompanhamento de música – uma circunstância aparentemente tão incivilizada a ponto de convencê-lo a despachar de imediato uma missão diplomática à Índia para pedir que o rei Shangul mandasse para ele, sem mais, muitos milhares de músicos, sobretudo tocadores de alaúde. Os músicos chegaram devidamente e o rei tentou estabelecê-los na Pérsia; mas eles não se acostumaram à vida sedentária, e assim ele os mandou de volta à estrada para vagar pelo país ganhando a vida como menestréis itinerantes. Os músicos eram chamados de *Luri*, e ainda hoje existem *Luri* naquela parte do mundo. No século XIX o viajante inglês Henry Pottinger se deparou com uma banda de *Luri* no Baluchistão. Pottinger, que mais tarde se tornou o primeiro governador de Hong Kong, e cujo sobrinho era celebrado como herói de Herat, os descreve como tendo uma afinidade notável com os ciganos europeus. «Seu passatempo favorito», ele escreveu, «é beber, dançar e tocar.» De acordo com Angus Fraser e outros, muitos grupos similares de músicos nômades e ferreiros deixaram a Índia e seguiram em direção à Europa no início da Idade Média. Alguns permaneceram na Pérsia, outros seguiram ainda mais para o oeste.

Como eu tinha descoberto quando conheci Marishka, e como eu tinha visto em muitas ocasiões desde então, muitos de seus conhecidos eram músicos, ou *Lăutari,* como são chamados na Romênia – literalmente «tocadores de alaúde». Durante os dias que passei com Natalia, e agora nos meses seguintes em Halma, aprendi mais sobre a história de sua família.

O avô materno de Marishka e Natalia se chamava Valentin, e tinha por grande parte de sua vida morado em uma pequena casa caiada de azul às margens da cidade; e era de lá, antes de se casar, que ele e seu irmão Vergil costumavam seguir para o alto das colinas com seus violinos e acordeões nos ombros, acompanhados pelo avô deles, que os tinha ensinado a tocar em bailes e casamentos em todos os vilarejos diferentes das redondezas.

A música era sua profissão principal, mas eles tinham outra habilidade particular. Durante o dia Valentin e Vergil trabalhavam com o pai, pavimentando as calçadas e os pátios do vilarejo, e cercando poços com pedras. O pai deles, que nunca aprendera a tocar, era um pedreiro talentoso que tinha, de acordo com Vergil, pavimentado muitas das ruas de Sighişoara. Enquanto trabalhavam juntos, ele ensinou a seus filhos tudo o que sabia, e foi essa habilidade que os salvou durante a guerra de Hitler, pois em 1942 a música chegara a um fim abrupto. Os gendarmes romenos chegaram, e Valentin, Vergil, seu pai e outros membros da família foram presos. O ouro deles, dois canecos cheios, foi confiscado, e eles, junto com um grande número de outros ciganos, foram tocados para dentro de caminhões de gado e mandados para campos de concentração em uma área chamada Transnístria, a muitas centenas de quilômetros de distância nas costas mais sombrias do mar Negro. Os poucos membros da família que escaparam da deportação não sabiam se os veriam de novo.

Quando em julho e agosto de 1942 os primeiros transportes dos ciganos chegaram à Transnístria, alguns ainda com seus cavalos e carroças, alguns de trem, ninguém parecia saber o que fazer com eles. Havia tantas famílias e não parecia haver um plano apropriado. Um grupo estava temporariamente alojado em um quartel no distrito de Oceacov. O condestável do local em questão descreveu seu dilema:

> As condições vão tornar impossível para os ciganos permanecerem no quartel. Primeiro, o telhado que eles danificaram por causa da madeira está prestes a desabar sobre eles; em segundo lugar, eles vão morrer de frio porque estão tão mal agasalhados que, se você os visse, ficaria com lágrimas nos olhos.

Quando o inverno chegou, foi decidido mudar os ciganos para outro assentamento perto do rio Bug. O condestável descreveu a jornada:

> [...] os ciganos estão tão esquálidos e congelados que morrem em seus vagões. No primeiro dia, trezentos morreram na estrada. No quartel eles viviam em um estado de miséria indescritível, eram insuficientemente alimentados e, devido à escassa alimentação, perderam tanto peso que estão reduzidos a meros esqueletos... estão cheios de parasitas... estão nus, sem nenhuma vestimenta... há mulheres com suas partes baixas à mostra no verdadeiro sentido da palavra... Em geral a situação dos ciganos é terrível... devido a sua miséria, muitos deles estão reduzidos a meras sombras e estão quase selvagens...

Entre aqueles que sofriam estavam muitos velhos que tinham lutado pela Romênia na Primeira Guerra Mundial. E muitas das mulheres eram esposas de homens que na época estavam lutando no exército romeno. Enquanto seus maridos arriscavam a vida pelo país, elas e seus filhos estavam morrendo de inanição, frio e tifo nos campos. Era uma injustiça de proporções surpreendentes. Condestáveis das áreas de Balsaia e Karanicain escreveram que os ciganos «morrem pior do que animais e são enterrados sem um padre».

Em agosto de 1944, quando o exército russo estava prestes a entrar no país, em meio ao caos da guerra os ciganos fugiram dos campos e seguiram rumo à Romênia. Foi uma jornada arriscada. Muitos dos que encontraram soldados alemães recuados foram alvejados. Dos mais de 25 mil ciganos deportados para a Transnístria, apenas por volta de 6 mil voltaram para a Romênia.

Depois da guerra, Marshal Antonescu, que tinha dado a ordem das deportações, foi julgado e condenado pelos crimes. Ele foi executado em 1º de junho de 1946.

A família de Valentin e Vergil estava estabelecida em Halma por mais tempo do que qualquer um podia se lembrar; pelo menos cem anos, talvez duzentos. Os *Lăutari* tinham de estar encaminhados para conseguir ganhar reputação e estar disponíveis quando requisitados para tocar nos casamentos e bailes da região. Mas eles eram tão ciganos quanto os nômades. Quando Antonescu deu início às deportações, ele prendeu os nômades primeiro, mas então voltou o olhar para os ciganos estabelecidos.

Vergil está agora velho e doente e fala pouco sobre o que aconteceu em Transnístria.

«Fomos tratados muito pior do que animais, mas esse era o plano deles», disse. «Eles não nos levaram lá para trabalhar, levaram para nos matar. Nós só sobrevivemos porque sabíamos pavimentar estradas e nos davam rações ligeiramente melhores.»

Eu me lembro de uma velha cigana que conheci na Moldávia prendendo o cabelo basto e me dizendo: «Foram tantas as pessoas que morreram quantos os fios de cabelo da minha cabeça».

Mas Vergil deu de ombros.

«Essas coisas acontecem. Somos ciganos. O que a gente pode fazer?»

Ele tinha uma postura fatalista. De fato, poucos dos ciganos que conheci durante os anos que passei na Romênia esperavam algum tipo de indenização. Eles tinham sobrevivido, tinham sorte; outros tinham morrido. As deportações e os campos tinham sido apenas mais um episódio em sua longa história de sofrimento.

Havia um aspecto da história que era reconfortante. Os romenos mais comuns, que eram gente benévola do campo, não estavam felizes com o que acontecia. Na Transilvânia os moradores dos vilarejos protestaram: em alguns casos comunidades inteiras assinaram petições contra as deportações, mas com pouco efeito. Os ciganos eram seus amigos, e, como ferreiros, músicos, pedreiros, leiteiros e trabalhadores braçais dos vilarejos, eles ofereciam serviços valiosos. O líder do Partido Nacional Liberal, Constantin Brătianu, também implorou que Antonescu interrompesse as perseguições que, ele disse, atrasavam os relógios em muitos séculos de história.

No fim de 1944 os portões do campo foram abertos, e, entre os poucos sobreviventes, Valentin e Vergil seguiram caminhando para casa, com os pés envolvidos apenas em trapos fazendo as vezes de sapatos, se esquivando dos exércitos alemão e russo à medida que avançavam. A jornada levou meses. Por fim chegaram de volta a sua simples casa caiada de azul nos arredores de seu vilarejo no sul da Transilvânia e pouco a pouco a música começou mais uma vez.

Uma noite, poucos anos depois de seu retorno, Valentin e Vergil cruzaram as colinas até o vilarejo de Daia para tocar em um casamento. Brincaram a noite toda, tocando o violino atrás da cabeça para se mostrar, e de manhã, ao partir de volta para seu vilarejo, levaram uma jovem com eles. Valentin a tinha «roubado». Seus pais não teriam permitido que ela fosse com ele, então ele a levou, com o consentimento dela, é claro, mas não dos pais. Esse era o modo como as coisas costumavam ser feitas entre os ciganos.

Tendo tocado e lutado na maioria das estalagens e tavernas da Transilvânia, Valentin agora se assentou, de certo modo, com sua nova «esposa», e juntos tiveram uma variedade de filhos. Havia muitos meninos, entre eles Ovidiu, Gabriel e Andrei, que aprenderam a tocar diferentes instrumentos musicais, e várias meninas, uma das quais era a mãe de Marishka e Natalia.

Parece que existiram descendentes de que a avó, e talvez também o avô, não necessariamente sabia, concebidos por acidente no curso de uma excursão musical ou outra. Diziam que meia dúzia, ou mais, estava espalhada por diversos vilarejos próximos, mas ninguém parecia saber ao certo. De fato havia em todos os níveis da família uma vagueza surpreendente sobre quantos irmãos, irmãs, tios, tias ou primos eles poderiam ter sido em qualquer dada época. Quando perguntei à avó quantos irmãos e irmãs ela tinha, ela pareceu genuinamente não ter certeza, mas estimou sete. Então se lembrou de mais um, e eram oito. Em seguida outros mais, e se tornaram dez. Quem sabe quantos eles eram de verdade? Provavelmente ninguém.

Todos os filhos de Valentin aprenderam a tocar instrumentos quando eram jovens. Eles aprenderam à moda antiga, de ouvido, como todos os músicos o faziam antes da invenção da notação musical mil anos atrás. Eles não sabiam ler partituras. Ovidiu tocava trompete, Gabriel o acordeão e Andrei violino e saxofone. Se tudo estivesse bem, com seu pai e tio eles compunham a banda do vilarejo para bailes de casamento, celebrações de Natal e Páscoa e funerais. Apenas ocasionalmente outros tinham dee substituí-los quando um instrumento tivesse «acidentalmente» quebrado durante alguma das excursões. De fato a maioria dos violinos dos ciganos na Romênia tinham sido remendados, alguns diversas vezes, e a maioria dos trompetes e dos saxofones são amassados ou torcidos. Nas festas acontecia sempre uma briga por um motivo ou outro, e na confusão os instrumentos musicais com frequência tinham que ser usados como armas. Mas, quando reinava a paz, a música fluía tanto quanto as bebidas. O arco de Andrei corria pelas cordas, o trompete de Ovidiu soltava suas vigorosas notas em staccato, e os dedos de Gabriel voavam pelas teclas do acordeão acompanhados pelo costumeiro sorriso em seu rosto.

Naquela noite eu voltei para dormir na casa de Marishka e Nicolae e conheci Clara, a mãe deles, e Attila, o pai. Durante as semanas que passei com Natalia, eles estiveram fora, trabalhando na Hungria. Clara era uma cigana bem morena. Attila, para minha surpresa, era um húngaro bigodudo e de cabelo claro, absolutamente não um cigano.

«Entre, entre», disse Attila com os braços estendidos.

Então esse era o homem, pensei, que tinha quebrado todas as janelas.

Attila não perdeu tempo em tirar seu vinho caseiro de maçã debaixo da mesa com um floreio. Marishka e Nicolae fizeram sinais me avisando para não beber, mas eu não pude recusar. Copos e canecas foram enchidos até a borda e nós papeamos noite adentro.

«Todo mundo aqui no vilarejo é louco», disse Attila. «Você notou?»

«Sim, e você é o mais louco», disse Marishka.

«De vez em quando você tem que ser meio louco para se proteger da loucura dos outros», ele disse.

Perguntei a Attila como é ser um húngaro casado com uma cigana. Como as pessoas reagiam?

«Muito mal», ele respondeu, «mas e daí, as pessoas são estúpidas.»

«Você devia perguntar como é para uma cigana ser casada com um húngaro», disse Clara.

«Como é?»

«Nunca tenho um momento entediante», ela disse, levantando os olhos para o céu.

«Tome mais um copo!», disse Attila. «Nós gostamos de nos divertir, embora os outros não aprovem. Tenho certeza de que eles estão certos, mas nós não conseguimos evitar. A vida é curta demais.»

À medida que nos embebedávamos, o volume da música de um toca-fitas ia aumentado, e Attila agarrou primeiro Clara e depois Marishka e rodopiou com elas pela sala. A certo ponto ele começou a cantar trechos de óperas italianas.

Eu fui para a cama que eles tinham arrumado para mim, atordoado de vinho de maçã, às duas da madrugada. Tinha sido uma noite agradável mas um pensamento perturbador e angustiante continuava vindo à minha mente: esses ciganos, por mais inocentes que parecessem, eram os responsáveis de fato pelo roubo do retábulo, o retábulo que eu vinha tentando proteger? Abrindo um olho antes de afundar em um sono parecido com um coma, vi novamente, pregado na parede sobre a minha cabeça, o velho bordado saxão, «*Gebet und Arbeit* – Oração e Trabalho», me olhando e repreendendo.

O sol da manhã que entrava pelas frestas das venezianas cortava longitudinalmente o quarto, e ciscos de poeira eram intermitentemente iluminados flutuando no ar quente. Eu me levantei preguiçoso da cama e lavei o rosto e as mãos usando o jarro e a bacia que a família tinha deixado para mim em uma bancada de pinho desbotada. Eu estava ficando intrigado com Marishka e sua família. Havia alguma coisa diferente em seus modos e sua postura. Eles pareciam de algum modo superiores aos dos outros ciganos do vilarejo. Depois de ter conhecido Attila, presumi que devia ser por causa dele. Era ele que parecia ser o mais fora de lugar. Eu imaginava qual seria a história dessa família.

Havia um cheiro de fumaça entrando no quarto. Do lado de fora, no meio do pátio, o café da manhã estava sendo preparado em uma fogueira e os ciganos estavam todos agachados descalços ao redor dela. Algum preparo feito de feijões amassados e misturados com cebolas caramelizadas estava sendo comido de tigelas com pão, mas sem colheres ou garfos. A mim, no entanto, com grande cerimônia, foi oferecido um garfo de alumínio amassado.

Todos terminaram de comer e foram embora. Marishka ficou, de cócoras ao lado da fogueira, cutucando as brasas. Eu a observei. Cada pedaço dela era cigano. Ela tinha os belos traços do oriente tão característicos daquele povo. Ela se comportava como uma cigana, tinha a esperada expressão selvagem nos olhos e se descrevia como uma *Țigană*. Quando conheci Natalia e ela, só pude considerar que eram ciganas. Mas agora estava claro que o pai era húngaro.

Perguntei a ela sobre Attila. «Seu pai parece diferente das outras pessoas do vilarejo», eu disse.

«Ele é diferente. Ele não é do interior. É de uma cidade pequena. De Sighişoara. É onde ele nasceu.»

A cidade velha de Sighişoara está cravada como uma pedra no meio da Transilvânia por 850 anos, e suas torres e seus pináculos medievais por séculos elevam-se alto por sobre o rio Târnava. Ainda hoje, de seus parapeitos salientes, se você ousar subir até eles, pode ver as colinas ondulantes e cobertas de florestas do planalto transilvânico se estendendo por quilômetros em todas as direções. Em alguns lugares a floresta se aproxima do limite da cidade, os jardins das pessoas desaparecem entre as árvores, e às vezes, no meio do inverno, das casas mais próximas da floresta era possível ouvir os lobos uivando no meio da noite.

Clara, aos dezessete anos, tinha fugido de seu vilarejo e ido para Sighişoara, conhecido e se «casado» com o galante embora consideravelmente excêntrico Attila, com seu nariz aquilino, bigode pendente e gosto por *palinka*, o *schnapps* húngaro.

Embora Attila, por acaso, tivesse um dos sobrenomes mais nobres e ilustres da Hungria, suas origens eram obscuras. Nascido imediatamente depois da guerra, ele foi criado em circunstâncias precárias pela mãe. Então, sendo um menino pequeno, tinha sido mandado pelas autoridades comunistas para uma escola correcional a muitos quilômetros de distância no sul do país, perto da fronteira com a Bulgária. Como resultado, ele apenas ficou sabendo superficialmente que seu pai tinha sido acertado nas pernas por uma metralhadora no front russo em 1943 e morrido em decorrência dos ferimentos alguns dias depois. Ele também não tinha conhecido nenhum dos avôs. O materno tinha sido devorado por um urso nas montanhas Korund quando Attila ainda era menino. O avô paterno já estava na casa dos sessenta quando o pai de Attila nasceu, e ele morreu logo depois da Grande Guerra. Um dia Attila me revelou que sua mãe tinha lhe dito que esse avô tinha sido um conde, ou *Graf,* como ele chamou.

«Mas como isso pode ser verdade», disse ele, «se eu não tenho dinheiro nem para comprar um maço de cigarros?»

Clara e Attila montaram uma casa em Sighişoara. Eles tinham quatro filhos. A mais velha era Marishka. Então seguiram Nicolae, Natalia e o mais jovem, Eugen. No começo tudo correu bem. Attila idolatrava seus filhos encantadores. Mas, à medida que os anos seguiram, ele se tornou um pai cada vez menos afetivo. Cada vez mais, preferia passar as noites farreando nos estabelecimentos de bebidas da cidade e não demorou para ficar sem dinheiro. Pouco a pouco o apartamento em que moravam foi esvaziado para ajudar a financiar suas excursões noturnas de canto e dança até altas horas da madrugada. Quando não havia mais móveis, ou quase mais nada, na casa, pois Attila nunca tinha sido de fazer as coisas pela metade, Clara finalmente decidiu que era hora de ir embora. Um dia, quando Attila estava fora se divertindo a seu modo exuberante de costume, ela e as crianças rapidamente juntaram as poucas roupas que lhes restavam, as embrulharam em lençóis e as colocaram sobre o ombro. Foram embora da casa andando, a mãe com os quatro filhos pequenos atrás, e seguiram pela linha do trem, passando por casebres no limiar da cidade e rumo ao interior, deixando as torres e os pináculos pontudos de contos de fadas de Sighişoara para trás.

Depois de passar por estações ferroviárias de vários vilarejos, nas quais, ao estilo da Europa do Leste e da Rússia, não há plataformas e as pessoas sobem nos trens direto do chão, eles chegaram ao vilarejo de Floreni. Aqui eles abandonaram a linha ferroviária, caminharam pelas ruas de terra do vilarejo e subiram as colinas, seguindo as trilhas de carroça até a floresta. As pessoas que rastelavam os campos de feno descansaram por alguns momentos do trabalho para lhes desejar bom-dia e pastores os saudaram do jeito amigável do campo enquanto acalmavam os cachorros que guardavam seus rebanhos de lobos e ursos.

Ao chegarem ao limite da floresta no alto da colina, adentraram um mundo fresco sob a cobertura de folhas verdes resplandecentes. Era um alívio estar na sombra depois do sol quente dos campos, mas, ao descerem serpenteando em silêncio entre os troncos altaneiros das faias, Natalia e Eugen se agarravam a sua mãe a cada estalar de galho ou piar de pássaro. Depois do que pareceu uma era, enxergaram a luz no limite da floresta diante deles e pouco depois saíram pela outra extremidade, de onde podiam ver colinas justapostas ondulando por quilômetros ao longe e se estendendo até a silhueta escura e pontuda dos Cárpatos no horizonte mais distante.

Abaixo deles, no encontro de três vales, estava um pequeno vilarejo cujo campanário gótico era claramente visível de onde eles descansavam sob as árvores. O vilarejo era cercado por colinas, cujas partes mais baixas eram cobertas por pastos, e as mais altas por florestas que pareciam infinitas em algumas direções.

Era Halma, o vilarejo em que o avô das crianças, Valentin, morava, e era com ele que Clara e as crianças esperavam poder se refugiar. Valentin ainda morava na pequena casa caiada de azul no limite do vilarejo, e foi nessa porta que as crianças bateram. Valentin os recebeu de braços abertos e com lágrimas nos olhos. Ele adorava seus netos, e estava mais do que feliz em deixá-los ficar. A avó das crianças, no entanto, era mais prática. Como tantas pessoas caberiam em uma casa tão pequena?

Então no dia seguinte Clara e seus filhos partiram de novo, mas dessa vez só até o vilarejo vizinho. Lá eles pediram ao prefeito que os deixasse ficar em uma das casas vazias do vilarejo de Valentin. O prefeito estava ocupado, e nada feliz em ser perturbado por aquele bando de ciganos esfarrapados. «Não», ele lhes disse, «não há casas disponíveis.» Mas a cada manhã o pequeno grupo de crianças desabrigadas de olhos arregalados voltava com a mãe e se sentava nos degraus da entrada do salão municipal. Por fim, quando as pessoas começaram a fofocar, o prefeito cedeu. A casa que ele lhes deu estava arruinada, mas pelo menos tinha telhado e paredes. Eles mendigaram painéis de vidro e tábuas de madeira às pessoas no vilarejo e conseguiram fazer portas e janelas. Esfregaram e limparam, caiaram o interior e pegaram algumas camas emprestadas. Valentin construiu um fogão para eles.

E assim começou a vida das crianças no campo. Eles eram muito pobres. Não tinham nada além de cobertores e roupas que tinham levado com eles, mas as crianças pequenas ajudaram a mãe a ganhar um pouco de dinheiro como podiam. Trabalhavam nos campos, capinando, rastelando e recolhendo feno ou cuidando de ovelhas. Colhiam framboesas e cerejas silvestres na floresta em junho, morangos silvestres em julho, avelãs em agosto, nozes em outubro, juntavam bolotas para os porcos em novembro e visco para os bodes e as ovelhas durante o inverno. Tudo isso eles vendiam para os saxões que moravam no vilarejo. Como os saxões eram tão trabalhadores e organizados, eles em geral tinham um pouco de dinheiro para gastar e então podiam comprar dos meninos ciganos, ou pelo menos lhes dar uma tigela de sopa ou algumas batatas, ovos, queijo ou pão para levar para casa para o jantar.

Valentin também trabalhava duro para ajudar as crianças. Ele roçava os campos o dia todo, vendia lenha para os saxões, pavimentava pátios e tocava música. Ocasionalmente, à noite apanhava seu acordeão e tocava músicas infantis, ou as entretinha com contos de fadas de sultões, princesas e cavalos árabes brancos.

Então uma noite Valentin passou mal. Tinha sofrido um acidente com a carroça alguns meses antes e desde então não estava bem. Ele disse às crianças para se cuidarem, se comportarem e ouvirem sua mãe, e durante a noite foi dormir e nunca mais acordou. Foi levado pelas ruas até seu túmulo, no limiar do cemitério romeno, acompanhado de música tocada por músicos do vilarejo vizinho. Seus filhos e seu irmão, com o qual tinha passado os longos anos nos campos em Transnístria, empunharam seus instrumentos mas, como era o costume, não tocaram.

E foi assim que Clara e seus filhos foram morar no vilarejo de Halma. Alguns anos depois, Attila se juntou a eles. Ele tinha descoberto seu paradeiro e tinha, por bem ou por mal, convencido Clara a permitir que fosse morar com eles.

«Que eu caia duro onde estou se eu causar algum problema a vocês mais uma vez», ele dissera. Eram palavras vazias, é claro, pois, onde quer que Attila fosse, o problema nunca tardava muito a aparecer.

14
Bandeiras vermelhas e retábulos renascentistas

> Essas premonições quase sempre eram alegres, mantinham-no acordado boa parte da noite, como se fosse uma doce paixão; outras vezes eram obscuras e profundamente opressivas.
>
> Hermann Hesse,
> *Narciso e Goldmund*[10]

Attila estava ocupado esquentando o café na fogueira do pátio. «Se quiser leite, ou talvez *café au lait*», ele disse com um floreio, «seja gentil e vá ao estábulo encher isto aqui. Marishka está ordenhando.»

Ele me entregou uma caneca esmaltada amassada.

Ao entrar no estábulo na penumbra, aquecido pelo calor dos animais, vi Marishka instalada em uma banqueta de três pés junto da vaca.

«Só preciso de um pouco de leite para o café», eu disse.

Ela apanhou a caneca, a encheu direto da vaca e me devolveu.

---

10 Hermann Hesse, *Narciso e Goldmund*. Trad. de Myriam Moraes Spiritus. 10. ed. rev. Rio de Janeiro: Record, 2003.

Attila acomodou a caneca na beirada da fogueira e começou a preparar ovos fritos. Marishka apareceu cinco minutos depois com um balde cheio de leite com espuma, metade do qual ela verteu por uma peneira dentro de uma caçarola e pôs para ferver. Então Attila trouxe uma cadeira para mim, para que eu não tivesse de ficar agachado, e me passou um prato esmaltado com ovos fritos, um pedaço da pão e uma caneca de *café au lait*. Ele então ergueu o indicador no ar para indicar que tinha se esquecido de alguma coisa, correu para dentro e voltou com um garfo, que cuidadosamente desentortou e me entregou com grande formalidade.

«Aqui está! Como num restaurante!»

Ele estava satisfeito em ter mais alguém no vilarejo que ele considerava da cidade e que seria capaz de apreciar seus arroubos de canções italianas, ou suas poucas palavras em francês. Quando descobriu que eu jogava xadrez, me abraçou e me beijou na bochecha.

«Estou tão feliz!», ele disse.

Estava um lindo dia ensolarado. Havia calor no ar, ainda mais abençoado para aqueles que tinham passado por meses de temperaturas congelantes. Eu fui dar uma volta no vilarejo. As pereiras estavam em flor ao longo da trilha, brancas e perfumadas, e os patos e gansos estavam ou na margem do riacho ou nadando nos poços. De vez em quando um cavalo e uma carroça passavam ruidosamente, o condutor me desejando bom-dia.

Por toda minha volta estavam as robustas casas saxãs, pintadas em diferentes tons de azul, verde, amarelo e cor-de--rosa, mas elas estavam assoladas por negligência. Algumas caíam aos pedaços, outras já tinham desabado, gradualmente afundando na terra da qual tinham sido feitas. Eu estava determinado a começar a trabalhar assim que possível para salvar as que ainda estavam de pé.

Atravessando a praça, no entanto, me vi cara a cara com Barbu, o severo policial ex-comunista que eu tinha conhecido na época do incidente com o Cara, e que tinha me avisado para ficar longe da família de Natalia. Ele deixara o quartel para fazer uma visita a Halma e me encarou friamente.

«Vejo que você não prestou atenção aos alertas», disse.

«Só vou ficar por pouco tempo. Eu moro no norte, no Maramureş.»

«Melhor assim. Esse não é lugar para gente como você, com todo respeito.»

Seguimos caminhando, e a responsável pelo correio se aproximou e se juntou a nossa conversa.

«Eles são os piores ciganos do vilarejo», ela disse. «Você não deve acreditar em uma palavra do que dizem. Eles vão te roubar e te enganar. Você tem que ter muito cuidado.»

Eu voltei para a casa. Eugen brincava com o cachorro, Nicolae tinha saído com a carroça para apanhar lenha para a fogueira e Attila tentava consertar um rádio velho, com fios e transmissores espalhados pela mesa.

«Eu adoro ouvir música húngara, italiana e, é claro, *Italia, Italia...* mas pifou de novo», ele disse.

Marishka estivera lavando roupas. Agora ela as pendurava para secar em um arranjo colorido em todos os espaços disponíveis no pátio. Algumas foram estendidas na cerca, outras penduradas em pregos no celeiro, onde o sol às vezes dava as graças, e algumas no corrimão de madeira do alpendre. O cabelo dela resplandecia e a pele morena de seus braços brilhava no sol quando ela os esticava para colocar as roupas no varal.

Quando terminou, ela despejou um pouco de leite em um balde e sumiu celeiro adentro. Procurando da porta, eu a vi agachada ao lado de um bezerrinho fulvo e branco de pelagem macia e aveludada, que afundava a cara no balde e bebia o leite.

Ela voltou com o balde vazio e foi para dentro de casa, apanhou um cobertor grosso de uma das camas e nos disse que ia para o pomar atrás da casa. Entrou no celeiro e apareceu com o bezerro, ainda lambendo o leite do focinho, em uma guia de corda.

«*Hai!* – Vem!», ela me disse, acenando com a cabeça. «Quer vir? Vou levar o bezerro para o pomar. Está um dia tão lindo.»

Ela estendeu o cobertor na sombra de uma macieira e deixou o bezerro pastar o capim por perto. De vez em quando ele vinha e cutucava nosso rosto com seu pequeno focinho úmido, fungando, ou saía pulando, aproveitando como nós o calor do dia de primavera.

Perguntei a Marishka sobre Barbu.

«Acabei de ver o policial na rua.»

«O que ele falou para você?»

«Falou que eu devia ir embora.»

«Ele é um idiota. Mas vá embora, se quiser.»

«Parece que ele não gosta muito de vocês», eu disse.

«Não, não gosta. Nós somos ciganos.»

«Mas seu pai é húngaro.»

«É, mas nós somos ciganos. Não passamos de ciganos. É assim que os outros nos enxergam, e é isso que nós somos.»

«Mas teoricamente vocês são meio húngaros», insisti.

«E daí? Nosso pai é mais selvagem que os ciganos. E tem orgulho disso. Os ciganos aqui têm medo dos romenos e da polícia. Ele não tem. Como resultado, a gente sempre tem problemas. Ser meio húngaro, no nosso caso, só nos causa confusão.»

A confusão, ao que parecia, tinha começado no fim dos anos 1980, durante os últimos e mais sombrios dias do regime comunista, pouco depois que Attila tinha localizado Clara no vilarejo e conseguido convencê-la a deixá-lo viver novamente com eles.

A vida tinha sido difícil para Clara sem um marido e para as crianças sem um pai, mas eles deram um jeito. Houvera, pelo menos, algum grau de paz. Não demorou para que Attila mandasse aquela paz para o esquecimento. Sem conseguir controlar seu espírito rebelde, ele fez algo que marcou a família como arruaceira por anos.

Em uma noite de inverno tiritante, após consumir uma quantidade considerável de *rachiu* no *crîşma* do vilarejo, Attila emergiu de humor benevolente no gélido ar noturno. À sua direita a bandeira comunista tremulava provocativa do lado de fora do estabelecimento do vilarejo. Ele olhou feio para ela com o canto de um olho marejado, e enxergou vermelho. Sua mera existência era uma afronta a seu orgulho e estragou seu bom humor. Em seu estado inebriado, sentiu que era bastante certo e apropriado que ela fosse removida. Foi até ela, a agarrou, a arrancou e rasgou no meio, atirando as duas metades desdenhosamente no não coberto de neve. Attila estava muito cheio de coragem, muito bêbado ou muito cheio de estupidez, ou possivelmente todos os três.

A polícia apareceu no dia seguinte. Alguém tinha informado que a bandeira não estava mais em seu devido lugar. Attila caminhava pela trilha tranquila que levava ao vilarejo quando eles o encontraram. Eles o surraram até cair, aparentemente com uma chave inglesa, e o levaram. Ele foi conduzido até a cidade de Făgăraș, jogado em uma cela, e lá as surras continuaram dia e noite. O que, perguntavam, ele tinha contra o Estado romeno? O fato de ele ser de origem húngara não ajudou as coisas. Sempre que desmaiava, jogavam água nele para reanimá-lo e as surras recomeçavam. Isso durou sete dias e noites até que de repente a porta foi aberta e disseram para ele ir embora. O dono da loja tinha ficado sabendo do que tinha acontecido e dera um depoimento à polícia: Attila tinha, segundo ele, escorregado nos degraus congelados e agarrado a bandeira para não cair; a bandeira tinha sido rasgada no meio mas sem querer. Attila foi para casa, mas todos sabiam a verdadeira história, e dali em diante a polícia, e seus informantes no vilarejo, passaram a ficar de olho nele.

Depois da revolução a família passou a ter certo grau de paz, mas então aconteceu outro incidente lamentável. Marishka me contou sobre ele algumas noites depois, enquanto ordenhava uma vaca. Tinha acontecido em um dos bailes e envolvera um romeno chamado Ion.

Ion era filho de um homem chamado Goga. Goga era um brutamontes que, alguns anos antes, tinha acabado com a raça de Nicolae. Nicolae tinha doze anos na época, pouco mais que um garoto, e cuidava das ovelhas no pomar perto do vilarejo quando viu Goga atravessando o pasto em direção a ele. Goga estava sorrindo e Nicolae não se alarmou. Esse, no entanto, era o truque comum de Goga, já que, sendo gordo como era, não conseguia correr. Então ele se aproximou o suficiente sorrindo, com um agarrar rápido o apanhou pelo colarinho e golpeou sua cabeça.

«Escória cigana», gritou, «eu vi você colocando suas ovelhas para pastar na minha terra hoje de manhã. Vou te ensinar a ter mais cuidado no futuro.»

Nicolae voltou para casa ensanguentado e machucado, assustado e permanentemente surdo de um ouvido por causa das pancadas que levou na cabeça.

No vilarejo Goga se gabava da força de seu filho Ion. Ion era grande e tinha uma expressão louca nos olhos. Quando ele começava a beber, os ciganos sabiam que tinham de tomar cuidado, e, porque seu pai era bastante amigo de Barbu, e porque ele próprio era afilhado do policial, podia fazer quase tudo que queria.

Os ciganos do vilarejo foram excluídos dos bailes romenos, mas os jovens romenos iam com frequência às festas ciganas. As festas ciganas eram mais selvagens, e havia, é claro, algo fascinante a respeito das garotas ciganas e do modo como elas dançavam. Os romenos, no entanto, costumavam se comportar tempestuosamente. Tomavam alguns tragos e, para impressionar as garotas, começavam brigas com os ciganos mais fracos.

Numa festa no início dos anos 1990, Ion estava bêbado e atazanou um dos ciganos. Nicolae, que então tinha dezesseis anos, viu o que estava acontecendo e disse para ele ir embora e deixar o garoto em paz. Ion não estava acostumado a ser mandado, especialmente por um cigano. Ele viu a impertinência de Nicolae como outra oportunidade para mostrar a todo mundo como ele era forte. Estapeou o garoto na cara e Nicolae interveio. Uma briga decisiva se seguiu. Ion, que estivera tão confiante de si mesmo, não conseguia competir com a força e a velocidade de Nicolae. Pouco tempo depois, ele se viu no chão, o rosto coberto de sangue. Nicolae o ergueu e o lançou porta afora.

Marishka tinha acabado de ordenhar a vaca. Nós voltamos para a casa com um balde de leite com espuma. Ela despejou um pouco em uma caçarola e atiçou o fogo do fogão.

«Então, Barbu e seus amigos romenos não gostam de vocês porque Nicolae bateu em Ion Goga», eu disse.

«Sim. E porque nós somos ciganos. E por causa da 'excentricidade' de nosso pai e por outras coisas. Não faltam razões», ela admitiu.

«Que outras coisas?», perguntei, secretamente esperando, mas também temendo, descobrir a verdade sobre seu tio Andrei, e se ele tinha alguma coisa a ver com o roubo do retábulo.

«Por que você faz tantas perguntas?»

«Me interessa saber sobre sua família. Eu gosto de você, de todos vocês, Nicolae, sua mãe, seu pai, Eugen, até de Natalia.»

Marishka me olhou fixo por um tempo. Senti que ela não sabia se devia confiar em mim. Ainda assim as histórias apareceram pouco a pouco.

A surra de Nicolae em Ion tinha humilhado e enfurecido a família de Goga. Até então poucos ciganos tinham ousado confrontar os romenos. Attila, Nicolae e sua família eram diferentes, e agora, ao que parecia, era essencial que essa diferença fosse esmagada. Nicolae estava marcado para tratamento especial. Sempre que os Goga ou seus amigos o viam na rua, o ameaçavam ou atacavam. Aconteceram muitos incidentes.

No fim, por causa do desespero, Clara prestou queixa à polícia. Não foi uma ideia inteligente mas ela não sabia mais o que fazer. O resultado foi que a polícia mandou um agente levar Attila para a delegacia para ser interrogado. Attila se recusou a ir; ele sabia de sua experiência amarga que tipo de interrogatório ir até a delegacia significava. De qualquer modo, não tinha feito nada errado.

«Você também se recusaria a ir se soubesse o que eles fazem na delegacia», disse Marishka ao me contar a história.

Um grupo de moradores do vilarejo se juntou e uma discussão começou. O policial estava parecendo estúpido diante da oposição de Attila. Ele puxou a arma e apontou para Attila. «Você vai vir comigo agora», ele disse, e então, com um movimento rápido, o acertou com a coronha na lateral da cabeça. Attila caiu, o policial pulou sobre ele e lhe deu uma gravata. O policial apertou o golpe, a língua de Attila pendeu da boca e seu rosto começou a ficar roxo. O policial colocou a arma na sua cabeça. As coisas saíam do controle, sobretudo porque o policial estava claramente bêbado.

Nesse ponto a história sempre diverge. Talvez para proteger Nicolae, alguns dizem que o policial se desequilibrou e caiu; outros que Nicolae, vendo que seu pai não conseguia mais respirar, golpeou o policial com toda a sua força. De qualquer modo, o policial voou de costas, a arma caiu de sua mão e Attila a pegou. Os papéis foram de súbito invertidos. De repente o policial ficou curiosamente amigável. Implorou a Attila, do modo mais bondoso possível, que lhe devolvesse a arma. Ele perderia seu emprego, explicou, se voltasse para a delegacia sem a arma. Se Attila lhe devolvesse, ele garantia que a história acabaria ali; nada mais aconteceria. Ele até ajoelhou para implorar e prometer. Foi como resultado de promessas como essa que Nicolae e Marishka aprenderam a não confiar na polícia. Attila, no entanto, lhe entregou a arma e o policial escapuliu.

Naquela noite pessoas do vilarejo vieram e alertaram Attila para que fosse embora. Mas ele não foi. Mesmo consciente das consequências, optou por uma linha de ação mais nobre. Foi o jovem de dezesseis anos Nicolae que saiu de casa antes do dia raiar e foi embora andando, floresta acima. Ele também tinha sido avisado. Aos cochichos nas sombras, amigos lhe disseram que ele tinha de partir imediatamente. Eles tinham ouvido conversas. Ele foi, e sem tardar um minuto.

Os policiais apareceram no primeiro horário. Havia, alguns dizem, quase cem deles. E, para não dar espaço para uma fuga, eles desceram as colinas com cães e cercaram o vilarejo. Encontraram Attila na casa e o arrastaram para fora. Marishka e sua mãe estavam ordenhando no estábulo. Elas também foram arrastadas para fora pelo cabelo e pelas roupas, e o balde de leite foi chutado. Em alguns minutos o pátio estava cheio de gendarmes – a polícia de choque romena – armados com cães de caça, e com eles, é claro, estava Barbu. Marishka me contou o que aconteceu em seguida:

«Eles nos insultaram, nos chamaram de ciganos fedorentos e deixaram os cachorros pularem na nossa cara. 'Onde está o Nicolae?', ficavam perguntando. Minha mãe estava apavorada e gritava, então espirraram spray paralisante no rosto dela. Eles olharam para mim. 'Onde está o Nicolae?', gritaram. É claro que eu não falei e eles me golpearam na cabeça com tanta força que caí dura no chão. Então vi o comandante. Ele estava segurando uma foto do Nicolae. Ele a prendeu entre os dentes e a rasgou no meio. 'Quando eu o pegar, vou devorar o Nicolae!', ele disse.

«Eles nos pegaram e nos jogaram na carroceria de um caminhão, e a gente se curvou lá entre os gendarmes e os cachorros. O caminhão deu partida e, ao sair do vilarejo, cruzou com o meu tio Andrei, o violinista. Ele gritou da sua janela com a polícia, dizendo que eles deviam ter vergonha de si mesmos. O caminhão parou abruptamente e pouco depois Andrei foi jogado na carroceria com a gente. De lá até a delegacia, uma distância de dezessete quilômetros, os gendarmes se revezaram golpeando-o com os punhos e as armas. Quando chegamos à delegacia ele estava semiconsciente. Tinha se molhado e a urina pingava da traseira do caminhão, os brancos de seus olhos estavam injetados e eles tinham até arrancado seu bigode e o forçado a comê-lo. Bateram em mim também enquanto eu implorava para que não batessem nele, mas felizmente um dos gendarmes me protegeu. Eu tinha dezessete anos na época.»

Nicolae, que tinha ido embora de noite, ficaria foragido por seis meses, um fora da lei vivendo na floresta, ocasionalmente indo até o vilarejo para pegar comida durante a noite, sempre se deslocando, às vezes partindo para outras partes do país quando as coisas ficavam muito inflamadas. A polícia continuou a procurá-lo. Eles não desistiram. Sabiam que fora Nicolae quem tinha derrubado o policial com um único golpe e estavam determinados a capturá-lo. Às vezes a polícia era informada de seu paradeiro. Ele tinha sido visto no vilarejo. Então apareciam, logo que amanhecia, iam até a casa pelo pomar, com seus cachorros farejando pistas, para tentar capturá-lo de surpresa. Mas nunca o pegaram. Os cães vasculhavam a casa, os estábulos e os celeiros, mas nunca o encontraram. Nicolae estava sempre um passo à frente; ele também tinha informantes.

No meio-tempo Attila foi mantido em custódia. No julgamento disse ao juiz que ele tinha golpeado o policial. Levou a culpa para proteger Nicolae e foi condenado a sete anos na prisão. Era uma atitude nobre. Ele era a única pessoa que não tinha batido em ninguém. Ao ser levado, fez um gesto de encorajamento para sua família.

Clara foi para casa, determinada. Ela vendeu as poucas vacas que tinham e com o dinheiro contratou o melhor advogado da cidade que podia pagar. O advogado apresentou um recurso. No meio-tempo ela foi até o Rei dos Ciganos pedir ajuda. Todos os dentes do Rei eram de ouro puro, ele tinha poltronas enormes, em uma das quais Clara se afundou, cercada por almofadas, com as mulheres e garotas da família ficaram de pé ao redor, seus cabelos pretos trançados batendo nos joelhos. Clara contou tudo isso cheia de admiração. Era matéria de contos de fadas. O Rei, depois de ouvir a história, graciosamente disse que faria o que pudesse.

A data para o recurso foi marcada. A polícia não teve dificuldades em encontrar testemunhas. Se a polícia pedisse um favor, era melhor não recusar, e com Attila preso por sete anos havia pouco a temer da parte dele no futuro próximo.

Uma dessas testemunhas da polícia se chamava Arpi. No dia do julgamento, ele ficou de pé e disse ao juiz como Attila tinha atacado o policial, violentamente e sem ser provocado, como até tinha agarrado a arma de seu coldre, e como o policial mal tinha escapado com vida. Clara não aguentava mais as mentiras. Ela se levantou e apontou para ele com o braço estendido. «Arpi!», gritou, e o tribunal caiu em silêncio, «Arpi! Deus vai te castigar pelas mentiras que está dizendo.» O juiz gritou para que ela se calasse. O advogado de Clara então apontou as inconsistências no depoimento de Arpi.

Não está claro se Arpi tinha mais medo de Deus, do Rei dos Ciganos, da polícia ou de cometer perjúrio. Seja o que for, ele começou devagar a falar de novo, olhando para o chão: «O que eu acabei de falar não é verdade mesmo». Então continuou e relatou como o policial tinha puxado a arma e dado uma gravata em Attila.

O juiz olhou para o promotor e o promotor olhou para o juiz, e eles sabiam que o caso estava encerrado. Depois de tal admissão pública, o juiz não podia fazer nada além de indeferir o caso. Attila foi solto imediatamente. O depoimento de Arpi tinha virado o caso. A polícia colocou as mãos na cabeça. Attila tinha tido um golpe de sorte enorme. Se Arpi tivesse dito a verdade desde o início, seu testemunho não teria tido nem de perto o mesmo efeito dramático – foi a admissão de que ele estava mentindo no meio do discurso que tornou possível para o juiz continuar. Ele tinha uma reputação a considerar. Havia advogados da cidade lá. Ele não tinha escolha a não ser soltar o orgulhoso Attila. Alguns dias depois, Nicolae, também, pôde voltar das colinas.

Era outro dia quente e ensolarado de primavera. Marishka, o bezerro e eu estávamos mais uma vez no pomar, à sombra de uma macieira. Marishka estava deitada no cobertor com os olhos fechados e uma rajada de luz salpicando seu rosto. Enquanto ela dormitava, eu lhe explicava meu plano de salvar as casas do século XVIII do vilarejo.

«As pessoas não têm dinheiro para pagar obras assim», ela disse sonolenta.

«Elas não tem que pagar. Eu vou fazer de graça.»

«Então você é burro e as pessoas só vão rir de você.»

«Mas o dinheiro não é meu. Foi doado por outras pessoas.»

«Bem, imagino que aqueles que vão fazer as obras vão ficar felizes de ter um trabalho», ela disse, dando de ombros, «e os donos dos telhados que vão ser consertados também vão ficar felizes. Mas mesmo assim todo mundo vai rir de você.»

«Vamos dar uma volta comigo», sugeri. «A gente pode achar algumas casas que precisam de conserto e as pessoas podem ter um trabalho agora mesmo.»

Ela concordou relutante em incomodar seu descanso, e partimos pela estrada, deixando o bezerro pastando sozinho no pomar.

Passeamos vagarosos pelas trilhas do vilarejo. Por toda parte havia casas que precisavam de reparos urgentes. Entramos em pátios abandonados por portões quebrados, bisbilhotei e descobri diversos detalhes intrigantes entre as ruínas. Eu vi as formas de tulipas entalhadas nas vigas de carvalho enormes dos celeiros rangentes, encontrei colunas levemente curvadas encimadas com capitéis primitivos sustentando alpendres vacilantes e me deparei com tâmaras do século XVIII emolduradas por contornos de flores, esculpidas em dintéis, meio escondidas sob camadas de cal. Marishka teve dificuldade em entender por que raios eu estava interessado naquelas edificações podres e perigosamente bambas.

Delicadamente vagamos pelas trilhas, explorando as casas à medida que seguíamos e logo nos vimos no lado romeno do vilarejo, igualmente bonito, e quase tão decadente quanto a parte saxã. Estava claro que havia trabalho a ser feito ali também. Marishka me mostrou as igrejas ortodoxas cujos telhados, eu percebi, pareciam precisar de remendos.

Ela apontou para uma cerca que parecia nova em folha atravessando o cemitério.

«Os romenos levantaram essa cerca há pouco tempo», ela disse, «para separar a parte 'deles' do cemitério da nossa.

Eles nos falaram que os ciganos só podem ser enterrados além dela. Nem mortos eles suportam ficar perto de nós.»

Continuamos andando e passamos por mais uma casa aos pedaços. Do lado de fora estava um grupo de crianças ciganas de pele morena fazendo uma brincadeira com alguns gravetos e pedras. Marishka acenou e sorriu para elas.

«Esta é a casa do meu tio Andrei. Só que agora ele está lá no alto da colina», disse Marishka, apontando em direção ao cemitério, «do outro lado da cerca, é claro.»

«Como ele morreu?», eu disse, fazendo a pergunta que estava na minha cabeça há muito tempo.

«Ele teve um ataque do coração. Veja. Esses são seus filhos.»

Foi então durante as semanas seguintes que eu fiquei sabendo, de Marishka e de outros, o que tinha acontecido de verdade quando o amado retábulo dos saxões fora roubado.

Em setembro de 1998, se você estivesse especialmente atento, uma pequena matéria na imprensa britânica referente ao desaparecimento de dois valiosos retábulos do século XVI de duas igrejas da Transilvânia pode ter chamado sua atenção. A matéria tinha apenas algumas linhas e poderia ter passado quase despercebida. Para Marishka e sua família, no entanto, as consequências do roubo mudariam a maneira como eles encaravam o mundo.

Um dos retábulos era, é claro, o grandioso e antigo retábulo gótico-renascentista de Halma, feito especialmente para a igreja em 1513, que Herr Knall tinha me mostrado com tanto orgulho anos antes.

Em uma noite de setembro quente e grave, um ano e meio antes, quando eu estava no Maramureș, ladrões tinham escalado as antigas muralhas da igreja-fortaleza. Uma vez no interior, com serrotes, chaves-inglesas e machados, eles desmontaram e cortaram o retábulo em seções – a intenção era vender os painéis separadamente – e o levaram em sacos para a floresta, atravessando os campos.

Na manhã seguinte Herr Knall foi, como sempre, tocar os sinos, mas, ao perceber lascas de madeira perto da porta, entrou apressado na igreja. Para seu horror, ele descobriu que seu precioso retábulo não estava mais lá.

Herr Knall ficou chocado e assustado. Apenas um ano antes o arcediago luterano da cidade tinha visitado o vilarejo. O retábulo, ele tinha dito, devia ser removido da igreja; era valioso demais e havia muito poucos saxões para protegê-lo. Os Knall, no entanto, e os poucos outros saxões que tinham resolvido não abandonar o vilarejo de seus antepassados, estavam na estrada quando as autoridades vieram levá-lo embora.

«Este retábulo é nosso», disseram, «vocês não podem removê-lo. Somos nós que decidimos o que deve ser feito dele e queremos que ele permaneça aqui. Sem ele nossa igreja seria como uma pessoa sem coração.» O direito estava do lado deles. De acordo com a lei saxã, cada paróquia é autônoma. Não existe uma autoridade secular saxã, só uma espiritual, na figura do bispo que mora no esplêndido palácio barroco da cidade de Sibiu. O arcediago protestou, mas os moradores do vilarejo ficaram firmes.

Então o retábulo continuou na igreja. Agora, dentro de um ano, ele tinha sido roubado. Herr Knall se deu conta do que isso significava. Embora eles estivessem perfeitamente corretos em mantê-lo onde estava, e era direito dos moradores que restavam decidir se ele deveria ficar ou não, sua perda era de alguma forma culpa deles. Herr e Frau Knall estavam aflitos, choravam e torciam as mãos.

A polícia veio. Eles fizeram muitas perguntas. Herr e Frau Knall lhes disseram que não sabiam de nada.

«Mas o sr. Knall é o único que tem a chave da igreja», apontaram, «e a porta não foi forçada.»

«Sim, mas deixamos a porta aberta para arejar», disseram, «e somos velhos e é uma subida longa até a colina para nossas velhas pernas nos sustentarem, então não a fechamos todas as noites.»

Os Knall estavam assustados com o modo como a polícia os interrogava, embora fosse óbvio que eles não tinham nada a ver com o roubo. Como um desfecho bizarro de seu interrogatório, a polícia fez Herr Knall ficar de pé no meio da sala, segurando uma vela numa mão e a Bíblia na outra, e jurar que não sabia nada do que tinha acontecido com o retábulo. Então marcharam para fora da casa para interrogar outros suspeitos.

Um deles era o tio de Marishka, Andrei. Ele era suspeito porque seu quintal chegava até as muralhas defensivas da igreja. Ele tinha na época um pouco de dinheiro extra para gastar e a polícia se perguntava onde ele o teria conseguido. Na verdade o dinheiro tinha vindo de um bezerro que ele havia vendido, mas esse detalhe não impediu Barbu, que então podia relatar que tinha um suspeito apropriado – e, melhor ainda, cigano.

Andrei foi levado para a delegacia de polícia. Foi interrogado por muitas horas. Por fim, à noite, foi solto e voltou tropeçando pela trilha de terra até a cidade. Ele estava se sentindo tonto. O lado esquerdo do corpo estava dormente. Suas pernas tremiam e ele estava com uma expressão estranha nos olhos. Para sua mulher, ele parecia uma pessoa diferente.

Quando ele viu as crianças, tentou fingir que estava tudo bem, mas depois, sozinho com a esposa, contou o que tinha acontecido e como tinham batido nele. Queriam que confessasse o roubo, ele disse, mas, como ele não tinha roubado nada, não podia confessar, então bateram nele com mais força.

Tinham mandado que Andrei voltasse à delegacia de polícia na manhã seguinte para continuar o interrogatório. No jantar, no entanto, ele não conseguiu comer. De madrugada reclamou para a esposa de dores de estômago e nas primeiras horas da manhã ele morreu. Tinha 34 anos e era pai de quatro crianças, a mais velha das quais tinha nove anos.

Alguns minutos antes de perder consciência, disse para a esposa: «Estou morrendo. Cuide das crianças».

Quando a polícia chegou à casa de Andrei, sua mulher tinha fechado o portão com barricadas e se recusado a deixá-los entrar. Eles iriam, ela tinha certeza, levar o corpo embora para esconder a prova da surra. Só depois, quando dois médicos diferentes chegaram, ela cedeu e permitiu que o levassem para uma autópsia. Muitas pessoas, no entanto, mais tarde suspeitaram que os médicos tinham conversado entre si e sido mandados por Barbu.

O que seguiu foi uma cena de execrabilidade medieval. O corpo de Andrei foi levado para fora da casa e deitado na mesa da cozinha, que tinha sido colocada no meio do pátio. Mandaram todos os presentes sair, mas o filho mais velho de Andrei estava escondido no celeiro e, pelas frestas, testemunhou toda a cena. Os médicos serraram o alto da cabeça e removeram o cérebro depois cortaram sua língua. Então o abriram do pescoço até a virilha, usando o machado do barracão de madeira para separar sua caixa torácica. O intestino, segundo o filho de Andrei, estava coberto de sangue. Isso, os moradores do vilarejo depois cochicharam, era um claro sinal de hemorragia interna. Os bons médicos, no entanto, levaram as vísceras até o poço, encheram uma bacia de água, as lavaram e enxaguaram antes de examiná-las. Então as colocaram de volta na bacia, junto com o cérebro e a língua, e com uma enorme agulha curvada e uma linha preta grossa costuraram o buraco na barriga. Eles limparam todo o sangue do corpo com um pano, que jogaram dentro da bacia, e foram embora. A família voltou para o pátio aflita. A irmã mais velha de Andrei viu que a pele de seu escalpo e rosto tinha sido puxada para a frente e que pendia diante dos olhos e do nariz. Ela não suportou aquela visão e se afastou para longe. Os que ficaram tiveram de limpar a bagunça que os médicos tinham deixado. Eles encaixaram a pele do rosto e do escalpo da melhor maneira que conseguiram e, com dificuldade, deram um jeito de vesti-lo em suas melhores roupas e o deitaram na casa para o velório. A bacia cheia com seus intestinos, coração, língua e cérebro foi enterrada em um buraco no canto do pátio – eles não sabiam mais o que fazer com tudo aquilo –, e é lá que sua esposa e seus filhos ainda acendem uma vela todos os anos em sua memória.

Alguns dias depois, os médicos apresentaram o relatório oficial. Andrei, eles escreveram, tinha morrido de ataque cardíaco, e não tinham sido encontrados sinais de violência em seu corpo.

Os verdadeiros ladrões nunca foram pegos, mas, por uma sorte curiosa, alguns muitos meses depois, na Hungria, os painéis do retábulo foram encontrados escondidos em uma mesa de bilhar. Disseram que eles estavam prestes a ser levados para além da fronteira húngara para seus respectivos compradores na Europa Ocidental. Ao mesmo tempo, uma «lista de compras» de tudo o mais que os ladrões pretendiam roubar veio à tona. Uma lista parecida tinha sido dada para colecionadores, e esses colecionadores então tinham encomendado aquilo que fosse mais adequado para adornar as paredes de suas vilas luxuosas. O fato de que esses retábulos tinham sido esculpidos e pintados para as igrejas em que estavam por quase quinhentos anos não preocupava esses *connoisseurs* de belas-artes.

Após o relatório dos médicos, a investigação a respeito das circunstâncias da morte de Andrei foi encerrada. Entre os moradores, no entanto, sejam ciganos, romenos ou saxões, poucos acreditavam no que os médicos tinham atestado, e portanto ninguém, nem mesmo a polícia, jamais alegou que Andrei tinha tido qualquer envolvimento com o roubo.

«Andrei era meu tio preferido», disse Marishka enquanto ordenhava as vacas naquela noite. Ela estava sentada no banquinho de três pernas e começou a lavar as tetas. Quando se voltou para mim, os brancos de seus olhos brilhavam na meia-luz. «Ele sempre foi bom para os meus irmãos, minha irmã e eu. Mas Barbu odeia a gente e pode fazer o que quiser, e ninguém faz nada. Eles vão tentar pegar Nicolae em seguida, pode ter certeza disso. É só uma questão de tempo.»

A vida de Marishka parecia de muitas maneiras ser muito despreocupada, mas, desde a morte de Andrei, logo atrás da aparência, estava escondida uma seriedade profunda e mortal.

15
De mudança com Marishka

L'amour est l'enfant de Bohème,
il n'a jamais connu de loi –
o amor é como uma criança cigana,
não conhece leis.

Henri Meilhac e Ludovic Halévy,
Carmen

Na história dos ciganos, nunca faltou sofrimento. É algo a que eles se acostumaram. De qualquer modo, a vida tinha de seguir, e portanto, aparentemente, apesar dos problemas, o cotidiano em Halma continuou como de costume. Os filhos de Andrei brincavam nas ruas com todas as outras crianças. As vacas saíam para pastar de manhã e ponderadamente voltavam no fim da tarde, esfregando a cabeça preguiçosas nas pereiras, antes de se recolheem em seus respectivos currais. O *crîşma* ficava cheio de gente depois da hora da ordenha, as carroças do lado de fora, os cavalos balançando a cauda e calcando os cascos na escuridão, ou caindo no sono no arreio, e a música cigana pairava pela praça carregada pelo ar quente da noite.

Mas a ameaça e o sentimento de que uma crise poderia irromper a qualquer momento sempre permaneceram. Eu devia ter ido embora naquele exato momento, só que estava horrorizado com a história de Andrei e preocupado com o dilema da família de Marishka. Senti que não podia abandoná-los, e talvez até que minha presença pudesse ajudar a protegê-los.

De qualquer modo eu me sentia atraído por Marishka. Ela não era só bonita, mas era engraçada e eu não conseguia esquecê-la ou deixar de admirar sua coragem ao proteger a irmã do ataque com a faca. Então fiquei. Morei na casa da família. Marishka estava em geral fazendo tarefas pelo pátio. Eu me sentava para ler no pomar. Marishka, quando terminava de limpar, vinha e dormitava sob as macieiras, vagamente de olho no bezerro.

Naqueles dias devo ter ficado olhando para ela frequentemente, e uma tarde no cobertor no pomar ela percebeu que eu a observava pela milésima vez.

«Por que você fica me olhando?», ela perguntou.

«Desculpe. É porque você é tão bonita. Vou tentar não fazer mais isso.»

«Eu não ligo, você pode fazer o que quiser. De qualquer modo, eu não sou bonita. Sou uma cigana de pele escura. Bonitas são as loiras de pele clara.»

«É, acho que você está certa», respondi.

«Não era para você concordar!», ela disse rindo.

Em uma festa algumas noites depois, Marishka tentava me ensinar a dançar. Nós dois tínhamos bebido um pouco e estávamos nos divertindo.

«Você acha mesmo que eu sou bonita?», ela perguntou enquanto rodopiávamos de braços dados.

«Não, não acho. As ciganas têm a pele muito escura para ser bonitas.»

Ele me lançou um olhar de zanga exagerado.

Natalia não estava achando graça. Ela tinha notado que Marishka e eu estávamos cada vez mais chegados e se deu conta de que havia o perigo de que o amor pudesse logo ocorrer. Seu jogo era me provocar no *crîşma*, dançando de propósito de um jeito instigante e então, quando via que eu relanceava, responder o olhar com uma expressão de desprezo. Uma noite, enquanto passava, ela se inclinou e sussurrou no meu ouvido.

«*Eşti un cacat!* – Você é um merda!»

«Por quê? Você fez o que quis e foi atrás de quem escolheu quando estava comigo.»

«É, mas você está atrás da minha irmã!»

«O que você quer que eu faça? Vá embora?», perguntei.

«*Da*!», ela respondeu.

No entanto eu não fui, embora talvez devesse ter ido, e pouco depois, uma noite após alguns drinques, todas as barreiras foram derrubadas e aquilo que Natalia temia que acontecesse aconteceu.

Semanas passaram. Já estávamos no início do verão. Os campos estavam cobertos por uma rica variedade de flores silvestres. As árvores na floresta estavam cheias de folhas novas e suaves, e nas clareiras morangos silvestres cresciam abundantes. As cerejeiras também tinham dado frutos, e um dia Marishka e eu decidimos subir em uma árvore no limite da floresta e que ela sabia que dava cerejas particularmente doces. Apanhamos uma cesta, pegamos a égua de Nicolae emprestada e seguimos colina acima em direção a Floreni.

Subimos rangendo e oscilando bem para o alto do vilarejo, de onde podíamos ver as colinas azuis da Transilvânia ondeando ao longe até onde a vista alcançava. A cerejeira ficava sozinha, toda decorada com cachos de fruta vermelha pendentes. Nós estendemos um cobertor na grama debaixo da árvore. Eu subi e joguei as cerejas para Marishka.

Quando enchemos metade da cesta nos sentamos para descansar. Não havia ninguém por perto. Estava silencioso. Até os pássaros pareciam ter prendido a respiração.

Marishka se deitou olhando para cima por entre os galhos. A luz do sol cintilava por entre as folhas e em seu cabelo.

«Você está me olhando de novo», ela disse.

Eu a coloquei de pé, nós entramos na floresta e mais uma vez a cautela foi lançada ao vento. Agora deitados contentes nas margens das árvores no silêncio daquela tarde cálida de junho, falamos de tempos em tempos sobre nada em particular.

Ela estava deitada de costas com a camisa meio aberta. Entre seus seios eu notei uma pequena cicatriz, pouco maior do que um centímetro. Essa e a cicatriz em sua mão eram as únicas manchas em seu corpo que eu conhecia. Eu toquei com o dedo a cicatriz em seu peito.

«O que é isso?», perguntei languidamente.

«Isso aqui? Ah, só uma cicatriz pequenininha.»

«O que ela está fazendo aqui?»

«Quando eu tinha uns catorze anos, um homem, um dos músicos do vilarejo, atacou meu pai com uma foice. Eu corri entre eles e a ponta da foice me acertou bem no meio do peito e ficou presa no esterno.» Ela então deu uma risada. «Eu me lembro do olhar de horror no rosto do músico quando se deu conta do que tinha feito. É claro que ele não pretendia me acertar, mas lá estava eu com a foice plantada no peito, e uma mancha de sangue se espalhando na minha camisa. Ele achou que tinha me matado, assim como todos os outros, e houve uma briga enorme. Tudo acabou quando meu tio Ovidiu acertou o músico, *clonk*, na cabeça com um martelo, e o nocauteou friamente. Ovidiu também é músico. Ele toca trompete. Você o conheceu.»

Eu devia ter imaginado que nunca haveria uma razão banal e ordinária.

«Isso é mesmo verdade?»

«É claro que é verdade.»

Olhei para ela e ri. Sua aparência ronceira no cobertor e a realidade de sua vida tempestuosa eram de alguma forma conflitantes.

Quando estávamos prontos para voltar ao vilarejo, a égua tinha desaparecido. Ela tinha se afastado aos poucos, ainda presa à carroça, pastando ruidosamente o capim à medida que se distanciava. Nós perambulamos ociosos pelos campos procurando por ela, o sol quente no rosto, cada um segurando uma alça da cesta de cerejas. Por fim demos com ela em um vale junto a um riacho onde encontrou um canteiro de flores silvestres especialmente deliciosas.

Marishka tomou as rédeas e cobriu o assento com o cobertor. Nós embarcamos e rodamos de volta para o vilarejo. Enquanto a carroça rangia e oscilava, olhei para Marishka, que segurava as rédeas frouxamente nas mãos, os agradáveis dedos da brisa acariciando delicadamente seu cabelo, e lhe perguntei se ela achava uma boa ideia nós dois morarmos juntos.

«A gente pode», ela disse.

Marishka e eu nos tornamos, de acordo com o modo de falar dos ciganos, «casados», embora isso não tivesse o mesmo significado no mundo *gajo*. Não houve casamento nem cerimônia, nós simplesmente morávamos juntos e eles chamavam isso de «casamento». Alguns diziam que esse casamento duraria alguns meses, outros alguns anos. Até os ciganos *Corturari* mais tradicionais aceitavam que as pessoas não podem viver felizes juntas para sempre, por mais felicidade que houvesse no início. Há revisões a cada dois anos. Se ou o homem ou a mulher desejar encerrar o arranjo, então ele é encerrado, os dotes são devolvidos e cada pessoa procura por um novo «esposo». Se houver um filho, ele será cuidado dentro da família pela mãe e por uma das avós. A família de Marishka não era *Corturari*, eles se estabeleceram *Lăutari*. Não havia dotes, mas parecia que regras parecidas se aplicavam.

De fato Marishka tinha tido um filho alguns anos antes, e quem cuidava desse menino era a família completa; às vezes ele dormia em nossa casa, às vezes com a avó ou com Natalia, Nicolae, Eugen ou um dos muitos primos ou tias. Ele era um menino amigável e somava à turba de deliciosas crianças ciganas que corria pelas ruas do vilarejo. Marishka ter um filho, dada a informalidade de suas vidas, parecia bastante normal e natural. Havia de fato tantas crianças de pele escura em Halma, que eu sempre me lembrava de uma frase de Hemingway em *Por quem os sinos dobram*: «Já vistes uma Gitana que não estivesse prestes a ter, ou que acabasse de ter tido, um filho?».

Então Marishka e eu estávamos «casados» e a saga das cartas tinha resultado, no fim, não em meu «casamento» com Natalia, mas com Marishka. Eu me sentia mais em casa com Marishka. Ela gostava de me ter por perto, não só em alguns momentos mas o tempo todo. Não havia desaparecimentos misteriosos e passávamos o dia todo, todos os dias, juntos.

Herr e Frau Knall, que tinham sido tão contrários a eu estar com Natalia, e tinham ficado tão aliviados quando a deixei, mais uma vez balançaram a cabeça decepcionados. «Se você esteve com uma moça cigana, nunca vai conseguir voltar para o mundo normal», eles costumavam me dizer, repetindo um velho adágio saxão, presumidamente com a intenção de impedir que os homens saxões caíssem na tentação, e assim corressem o risco de ser expulsos permanentemente da comunidade saxã. «Você vai ser ludibriado pelas garotas ciganas e sua magia», eles diziam. Para mim, isso tinha um toque de recomendação. Para eles, era um aviso urgente de que eu ficaria apartado à deriva entre os párias para sempre.

Os romenos e Barbu ficaram ainda mais decepcionados comigo. Mas, naqueles primeiros dias de êxtase com Marishka, quando as colinas tinham uma camada de amplos ramos de flores silvestres, tão coloridas que os campos pareciam fazer parte de um enorme jardim, quando o ar estava quente e as noites eram longas, eu não percebi nenhum dos olhares de esguelha nem ouvi nenhum dos comentários mordazes.

Nós nos demorávamos no pomar e íamos a passos lentos para o *crîşma,* onde dançávamos música cigana noite após noite. Eu estava feliz e à vontade e não escutava nenhum dos cochichos ou nenhum dos planos sendo tramados. Todo mundo era meu amigo. Eu comprava bebidas no bar para quem quer que estivesse perto e me deleitava no brilho de minha nova e contente vida.

Havia uma bela mas dilapidada casa caiada de azul com buracos no telhado e no piso, e nenhum vidro nas janelas, que ficava ao lado de uma das pontes sobre o riacho. Diante dela havia pereiras que, na primavera, ficavam brancas de flores. No pátio pavimentado da casa vinhas se emaranhavam ao redor das colunas do alpendre, e nos fundos, ao lado do pomar, ficavam celeiros enormes, construídos sobre grandes vigas de carvalho com telhas arredondadas de terracota, dispostas como escamas de peixe. Eu descobri quem era o dono e consegui comprá-la. Era a casa perfeita para nós, mas, para começo de conversa, ela precisava ser consertada.

A sala principal tinha sido usada muito tempo para armazenar grãos e o assoalho estava podre e cheio de buracos roídos por ratos. Eu comprei tábuas de pinho das montanhas e troquei todo o piso do cômodo. Encomendei janelas para o carpinteiro do vilarejo, um saxão de rosto corado chamado Herr Wagner que, como os Knall, tinha decidido não emigrar, e com telhas de terracota nós tapamos os muitos buracos do telhado. Em seguida era preciso cuidar do estuque, que estava descascando e despencando.

Nos celeiros próximos à igreja saxã, havia alguns tanques de calcário. Logo que cheguei ao vilarejo, eu tinha identificado as muitas construções que desejava resgatar, e, como cal hidratada é necessária para qualquer obra de construção, mandei consertar e reabastecer os tanques. Com essa cal eu remendei o estuque descascado tanto da fachada quanto do interior da casa. Então, quando essa camada secou, muitas camadas de cal diluída, tingida de azul, foram salpicadas nas paredes e finalmente os batentes das portas e das janelas foram pintados de branco.

Quando eu comprei a casa, não tinha ainda visto seu interior de fato, e foi uma grande alegria quando, pela primeira vez, entrei nos cômodos principais e olhei para o teto. Eram os tetos mais sofisticados que eu tinha visto em qualquer casa do vilarejo saxão, feitos de vigas de carvalho lisas e chanfradas, uma das quais levava inscrita a data de 1770, e outra de 1835, com as iniciais do proprietário entalhadas em antigas letras góticas ao lado delas. Entre as vigas, havia reentrâncias com painéis de pinho das montanhas. O madeiramento parecia o de uma cabine de oficial em uma nau de linha do século XVIII.

As vigas de carvalho da casa e do celeiro devem ter sido extraídas dos bosques vizinhos. O pinho, trazido um pouco mais de longe, da floresta no alto das colinas a leste, no país sículo (os *Székelyföld*, como eram chamados pelos húngaros, os *Ungherime* para os romenos). Muitos acreditam que os sículos são descendentes dos hunos originais de Átila, que se estabeleceram aqui no início da Idade Média. Eles falam húngaro, mas não devem ser confundidos com os húngaros que vieram do leste com Árpád, que chegaram à Transilvânia central e à planície panônia e ali se estabeleceram no século X.

O vilarejo de Marishka era de base saxã, e, até os saxões irem embora, as pessoas nas ruas falavam predominantemente o dialeto saxão ou uma versão oitocentista do alto-alemão. Percorra alguns quilômetros a leste por sobre as colinas, no entanto, e, no primeiro vilarejo a que chegar, todos estarão falando húngaro; mesmo que agora morem na Romênia e sejam atualmente cidadãos romenos, alguns deles nem sequer entendem esse idioma. Atravessar as colinas é como viajar para outro país.

Levou um tempo para que Marishka e eu pudéssemos nos mudar para a casa azul, então, para começar, eu tive o prazer de dividir uma casa com um verdadeiro húngaro- -transilvano – este era, é claro, Attila, o pai de Marishka. Mas morar com Attila não era uma experiência para cagarolas, pois, embora cheio de vida e de energia, ele também era exaustiva e exasperantemente excêntrico. Uma hora ele estava no *crîşma* de terno branco e gravata, gregário, beijando a mão de moças no antiquado estilo galante da Europa Central, e na outra, garrafas eram varridas de mesas e copos arremessados no chão, como que atirando a luva para um desafio.

«Quando eu arranquei a bandeira comunista da praça a polícia me acertou na cabeça com uma chave-inglesa», ele disse, como para se desculpar de seus excessos mais recentes, «e eu nunca mais fui o mesmo.»

Pouco antes de eu me mudar para a casa, Clara, a mãe de Marishka, se mudou de lá. Muitos anos antes Attila tinha arrebentado cada um dos vidros que restavam na casa. Agora outros incidentes tinham acontecido e ela se fartara. Daí em diante a paz era perturbada por estranhos sons vindos da rua nas primeiras horas da manhã. Eu acordei e perguntei a Marishka o que era.

«É o meu pai», ela disse cansada.

«O que ele está fazendo?»

«Cantando», ela respondeu meio dormindo.

«Mas são quatro da manhã!»

«Sim, eu sei.»

Ele estava vagando pelo vilarejo insultando a lua e cantando pesarosos *doine* romenos e lamentos húngaros. Isso continuou noite após noite.

Attila não conseguiu viver sem uma esposa por muito tempo. Então um dia ele implorou para que eu fosse com ele ao *Székelyföld* procurar uma nova. Havia, ele me disse, muitas possibilidades, todas húngaras. Partimos pelas colinas ondulantes, chegamos a um pequeno vilarejo nos vales remotos dos Cárpatos do leste e seguimos para o bar com a primeira candidata. Ela pediu vodca. Attila parecia contente. Ela então comprou um maço de *Carpaţi*, o cigarro romeno mais barato e grosseiro. Nada daqueles cigarros ocidentais chiques para ela. Attila resplandecia. Ela era perfeita. Attila queria levá-la embora com ele imediatamente, mas ela disse que só poderia ir no sábado seguinte. Uma semana passou, Attila estava animado, as canções ébrias noturnas agora eram alegres, e na sexta-feira ele partiu para buscá-la. Uma semana depois ele voltou... sozinho.

«O que aconteceu?», perguntei a ele.

«No fim das contas ela não era adequada», ele disse, balançando a cabeça. «Uma noite ela tomou um litro de *rachiu*.»

«Ah, minha nossa. Ela gosta mesmo de beber.»

«É, mas não foi isso que me aborreceu», ele disse, percebendo que eu não tinha entendido. «Ela bebeu quando eu estava fora! Podia pelo menos ter me esperado!»

No meio-tempo, Clara tinha encontrado um novo «marido». O nome dele era Horatiu. Mas Clara era uma escolha perigosa para qualquer homem. Um suspeito anterior de ser amante de Clara tinha escapado por pouco. Attila tinha entrado rastejando pela janela do quarto deles e plantado uma faca em sua cabeça. Ela passou de raspão pelo crânio do amante e afundou no travesseiro, deixando penas voando pelo ar e a cama encharcada de sangue. É claro, a tempo, Attila também apunhalou Horatiu, embora apenas no braço. Eu o encontrei descendo pela trilha na saída do vilarejo a caminho do hospital para levar pontos no talho e ele me mostrou a ferida aberta.

Attila era tão selvagem quanto qualquer dos ciganos. Eles na verdade costumavam se juntar para assistir, pasmos, a suas atitudes grotescas. Ele era orgulhoso, e se alguém o contrariasse não demorava para que um copo saísse voando pelo *crîşma*. Com certeza ninguém tinha quebrado tantos copos quanto ele, nem tinha tornado um hábito desafiar pessoas para tantos duelos com um desdém tão aristocrático. Marishka às vezes perdia a esperança nele, ao ser obrigada a separar mais uma briga.

Eu ficava imaginando de onde vinha sua excentricidade e lhe perguntava sobre sua família, mas ele me garantiu que não sabia nada além do fato de seu pai ter sido ferido na guerra e ter morrido pouco depois, e de seu avô ter sido morto por um urso nas montanhas Korund. A única informação adicional que ele forneceu foi que seu avô morrera porque não tinha fugido, mas tinha, bastante estupidamente, mantido sua posição.

Attila também tivera um encontro próximo com um urso. Tarde de uma noite, Nene (tio) Petru tinha entrado ofegante no *crîşma*. Um urso pegara o porco de Attila, ele disse, e tinha ido embora com ele ao longo do leito do riacho em direção a Floreni. Attila saiu correndo, agarrou um graveto e seguiu em seu encalço. Depois de correr e se jogar na água, afastando galhos, ele alcançou o urso, que avançava devagar carregando o porco. Attila tirou uma galocha, colocou na ponta do graveto e ateou fogo. Ele balançou a bota em chamas na direção do urso, que se ergueu sobre as patas traseiras, espalmou e rugiu. Ursos têm medo de fogo, e ele se afastou pesadamente. O porco meio esfolado estava deitado no chão, tiras largas de gordura arrancadas das costas. Attila o virou. Olhou para ele com horror. Não era o seu porco. Era o porco de Nene Petru.

«Todos acharam que eu era um herói. Eu só achei que era um tolo, e só com uma galocha no pé», disse Attila, virando seu conhaque enquanto terminava a história com todos gargalhando.

Nicolae, o irmão de Marishka, também era diferente dos outros no vilarejo. Para começar, ele não bebia nem fumava, e, embora tivesse a tez mais morena do que a dos romenos e dos saxões, tinha os olhos claros de seu pai. Ele tinha um ar de calma e confiança. Quando havia confusão, não tinha medo, e essa intrepidez deixava os valentões inquietos. Ao entrar num lugar, as pessoas notavam. Elas continuavam a beber e fingiam alheamento, mas todos notavam sua presença. Como resultado, as brigas em geral aconteciam quando Nicolae não estava por perto. Na verdade, foram tantas as brigas evitadas que eu costumava pensar que Nicolae deveria ser empregado como mantenedor da paz não oficial.

Quando não conheciam Nicolae, às vezes ele tinha problemas. Quando eu cheguei, circulava uma história que o elevara ao status de lenda. Ele estivera no *crîşma* de um vilarejo próximo. Marishka, Natalia e um amigo chamado Petru estavam com ele. No *crîşma* estavam dez ou doze rapazes do local, que ficavam olhando as garotas. Como Petru era o mais fraco, foi o primeiro a ser provocado. Eles o ridicularizaram, depois o esbofetearam, e as garotas ficaram assustadas, sabendo que os homens nos vilarejos da Romênia carregam facas. Nicolae, Petru e as garotas deviam ter ido embora do *crîşma*. Em vez disso, houve um barulho ensurdecedor de garrafas quebrando, e estilhaços de vidro se espalharam pelo chão. Todos pularam desviando deles para ver Nicolae de pé no meio da sala. Ele tinha erguido uma mesa acima da cabeça e a lançado com toda a força no chão. Agora estava de pé esperando os rapazes do local aceitarem o desafio. Mas nenhum deles se moveu. Eles ficaram nervosamente esperando que outra pessoa fosse o primeiro. Nicolae os encarou e um por um eles saíram da sala murmurando «*Te aranjăm* – Vamos lidar com você mais tarde». Nicolae, no entanto, lidou com eles primeiro. Mais tarde naquela noite ele encontrou o homem que tinha batido em Petru. Levou semanas para que o homem e seus amigos, que tentaram ajudá-lo, saíssem do hospital.

Há muitas histórias similares, e, como resultado da reputação de Nicolae, quando ele estava comigo, me sentia seguro. Eu estava protegido dos golpes, mas nem sempre das vistas. Ainda tinha de assistir as garrafas sendo quebradas em cabeças, o sangue escorrendo de rostos e facas sendo plantadas em entranhas. As facadas eram tão rápidas que com frequência você só notava o que tinha acontecido no fim das contas. Se a briga acontecesse no inverno, na manhã seguinte a cena da briga ficava evidente pelas manchas de sangue escarlate sobre a neve alva. Os cachorros que vagabundeavam soltos pelo vilarejo lambiam as manchas até que elas eventualmente desaparecessem.

Quando Nicolae não estava por perto, outros cuidavam de mim. Uma noite no *crîşma,* Aurel, sogro do Cara, pediu que eu lhe comprasse uma bebida.

«Não compre», Marishka cochichou. «Ele já está bem bêbado.»

Recusei, e ele começou a erguer a voz. Eu era, ele disse, responsável por seu filho ter ido para a prisão, e agora nem lhe pagava uma bebida. Marishka e Eugen tentaram acalmá-lo. Não tiveram sucesso. Em vez disso, ele puxou a faca e declarou que ia cortar a minha garganta. Todos deram um passo para trás, exceto Marishka. Ela foi direto até ele, tomou a faca de sua mão e lhe disse que ele devia se envergonhar.

«Você não entende romeno?», ela disse. «Você já bebeu demais. *Du-te acasă prostul Dracului!* – Vá para casa, seu imbecil do diabo!»

Eu a agradeci.

«Não se preocupe», ela disse, como se nada tivesse acontecido. «Você tem que mostrar que não tem medo, ou as coisas só pioram.»

Eu não via Natalia com frequência, mas às vezes nossos caminhos se cruzavam. Num domingo ela e eu nos vimos juntos na igreja ortodoxa. Nicolae tinha convidado Marishka e eu para sermos padrinhos de sua filha. Não era, no entanto, a época do mês adequada para Marishka, e naquela condição ela não podia entrar na igreja ortodoxa, então Natalia a substituiu.

O padre estava ocupado com as orações junto ao iconóstase na entrada da igreja. Natalia e eu estávamos de pé ao lado da pia batismal, com cálices de água benta nas mãos.

«Olha só você parado aí fingindo ser todo santo», disse Natalia, «e fugiu com a minha irmã.»

Ela estava meio de brincadeira, eu podia dizer. De qualquer modo, estava com um novo namorado por quem estava muito apaixonada. Mas era divertido me alfinetar.

«Cala a boca, Natalia! Estamos numa igreja. É para a gente estar batizando a menininha do Nicolae.»

Natalia me acotovelou, e a água benta de meu cálice, que o padre tinha enchido e benzido, derramou no chão.

«Ah, pelo amor de Deus! Olha o que você fez agora!», eu disse irritado.

«Não importa. Tem mais um monte», ela disse, pegando uma jarra perto da pia e enchendo o cálice.

Então uma ideia divertida passou por sua cabeça. O padre estava de costas e ela derramou toda a água benta do cálice no alto da minha cabeça. A água escorreu pelo meu rosto e pela minha camisa, pingando no chão. Então ela alcançou a fonte mais uma vez e encheu seu cálice com a água da jarra.

«Obrigado por isso, Natalia», eu disse, secando a água do rosto e do cabelo com um lenço.

«Bem feito para você!», ela disse, com uma expressão de grande satisfação no rosto.

16
Extasiadamente alheio

Aprendeu a esperar de tudo, mas
sempre foi surpreendido.

Evelyn Waugh, *Black Mischief*

Por fim a casa azul estava pronta e Marishka e eu começamos uma vida contente em nosso novo lar. Plantamos uma horta, levamos móveis e vivemos felizes e confortavelmente sem água corrente ou banheiro. O lavatório era uma cabana de madeira, com um assento de madeira sobre um buraco no chão, situado perto do celeiro, que tinha uma vista gloriosa da colina e da floresta mais além. A banheira era uma grande tina de latão e estanho feita na Hungria antes da Grande Guerra, que ficava pendurada em um gancho reforçado na parede quando não estava sendo usada. A água vinha de baldes do poço. Todos os fogões, para aquecimento e para cozinhar, estavam cheios de lenha.

A hora do banho era um dos momentos mais prazerosos do dia. Uma hora antes, a água chiava em enormes caçarolas fumegantes no fogão com lenha queimando até que ela estivesse quase fervendo. A tina era colocada no meio da sala e a água, despejada nela com a ajuda de panelas menores com cabos longos. Enquanto eu chafurdava, Marishka continuava adicionando água quente à tina para que eu não ficasse com frio, e eu fazia o mesmo para ela. Nós dois saíamos esfregados e limpos como a mulher de um padre. A água era então entornada da beirada do alpendre no pátio e escorria pelo portão da frente. No verão, esquentávamos a água no sol, trancávamos o portão e tomávamos banho no pátio.

As galinhas e os patos de Marishka foram trazidos da casa de Attila, e sua vaca foi acomodada dentro do estábulo. Os patos eram originalmente filhotes que Natalia tinha comprado. Um dia na cidade alguns anos antes, eu havia lhe dado dinheiro para ir ao mercado comprar o almoço. Ela voltou para casa horas depois, em um ponto em que eu já estava faminto. Ela carregava uma caixa pequena. Dentro estavam cinco patinhos amarelos e macios com pequenos bicos cor-de-rosa. Elas os tirou da caixa e beijou cada um deles de leve no alto da cabeça.

«Eles são uns doces, não são?»

«É, são encantadores», eu disse impaciente, «mas e o nosso almoço?»

«Ah, não sobrou dinheiro para a comida.»

A primeira coisa que Marishka fazia todas as manhãs era recolher os ovos de onde quer que as galinhas os tivessem botado no feno do celeiro e apanhar o balde de leite do alpendre deixado pelo menino que ordenhava a vaca. Ela então soprava as brasas no fogão para atiçar o fogo, arrancando algumas páginas do último livro que estivesse lendo para ajudar.

Eu a tinha convencido a ler livros, e lhe dado um exemplar de *Orgulho e preconceito* traduzido para o romeno – *Mîndrie si Prejudecată*. No começo ela achou que eu estava brincando.

«Experimenta», eu disse, «você pode gostar. De qualquer modo, vai aprender alguma coisa sobre o ridículo povo inglês.»

«Eu não leio livros.»

Mas ela sabia ler, e um dia o pegou, o virou nas mãos e começou a ler. Depois de alguns dias, estava fazendo comentários. Eu me divertia com a sua indignação.

«Darcy é tão arrogante», ela disse ao terminar um capítulo, largando o livro.

Mas, à medida que lia, o exemplar ficava cada vez mais fino conforme ela arrancava páginas para acender o fogo. A natureza móvel e transitória das coisas estava em seu sangue. Ela viajava nos livros como em uma jornada, e, quando os terminava, eles não estavam mais lá. A ideia de livros como relíquias para gerações futuras é para pessoas estabelecidas. Para ela, eles eram momentos passageiros de prazer, como dançar.

Uma vez o fogo aceso, com a afronta mais recente de Darcy consumida por chamas, Marishka se pôs a preparar ovos mexidos, torrada e café. Eu tinha lhe ensinado a fazer ovos mexidos à inglesa. Com os ovos e leite dos mais frescos, eu comia um banquete toda manhã.

Marishka tomava conta de mim com muita atenção. Eu não podia nem ir buscar água ou cortar a lenha. Essas tarefas eram desempenhadas por ajudantes variados que apareciam de manhã e à noite. Depois de um tempo, no entanto, essa vida fácil, embora agradável, não me satisfazia.

«Eu não posso cortar a lenha e ir buscar a água?», perguntei a Marishka. «Precisamos mesmo que outros façam isso para nós?»

«Não, não se você não quiser que eles façam. Vá em frente. Faça você mesmo.»

Então tentei, mas, sempre que eu aparecia do lado de fora com um machado ou um balde, uma figura surgia do nada e insistia em me ajudar. Então à noite no *crîşma* eles ficavam em posições estratégicas, onde eu os veria, e me lançavam olhares comoventes. Eu não tinha escolha além de lhes pagar um copo de *rachiu*, uma cerveja ou um maço de cigarros.

Como resultado, eu raramente conseguia rachar nossa própria lenha ou ir buscar água. Marishka tinha deixado eu descobrir por mim mesmo. Sem dúvida ela já sabia. Era injusto não deixar as pessoas nos ajudarem. Elas às vezes esperavam por horas do lado de fora só para ter a chance de receber como pagamento uma bebida ou alguns lei para comprar pão para suas famílias.

Para contrapor o delicioso torpor em que eu estava sendo ninado por Marishka e seus muitos ajudantes, me lancei nos esforços para preservar os antigos prédios do vilarejo, que continuavam despencando aos poucos de todos os lados. Halma era um lugar lindo, mas estava continuamente se tornando uma grande ruína romântica, e muitas das casas, sem ajuda, logo seriam uma pilha de entulhos.

Por todo o vilarejo os telhados estavam despencando e as casas caindo aos pedaços. Com meus ajudantes fiéis, a maioria cigana, mas também alguns dos romenos mais pobres, eu tentava acertar as coisas. Com as ferramentas, os materiais e o incentivo, eles fizeram um trabalho maravilhoso para consertar o dano causado por dez anos de negligência. Gradualmente a aparência abandonada de Halma começou a mudar, e foram os ciganos, com suas habilidades extraordinárias como artesãos e seu trabalho duro, os amplamente responsáveis. Vigas, ripas e ladrilhos quebrados foram substituídos, e a cal que eu tinha preparado nos tanques foi inestimável para reparar as muitas paredes bambas e cobrir os buracos no estuque de diversas fachadas arruinadas. A maioria dos moradores do vilarejo achava que eu não batia bem da cabeça por estar consertando aquelas ruínas, mas eu estava feliz em ver as velhas casas a salvo, ou pelo menos ver suas vidas prolongadas, e aqueles que cuidavam das obras estavam felizes por ter um trabalho.

Depois do dia de trabalho, Marishka e eu passeávamos no centro do vilarejo para encontrar os animais vagando de volta do pasto. O ritmo lento e devaneador das vacas parecia espelhar o ritmo de nossas vidas. Embora trabalhássemos duro, Marishka limpando, lavando e cozinhando, eu supervisionando as obras, não era o mesmo trabalho do norte, onde os moradores dos vilarejos acordavam antes do amanhecer e iam para os campos antes de o sol aparecer atrás das colinas. Como a ordenha da manhã e o envio das vacas para o pasto eram feitos por um garoto empregado por Marishka, podíamos levar uma vida muito mais vagarosa.

À noite a vaca encontrava seu próprio caminho para os estábulos, era ordenhada e recebia o alimento noturno. Então, uma vez que Marishka tinha entregado o leite para o responsável pelos laticínios, nós íamos para o *crîşma,* onde a maior parte do restante do vilarejo se reunia toda noite para se atualizar sobre os acontecimentos do dia.

Depois da hora da ordenha, todos os caminhos levavam ao *crîşma*, e, como para anunciar esse fato, do lado de fora da porta ficava uma coleção de diferentes baldes de ordenha remendados e leiteiras amassadas. O bar, o único do vilarejo, era um local de encontro para fofocar, uma arena para discussões e local de dança vigorosa. Era um lugar todo som e fúria, música e brigas, que no fim não queriam dizer nada, ou pelo menos muito pouco – mas então quem ligava para alguma coisa querer dizer alguma coisa. Era um caos glorioso e emocionante, e um pilar de onde os habitantes mais pobres do vilarejo cambaleavam de uma noite para a outra e seguiam para o bem ou para o mal com suas vidas tempestuosas.

O bar era um único cômodo comprido e estreito com alguns móveis baratos espalhados e um bom fogão de metal de manufatura cigana em um canto. Todos os móveis tinham sido quebrados ao longo dos anos no decorrer de uma diferença de opinião ou outra, mas pouco importava, pois uma mesa com três pernas pode ser escorada na parede, e uma cadeira de apenas três pernas pode sustentar um homem se ele sentar do modo correto.

Marishka gostava de ir ao *crîşma* mais do que tudo. Era o centro vibrante da vida do vilarejo, especialmente para os ciganos, que, por causa de sua atitude mais irreverente em relação à vida, passavam mais tempo no bar do que os outros. Foi lá, sentado em cadeiras quebradas, que comecei a pegar algumas noções da língua cigana.

«*So cames te pes?* – O que vai querer beber?», alguém me dizia quando Marishka e eu entrávamos no bar. Os que falavam o idioma cigano se divertiam à beça com um *gajo*, um não cigano, que desejava aprender sua língua.

«*Ma pau edgy bere* – Vou tomar uma cerveja», eu respondia, e uma garrafa era aberta no dente de alguém e colocada diante de mim na mesa de três pernas.

«*Te te as bachtalo!* – Te desejo boa sorte!», eles dizem ao erguer as garrafas para brindar.

«*Te jivez ke bud birsch!* – Que você viva muitos anos!», eu respondia.

«*So kergeas ages?* – O que você andou fazendo hoje?», eles perguntavam.

«*Canj* – Nada», eu podia responder, à moda tradicional, ou «*Uiliam co orasi* – Eu estive na cidade», e assim a conversa continuava, até que uma discussão inevitável começava para corrigir o modo de falar cigano. Eram tantos os dialetos. Os tios de Marishka (alguns eram de sangue, outros casados com as tias de Marishka) falavam diversos e estavam sempre em desacordo.

«*Mo pralo!* Ah, irmão! Você não sabe do que está falando. Você fala *Corturărești*, eu falo *Țigănești* puro.» (A palavra *pral* chegou ao romani inglês como *pal* [companheiro] e é uma das poucas palavras ciganas a ter entrado na língua inglesa.)

«Cala a boca! *So dillo manuși sinyal!* Você fala cigano mestiço. Cada frase que diz está abarrotada de palavras húngaras e romenas...»

Felizmente eles não partiam de fato para as pancadas.

Eu tinha mergulhado no ocasional livro a respeito da língua cigana, embora nunca a tivesse estudado de perto, mas às vezes eu pegava pistas sobre sua origem por acaso. Na Romênia eu calhara de conhecer uma mulher cuja família vinha do noroeste da Índia. Ela estava intrigada com a grande semelhança entre os ciganos e os indianos. Você pode ver a similaridade em seus rostos, suas roupas, suas joias, no modo como ficam de pé, se sentam e sobretudo se acocoram, pode ouvi-la em sua língua. Quando a moça conversou com os ciganos em seu dialeto indiano, eles conseguiram entendê-la. Eu fiquei intrigado e a testei com algumas palavras e frases ciganas simples.

«Então o que '*So keres?*' significa?», perguntei. Sem hesitar, ela respondeu: «Quer dizer 'Como você está? O que você está fazendo?', algo assim». Eu experimentei outras frases e ela as adivinhou. Então tentei a palavra *bacht*. Em cigano *bacht* significa «sorte» e eu sabia que significava o mesmo no Afeganistão e na Pérsia.

«Não», ela disse, «não conheço essa palavra.»

Eu tinha testemunhado em primeira mão o que os linguistas lhe diriam: que a língua cigana tem base em um dialeto do noroeste da Índia, mas que muitas palavras foram apropriadas em sua grande migração pelo Afeganistão e pela Pérsia rumo ao sudoeste da Europa.

Com frequência os dois membros ainda vivos da banda da família de Marishka, Gabriel e Ovidiu, estavam no *crîşma*.

«Já não tocamos muito», eles me disseram. «Desde a Revolução não conseguimos fazer dinheiro como músicos. As fábricas na cidade fecharam, os trabalhos ficaram mais escassos, menos pessoas se casavam ou tinham dinheiro para se casar, e cada vez menos éramos chamados para tocar. Perdemos a prática. Hoje em dia tocamos na maioria das vezes por diversão, no Ano-Novo, Natal ou em alguma festa ocasional, ou para você se nos pedir», eles disseram sorrindo. «De qualquer modo, agora que não temos mais Andrei – que Deus descanse sua alma! – não somos mais exatamente um grupo, só dois de nós e uma percussão. Nosso tio Vergil ainda está vivo em Sighişoara, mas está velho e não tem um violino. O filho dele costumava tocar o violino magistralmente, mas também teve que abrir mão dele.»

«A vida era melhor para nós antes da Revolução», eles disseram – uma frase que eu já tinha ouvido muitas vezes.

Quando não estava conversando sobre as coisas do mundo, eu jogava xadrez com Attila ou Nicolae ou com quem quer que estivesse disponível. Em meio a um jogo tranquilo com Attila uma noite, um homem barbudo que estivera sentado no canto, com a cabeça balançando sobre o copo de *rachiu*, se aproximou de mim. Era, aparentemente, o padre. Ele tinha ouvido falar que Marishka e eu tínhamos nos mudado para a casa azul e perguntou se eu gostaria de fazer contribuições para a igreja. Marishka fez gestos urgentes do outro lado do salão para que eu não desse nada a ele, então arrumei desculpas. Ele se afastou. Marishka veio até mim.

«Ele está bêbado e só quer que você pague outra bebida para ele. Você deve fazer contribuições para a igreja para os administradores da igreja. Se as der para o padre vai tudo para o álcool.»

«De qualquer modo», disse Attila enquanto ele dispunha as peças de xadrez para um novo jogo, «ele não deve falar de dinheiro no *crîşma* e pronto.»

Mais tarde naquela noite, quando estávamos prestes a voltar para casa, o padre acenou conspiratório para que eu me aproximasse. Em tons sussurrantes ele perguntou se eu gostaria de comprar um velho ícone valioso.

«O que aquele bêbado bobo queria?», Marishka perguntou quando caminhávamos para casa pela trilha iluminada pelo luar.

«Ele queria me vender um ícone. Você acha que ele está tentando me vender os conteúdos da igreja dele para comprar bebida?»

«Provavelmente. Não me surpreende.»

«O ícone é da igreja?»

«Quase com certeza. De onde mais ele viria?», ela disse.

Na noite seguinte o padre veio até mim mais uma vez enquanto eu estava sentado com Marishka ao lado da ponte esperando a vaca voltar para casa.

«Ah, não, o que esse tinhoso quer agora?», Marishka disse quando o viu se aproximando, não usando talvez o termo correto para se referir a um homem de batina.

«Marishka! Por favor, não cause problemas.»

«Não se preocupe, eu não vou», ela me tranquilizou, «só que mais tarde eu vou te contar umas histórias.»

Mais uma vez me pediu contribuições para a igreja. Ele me explicou que a igreja precisava de reparos. Eu lhe disse que não tinha dinheiro comigo, mas que eu mesmo consertaria o telhado da igreja para ele. Ele se afastou parecendo profundamente decepcionado.

«Então, o que o padre fez para te aborrecer?», perguntei a ela mais tarde naquela noite.

«Eu acredito em Deus», ela disse, «mesmo que às vezes seja difícil quando você vê as coisas que aconteceram com a gente. Esse homem é padre e eu devia respeitá-lo, mas como posso fazer isso quando vejo o tipo de homem que ele é? Na Romênia existe um ditado 'Faça como o padre diz, não como ele mesmo faz', mas com certeza deve haver um limite para quão mal um padre pode se comportar. Qualquer dinheiro que ele recebe das pessoas aqui, qualquer doação para a igreja, ele gasta no *crîşma* com bebida. Então uma noite, bêbado, ele sugeriu que eu voltasse sozinha com ele para a casa da paróquia, já que sua mulher não estava. Eu não acreditava no que estava ouvindo, mas, para lhe ensinar uma lição, eu disse para ele ir para casa e esperar por mim. Ao se afastar, ele disse: 'Você promete que vai vir, não é?'. Eu prometi e voltei para o *crîşma*. Meia hora depois ele apareceu, me olhou de cara feia e bateu nas bochechas como os romenos fazem para sugerir que eu o tinha tratado mal. Eu só dei risada dele, fiz um sinal rude, que é tudo o que ele merece. Ele também tentou seduzir Natalia. Pergunte para ela. E agora está tentando vender os conteúdos da igreja para você.»

Marishka não era de se acovardar diante de um enfrentamento. Ela podia não ter tido nenhuma educação formal, mas tinha um senso de justiça refinado e, como seu pai, não tinha medo de dizer a verdade na cara de qualquer pessoa, fosse quem fosse. Quando percebia uma injustiça, em vez de recuar para as sombras como outros faziam (uma linha de ação muito mais sábia), se erguia sem pestanejar e intervinha a favor do lado fraco sem pensar um segundo nas consequências. Era uma qualidade nobre, mas, como os húngaros dizem, a pessoa pode cair do lado errado do cavalo. Às vezes ela ia longe demais, e em sua cruzada destemida contra a injustiça fez muitos inimigos, e esses inimigos eram em geral poderosos e influentes.

Uma noite tinha acontecido uma discussão no *crîşma*. Um cigano gritara com um dos amigos do policial. Barbu apareceu prontamente na manhã seguinte para tomar o depoimento de testemunhas selecionadas. Marishka foi até ele. Eu pressenti que aconteceriam problemas.

«Você é policial», ela gritou com ele, «mas não sabe nada sobre justiça! Se um romeno tivesse insultado um cigano, você teria vindo correndo aqui esta manhã? Não, não teria. Tudo o que sabe é que os romenos são inocentes, sobretudo se são seus amigos, e os ciganos são culpados. É só isso. Mas vá se olhar no espelho. Vai ver que é tão cigano quanto qualquer um. Você é tão escuro que parece que um fogão esvaziou toda a fuligem na sua cabeça!»

Eu estava de pé perto de Nicu, o cigano Băiaş que eu tinha conhecido quando fui pela primeira vez a Halma.

«Gostei disso», ele sussurrou para mim. Havia rebeldia nos ciganos, mas poucos deles ousavam confrontar a polícia daquele jeito.

Eu não conseguia entender como aqueles rompantes eram úteis e tentei levar Marishka para casa, em vão. Ela não seria impedida de descarregar sua ira, e em público, contra o homem que ela julgava responsável por tantos dos pesares de sua família.

«Marishka, você tem que controlar o desejo de dizer a todo mundo o que acha deles», recomendei no fim das contas. Ela me lançou um olhar fulminante.

É claro que eu sabia das injustiças contra os ciganos, e estava apavorado com o que tinha visto e ouvido. A morte de Andrei já tinha sido chocante o bastante para qualquer um. Mas não queria ter uma discussão com a polícia ou com qualquer outra pessoa. Tudo o que eu queria era viver em paz com Marishka, e para isso tentava ser o mais discreto possível.

Mas só por ter ido morar com ela eu tinha dado na vista. Não só Marishka era incontrolavelmente franca, mas ela e sua família eram ciganos; eles já não eram nômades, nem usavam as roupas tradicionais, mas eram claramente ciganos. «O lobo troca de pelagem mas não de natureza», era o ditado romeno. E ficar do lado dos ciganos não era algo que facilmente se perdoava. Nas ruas os romenos deixavam seus sentimentos bastante claros.

«Como você pode morar com os ciganos? A sujeira e os piolhos», diziam. «Eles vão roubá-lo e enganá-lo»; «Por que não faz amizade com gente certa? Eles não são nem meio educados. Marishka não é apropriada para uma pessoa como você», eles diziam.

«Bem, não sei», eu respondia, dando de ombros, «eles parecem bem limpos para o meu gosto.»

À noite eu contava para Marishka o que as pessoas tinham dito.

«Por que eles não cuidam da vida deles? O que a gente fez para eles?»

Apesar de todos os comentários, no entanto, e do óbvio transtorno, eu não me sentia ameaçado. Presumi que o momento passaria. De qualquer modo eu tinha, havia pouco, consertado o telhado da igreja ortodoxa, como tinha prometido ao padre, da igreja saxã e de diversas casas do vilarejo. Mais importante, eu tinha consertado o cocho de água no centro do vilarejo, o único lugar na seca atual onde havia água corrente e as vacas e cavalos podiam beber. Isso era algo pelo qual todos, romenos, saxões e ciganos, deviam ser gratos – ou pelo menos era o que eu pensava.

Nesse meio-tempo, portanto, eu vivia extasiadamente alheio ao que estava sendo armado por trás das cortinas. Eu estava feliz com a minha cigana morena e ela estava feliz comigo. Era tudo o que importava. Foram muitos os alertas, mas eles foram embora despercebidos na brisa cálida do verão, sem consequência quando comparados ao prazer de estar entrelaçado com Marishka e seu modo de vida.

17
Mercados da Transilvânia

> Não resta nada desse tipo no ocidente que seja tão pitoresco como uma feira romena.
>
> Sacheverell Sitwell,
> *Roumanian Journey*

Os bosques aparentemente infinitos e as vastas pastagens próximas ao vilarejo de Marishka, onde nenhuma cerca perturbava o fluxo e onde trilhas grosseiras de carroças se espalhavam em todas as direções, faziam dos cavalos o meio de transporte perfeito. Havia poucas estradas apropriadas para carros, e subir as colinas a cavalo era em geral o jeito mais rápido e fácil de chegar aos vilarejos vizinhos. Quase toda família em Halma, por mais pobre que fosse, tinha um cavalo. Eu estava vivendo em um país em que o número de cavalos facilmente ultrapassava o de carros, e em que o cavalo era o bem mais estimado de uma família.

Nos anos 1990 havia quase com certeza mais cavalos na Romênia do que em qualquer outro país da Europa. Isso apesar da política modernizadora do governo comunista nos anos 1950 e 1960, que pretendia livrar a Romênia dos cavalos. Os cavalos, estava decidido, eram um sinal de atraso. Os camponeses, de acordo com ela, foram obrigados a entregar seus fiéis animais para serem abatidos. Centenas de milhares morreram, e no lugar deles tratores rodaram vilarejo adentro acompanhados por donzelas balançando bandeiras e cantando canções patrióticas reminiscentes de uma cena de um filme de propaganda de Eisenstein. Mas apesar de toda a encenação, a política não foi bem-sucedida; em muitas partes do país os tratores simplesmente não eram uma alternativa prática, os cavalos eram mais adequados para o terreno e para as tarefas, e precisavam apenas de feno como combustível, o qual os camponeses podiam produzir sozinhos. Pouco a pouco os cavalos retornaram. Quando eu fui morar na Romênia, restavam apenas alguns tratores, mas os cavalos eram vistos por toda parte, tanto no campo quanto nas cidades.

Nós tínhamos uma vaca e compramos um porco, e algumas galinhas e patos cacarejavam e gingavam pelo pátio. Mas, desde que tinha ido morar com Marishka, eu sonhava em ter um cavalo também, ou, ainda melhor, um par de cavalos, para cavalgar e puxar as carroças.

Sonhar em ter um cavalo era fácil, mas encontrar um bom para comprar era um desafio. Eu tinha sorte de ter Nicolae como guia. Ele era um cavaleiro consumado. Montando sempre sem sela, ele exercia uma influência calma até nos animais mais apavorantes de que outros não ousavam se aproximar, muito menos montar. Qualquer cavalo selvagem podia ser domado, e ele podia convencer qualquer pangaré lento a galopar pouco depois de tê-lo montado. Nicolae tinha uma aura que eles respeitavam.

Comprar nos mercados da Transilvânia era particularmente arriscado. Não demorou para que ficasse evidente para mim o fato óbvio de que qualquer cavalo ou vaca que prestasse e estivesse a um preço razoável já teria sido arrematado muito antes de chegar ao mercado. Nos mercados as pessoas vendiam o que não tinham conseguido vender em outro lugar. O melhor elas guardavam para si mesmas; o segundo melhor era vendido para as pessoas do vilarejo que sabiam o que estavam comprando. O que chegava ao mercado provavelmente era de má qualidade, e possivelmente algo de que os donos estavam desesperados para se livrar.

Os cavalos davam coice, abocanhavam ou empacavam. Outros fugiam de veículos motorizados (e eram portanto muito sensatos, mas não úteis). O mesmo acontecia com as vacas: ninguém ficaria com uma vaca que produzisse menos leite por dia do que o suficiente para mantê-la, e todos no vilarejo sabiam quais eram essas vacas; esses animais mais fracos só podiam ser vendidos no mercado. Os vendedores astutos não ordenhavam as vacas de manhã, ou até mesmo na noite anterior, para que quando elas chegassem ao mercado o leite estivesse pingando de suas tetas inchadas. As vacas com leite pingando das tetas, Nicolae me informou, deviam ser evitadas a todo custo.

É verdade que alguns cavalos magníficos de fato chegavam ao mercado, mas esses eram mais para exibição do que para venda. Os *Geambași*, como os negociantes de cavalos ciganos eram chamados, se reuniam nos mercados para exibir seus melhores cavalos uns para os outros e para os camponeses das cercanias. Era uma maneira de anunciar seus produtos, assim como os ferreiros ciganos, os *Căldărari*, vagavam pelo mercado com uma panela de cobre nas mãos, ou os latoeiros carregavam uma amostra de caleira ou cano de escoamento ornado debaixo do braço. Os *grei* ou os *semi-grei*, os cavalos robustos para carroça, ficavam de pé com suas pelagens lustrosas, crinas compridas escorridas, cascos enormes e músculos definidos, para serem admirados pelos frequentadores do mercado. Penteados, escovados e bem cuidados à perfeição, esses eram animais para exibição, dois dos quais poderiam ser comparados com tratores. Esses dois cavalos estavam teoricamente à venda, mas os preços eram tão altos que quase nunca eram vendidos. Eles eram levados para mostrar o olho que os ciganos tinham para cavalos e como cuidavam esplendidamente bem deles.

Havia outros cavalos à venda, e a preços razoáveis, mas, quando ouvi falar dos truques que os *Geambași* empregavam, fiquei impressionado com o fato de que alguém alguma vez comprasse nos mercados. Havia toda uma variedade de falcatruas para fazer um cavalo empinar e parecer ativo como se pisasse em brasas, desde rechear seu traseiro com páprica a lhes dar uma boa dose de *rachiu* como café da manhã, ou aferroá-los com um porco-espinho pela manhã de modo que você só precisava tocá-los no mercado para que ficassem selvagens. Ouviam-se incontáveis histórias sobre como os *Geambași* compravam cavalos fracos e faziam todo o possível para arrumá-los, fazê-los parecer vivazes, só pelo período que durava o mercado; o cavalo era vendido, mas depois de alguns dias o novo proprietário descobria que tinha comprado um engodo. Um dos truques mais desagradáveis era fechar um alfinete sob a cauda do cavalo logo antes do mercado. O cavalo era vendido, mas, ao longo das semanas, devido à crescente dor por causa do alfinete, ficava cada vez mais magro até que o dono o levava de volta ao mercado, onde era vendido por uma pechincha a um amigo do mesmo *Geambași* perverso. O alfinete era então removido e o processo poderia ser repetido por quantas vezes eles conseguissem se safar.

Embora eu soubesse desses truques, ainda era tentador comprar, já que alguns dos animais eram particularmente bonitos. Carroças de feno que viajavam ao longo das trilhas da Transilvânia costumavam ser puxadas por cavalos de postura mais altiva, que mantinham a cabeça erguida e levantavam os cascos de um modo mais aristocrático. Eles eram mais refinados e tinham uma beleza mais clássica do que os cavalos de carga e de montaria da área. Esses eram Lipizzaners, ou cruzamentos de Lipizzaner, descendentes dos cavalos criados pelo imperador Maximiliano II da Áustria a partir do cruzamento de éguas cársias da Antiguidade com garanhões espanhóis nos anos 1560, e cujos primos mais elegantes empinavam e faziam truques na Escola de Equitação Espanhola de Viena. Na Romênia, não muito longe de Halma, havia muitos haras de Lipizzaner. O mais importante estava em Sîmbăta de Jos. De fato, na época da Revolução, dizia-se que Sîmbăta de Jos era o maior haras de Lipizzaner do mundo, com mais de seiscentos cavalos, todos alinhados em seus boxes de acordo com suas idades e cores – os Lipizzaner gradualmente mudavam de cor do preto ou marrom-escuro para branco (cinza) à medida que envelheciam. Sîmbăta de Jos era maior do que todos os haras famosos de Lipizzaner da Áustria, Eslovênia ou da Espanha, e havia, diziam, mais cavalos Lipizzaner na Romênia do que em todo o resto do mundo. Com os haras Lipizzaner por perto, sangue Lipizzaner inevitavelmente se espalhava pelos campos dos arredores, e nas feiras sempre havia alguns cavalos dessa linhagem.

Os haras Lipizzaner foram estabelecidos durante o século XIX, quando ficou decidido que a criação de gado na Transilvânia deveria ser melhorada para fornecer boas remontas para a cavalaria habsburga. Na época das Guerras Napoleônicas, para escapar da aproximação do exército francês, os garanhões de Viena tinham sido levados para Mezöhegyes, na Hungria. De lá, anos mais tarde, alguns foram mandados para Sîmbăta de Jos, no sopé dos Cárpatos, onde ficaram até 1919. Então, logo antes de a Transilvânia se tornar parte do Reino da Romênia, os últimos oficiais imperiais que ficaram em Sîmbăta de Jos depois da Grande Guerra, ao perceber que os romenos estavam a caminho de se apossar dos cavalos, partiram em direção à Hungria com o maior número de cavalos que conseguiram. Os cavalos que ficaram para trás foram levados com orgulho pela família real romena e os haras sobreviveram. Mesmo depois que o comunismo assumiu em 1948, os haras foram preservados, e assim, ironicamente, por mais de quarenta anos o Estado marxista estava fortemente subsidiando a criação de «cavalos de reis». De fato, durante o governo comunista os haras prosperaram. A grande beleza de um cavalo como o Tulipan XIV, agora em idade avançada, é prova suficiente.

Só depois da Revolução de 1989 os haras começaram a se deteriorar. O Estado parou de subsidiá-los, e os administradores dos haras começaram a vender cavalos para fechar as contas. Os ciganos, de famílias que tinham se estabelecido em Sîmbăta por causa do haras, que geração após geração tinham cuidado de cavalos, foram expulsos e seguiram para a Polônia mendigar. Gradualmente os excelentes haras de Lipizzaner da Transilvânia afundaram em dívidas e desespero, e pouco tempo depois foram vendidos para compradores particulares.

Uma das técnicas que os *Geambași* usavam para vender cavalos eram as *probe* ou «provas». A primeira vez que vi uma *probe* foi no Maramureș. Eu estava embromando feliz pelo mercado, admirando os arreios e as cabeçadas à venda e os comparando sempre desfavoravelmente com as belas criações de Mihai, quando de repente uma carroça lotada de gente irrompeu pela multidão. De pé, agarrando as rédeas com uma mão e girando um chicote sobre a cabeça com a outra, estava um cigano bigodudo e de olhar desvairado. «Haaa!», ele bramiu enquanto estalava o chicote, e os espectadores saltavam fora do caminho. Foi então que percebi que as rodas da carroça pareciam estar emperradas. «Idiotas», eu pensei, «olha só o coitado do cavalo tentando puxar essa carga tão pesada e eles esqueceram de tirar os freios.» Eu estava prestes a dar um passo à frente e mostrar para o cigano a razão óbvia pela qual o cavalo só estava conseguindo galgar alguns metros por vez e com um esforço tremendo, quando Mihai segurou meu braço e disse «*Sînt probe* – São provas». O cigano estava demonstrando a força e a determinação do cavalo que ele estava tentando vender. «Haaa!», ele berrou novamente, e dessa vez o cavalo se ergueu nas pernas traseiras com uma expressão desvairada nos olhos.

Em um mercado a *probe* saiu de controle. O cavalo colocado à prova, conduzido por um cigano, topou com um cavalo parado tranquilamente ao lado de sua carroça. Esse cavalo empinou e caiu de costas, aterrissando sobre a carroça com as pernas para o alto. O dono do cavalo, também um cigano, explodiu e pouco tempo depois uma briga irrompeu envolvendo pedras, chicotes e punhos, durante a qual outro cavalo por perto, preso a uma carroça, se assustou e saiu em disparada, galopando em uma velocidade apavorante pelo mercado, dispersando pessoas e animais. Um dos ciganos, que já estivera brigando, ficou no caminho para tentar pará-lo, mas foi esmagado por cascos e rodas. O homem ficou estirado no chão, enquanto os espectadores corriam para ver se ele ainda estava respirando. Ele ficou lá deitado sem se mover por muitos minutos e depois, muito de repente, se ergueu, bateu a roupa, afastou a multidão preocupada e, como se nada tivesse acontecido, imediatamente voltou à rixa. Ninguém tentou parar a briga. Desde que os ciganos não incomodassem outras pessoas além deles, ninguém sem importava. Todo mundo só ficou parado assistindo, fazendo tsc-tsc. «Ciganos», diziam. «O que esperar?»

À medida que os dias de mercado avançavam, os comerciantes começavam a se dispersar devagar. Ciganas em seus vestidos florais vermelhos se içavam às carroças e se ajeitavam com suas saias sobre cobertores e feno. As crianças iam correndo atrás e pulavam para embarcar quando as carroças faziam a curva saindo do campo e rumando para casa, e as ruas do vilarejo queimavam enquanto avançavam galopando pelas estradas, os condutores de pé, gritando para aqueles que seguiam, chicote nas mãos, as ferraduras dos cavalos faiscando nas pedras. Então eles saíam da estrada e partiam para os campos e pela floresta para voltar a seus vilarejos, seus roteiros não limitados por cercados ou cercas-vivas, a simplicidade do campo espelhando e proporcionando suas vidas errantes.

Os mercados eram eventos pitorescos, com ciganos de tantos tipos diferentes, os velhos *Corturari* com suas longas barbas grisalhas descendo pelo rosto até o peito, e os pastores transilvanos usando seus característicos calções e coletes marrons de tecido *loden*, com seus chapéus arredondados de veludo preto, como um chapéu-coco, só que mais alto e com abas menores, se equilibrando no alto da cabeça. O clima era estimulante com tantas pessoas e animais se aglomerando, e o barulho da *probe* ecoando ao fundo.

Mas era melhor não ser tentado a comprar um cavalo. Muito melhor seria comprar um no vilarejo, onde você conheceria sua procedência, se ele tinha sido tratado de modo apropriado e se tinha algum mau hábito. Os ciganos sabiam de cada detalhe ou defeito de cada cavalo local e reconheciam os cavalos mais prontamente do que reconheciam humanos. Se uma carroça se aproximava de longe, eles identificavam o condutor pelos cavalos que a puxavam. Quando eu me via por vilarejos vizinhos, montando ou conduzindo cavalos emprestados, as pessoas me perguntavam: «Como está a vida em Halma?».

«Como vocês sabem que eu vim de Halma?» Eles simplesmente apontavam para os cavalos.

Nicu, o cigano Băiaş que me acompanhou nas minhas primeiras caminhadas pela cidade logo que cheguei, me vendeu meu primeiro cavalo. Ele precisava de dinheiro para pagar uma multa da polícia. De tanto puxar durante o inverno, e de não ter recebido feno de boa qualidade, a égua estava agora magra e doente. Nicolae me assegurou que, apesar das aparências, ela era uma boa égua, então entreguei a Nicu o dinheiro que ele tinha me pedido, dei à égua um pouco de vermífugo em pó, feno melhor, e dentro de um mês ou dois ela estava em forma e forte, quase nem parecia o cavalo que eu tinha comprado.

Antes de eu tê-la comprado, ela estava acostumada a puxar carroças cheias de sucata de metal até a cidade – uma das maneiras pelas quais os ciganos naquela época conseguiam um pouco de dinheiro extra. A maioria recolhia o metal de porta em porta, perguntando às pessoas se elas tinham alguma coisa que precisava ser descartada. Outros eram mais inventivos e mais ambiciosos. No jornal nós lemos sobre ciganos que, uma noite, quando ninguém estava olhando, tinham derrubado uma torre de eletricidade de trinta metros de altura. Outros arrancaram a placa nova em folha do condado, bastante kitsch, de aço inoxidável, que tinha sido inaugurada com muita cerimônia apenas uma semana antes. Aço inoxidável tinha um bom preço. Foi, no entanto, outro crime incompetente de dar dó, já que era mais do que óbvio de onde o monte de aço inoxidável tinha vindo, e o comerciante de sucata, assim que viu as mercadorias, não desejando problemas, ligou para a polícia. Os ladrões foram presos e a placa, substituída por outra de metal mais inferior.

Burețoică, como o cavalo ficou conhecido, era uma égua de carga corajosa, mas pequena demais para se montar. Nicu, no entanto, tinha outra potranca maior que ele havia comprado ainda potra. Ela agora estava grande e impetuosa, com olhos atentos e orelhas apontadas para a frente, mas nunca tinha sido montada. Nicolae se ofereceu para experimentá-la. Não havia sela, mas em um movimento ele subiu no seu lombo e a lançou num galope ao longo da trilha, pedras voando para trás, pela praça do vilarejo e de volta a toda a velocidade, os cascos mal tocando no chão. Ele a deteve em uma parada abrupta diante de nós, a égua se inclinando para trás em suas ancas, quase em posição sentada com as pernas dianteiras para o ar. «Ela parece o.k.», ele disse tranquilamente enquanto descia. Eu por minha vez a experimentei, mas de um modo muito mais inglês, com uma sela, procurando trotar e conduzir a meio-galope de modo controlado. Para um cavalo não domado, ela parecia entender o que fazer, mesmo um pouco errática, então eu paguei o preço pedido e por fim adquiri o cavalo de montaria que queria.

Eu nunca tinha domado um cavalo antes, mas Nicolae me garantiu que não era algo complicado. Ela balançou a cabeça quando tentamos vestir a cabeçada, e, quando a selamos pela segunda vez, ela voltava o olhar nervosa para trás, para ver que diabos nós estávamos aprontando. Ela se deslocou e procurou arrancar, mas, segurando-a firme sob o queixo, apertamos a cilha. Como ela era forte e difícil de segurar, subi imediatamente em seu lombo. Tentei mantê-la no arreio curto, com a cabeça erguida, para impedir que saísse galopando pela praça. Ela trotou até os limites da cidade, onde eu afrouxei um pouco as rédeas e ela disparou pelos campos. A sela a incomodava, e ela guinava para o lado, irritada, mas ao longo dos dias se acostumou, e demos muitos galopes contentes sobre os montes e pelas florestas. Em qualquer vilarejo que eu me encontrasse, enquanto tomava cerveja no *crîşma* e a égua pastava no gramado do lugar, todos os ciganos do local, especialmente as crianças, se juntavam. «De onde ela é?», perguntavam. «Como é que ela cavalga?» «Onde você a comprou?» «Quanto tempo ela tem?» Eles nunca perguntavam de onde eu era. O mundo exterior era de uma irrelevância gloriosa. Eles só estavam interessados no cavalo.

18
O distante assobio dos pastores

> Esta noite lobos cercaram as ovelhas
> antes de elas serem levadas de volta
> para o cercado, e Nicolae ficou sozinho na colina com elas. O grito alcançou toda a cidade e todos correram para a floresta. Estava um breu,
> mas do vilarejo dava para ouvir os
> gritos, os assobios, latidos e a briga
> dos cachorros. Eles conseguiram levar
> as ovelhas de volta para o cercado,
> mas os lobos pegaram uma cabrita.

Cadernos, 2001

No meio da Piazza Colonna em Roma fica uma magnífica coluna de mármore de acordo com a qual a praça foi batizada, erguida para celebrar as duas invasões do imperador Trajano à Dácia nos primeiros anos do século II d.C. Dácia era o antigo nome romano de uma área que incluía a maior parte do que é hoje a Transilvânia. Dizem que os dácios, que combateram corajosamente os invasores romanos mas foram por fim derrotados, são os ancestrais dos atuais romenos. Não é fácil enxergar os detalhes dos relevos que sobem em espiral por mais de trinta metros, mas, se você visitar o Victoria and Albert Museum, há um molde de gesso da coluna, convenientemente exibido em duas partes.

Lá você pode ver com mais facilidade os dácios usando camisas compridas e calças coladas que ainda hoje são vestes típicas romenas, e, se você observar o painel mais alto, talvez consiga divisar uma cena desses dácios, então derrotados, se retirando para as colinas acompanhados de um pequeno rebanho de ovelhas e bodes.

A criação de ovelhas e bodes e a fabricação de queijo era uma das principais atividades dos romenos mesmo antes de os romanos chegarem. Histórias de pastores e suas ovelhas são o tema de muitas lendas, canções e baladas da Romênia, a mais famosa delas a *Miorița*, e na Idade Média uma parte considerável do tributo que os transilvanos pagavam aos turcos otomanos era em ovelhas e cordeiros.

No norte, no Maramureş, eu tinha ajudado os moradores do vilarejo com a lavoura. No vilarejo de Marishka havia muita terra desocupada, e parecia uma oportunidade de ter meus próprios animais e plantações para tentar produzir nossa própria comida. Os irmãos de Marishka, Nicolae e Eugen, estavam dispostos a ajudar. Ovelhas pareciam os animais mais óbvios para criarmos, então pouco depois eu comprei um pequeno rebanho para produzirmos queijo e carne.

Naquele verão, nós construímos um pequeno redil nas colinas, levamos as ovelhas até lá e convencemos um velho pastor cigano chamado Nene Niculaie a cuidar delas. Ele chegou, com seu rosto coriáceo encarquilhado pelos anos de sol nas colinas, carregando sua capa de pele de ovelha, seguido por três cães ferozes.

Na Transilvânia a criação de ovelhas envolve vigilância constante e uma matilha de cães grandes e bem treinados. Os cachorros não são para pastorear, mas para proteção contra animais selvagens. Nas Ilhas Britânicas os ursos foram dizimados até o século XVI, e dizem que o último lobo foi alvejado por Sir Ewen Cameron de Lochiel em 1686. Mas aqui os lobos ainda carregam ovelhas pela pele da nuca e ursos rasgam porcos ao meio como pedaços de pão. Como Gregor Von Rezzori escreveu em uma de suas belas memórias sobre a Romênia, «A brandura poética dos montes floridos enganava demasiado ao turvar a selvageria das florestas fechadas». Você não pode deixar as ovelhas sozinhas nem por algumas horas. Um pastor que uma vez conheci me contou lugubremente como alguns anos antes ele não tinha conseguido resistir à tentação de tomar uma bebida em um vilarejo vizinho. Quando voltou para a colina descobriu que jánão havia sequer uma ovelha de que cuidar; em um furor os lobos tinham matado cada uma delas.

Marishka e eu costumávamos passar pelo cercado e nos sentar com os pastores. Uma noite, do lado de fora do abrigo simples de pasto de Nene Niculaie no limiar da floresta, conversamos sobre lobos e ursos. Nene Niculaie, sentado em um banco de ordenhar, mexeu o fogo e colocou outro cigarro em sua cigarrilha de madeira rústica.

Marishka e eu estávamos sentados em sua capa de pastor, que ele tinha estendido para nós no chão como um tapete. Marishka se inclinou na minha direção, sua cabeça descansando de leve em meu ombro, observando a lua, uma silhueta rendilhada de galhos cortando-a, se levantar devagar por trás da floresta.

Lobos, Nene Niculaie me disse, acendendo o cigarro com uma brasa e soprando até que sua ponta brilhasse, operam de um modo que sugerir que já tinham entrado em acordo anteriormente sobre o plano de ataque. Um grupo pode se aproximar de frente, ele explicou, mas, assim como nas guerras humanas, esse era apenas um estratagema para atrair os cachorros. Outros já teriam rastejado ao longo das ravinas cobertas de árvores em direção ao lado mais baixo do cercado, sem deixar sequer um graveto estalar sob suas patas. Quando percebiam que o ataque principal tinha atraído cães o suficiente, eles avançavam pela retaguarda. O pastor estaria parado no meio, tentando resolver o que estava acontecendo. Não era fácil, já que os lobos costumavam aparecer de noite, sobretudo quando chovia ou havia neblina. No entanto, o pastor tem muita experiência com as artimanhas dos lobos. Para começar, ele sabe a partir do tom do latido do cachorro se eles estão sendo atacados por lobos ou por um urso. E os cachorros são bem treinados. Quando latem para anunciar um ataque, o pastor brada as ordens. «*Roata meeerrrr!* – Façam um círculo!», ele grita, e sua voz desaparece na escuridão. Os cachorros se posicionam imediatamente a uma mesma distância ao redor do cercado. À medida que os lobos se aproximam pela frente, os cachorros diante deles atacam. Os lobos então recuam, os cachorros os perseguem por uma curta distância, não mais. Esse é um momento perigoso porque os cachorros jovens e menos experientes, como recrutas inexperientes, saem de suas posições no fundo do cercado e se juntam a eles na perseguição. Então um dos lobos que já teria rastejado silencioso pela ravina arborizada, ou pelo leito do riacho, saltaria adiante e, antes que qualquer um notasse, pularia a cerca, agarraria um cordeiro ou um cabrito e fugiria com ele na boca.

Ursos usavam táticas diferentes. Eles não tinham medo dos cachorros, que nunca poderiam machucá-los e podiam ser lançados para o lado como moscas ou mosquitos. Um urso estaria vagando pelo campo tentando encontrar um lanche fácil. Se houvesse cachorros demais, ele iria embora, mas, caso contrário, ele entraria, se serviria e partiria pesadamente, lançando com um golpe os cachorros que rosnavam para o lado enquanto avançava. Um dos maiores cachorros de Nene Niculaie mancava, sua perna traseira tinha sido talhada pelo ferimento de uma garra de urso.

Sem dúvida os ursos eram enormemente poderosos. Às vezes atacavam cavalos, vacas e até bois. Eu me lembrei que um amigo em Breb tinha me contado como um urso matara seu cavalo um dia no alto da montanha.

«Eu não imaginava que ursos atacavam animais tão grandes», eu disse.

«Ah, sim, eles atacam», respondeu, e me contou que no verão anterior, no dia de São Pedro, ele estivera nas colinas perto de Hărnicești. Lá, tinha visto com os próprios olhos, de outra forma ele não teria acreditado, um urso atacar dois bois. O urso, com um golpe, abriu a garganta do primeiro boi, ao que o outro boi atacou o urso com os chifres. O urso atacou o boi que avançava, ferindo-o, e então fugiu. O primeiro boi morreu, o segundo ficou tão ferido que teve de ser sacrificado. O homem perdeu suas posses mais preciosas em alguns minutos.

Os ursos não tinham medo nem de ir até o vilarejo. As pessoas ouviam o cachorro latir à noite e saíam para encontrar as portas do chiqueiro destruídas e os porcos desaparecidos, ou ainda lá mas sem uma perna. Quando os ataques se tornavam persistentes, os moradores do vilarejo empurravam os porcos para o porão da casa, algo a que os porcos opunham-se fortemente. Os moradores do vilarejo se revezavam para patrulhar em grupos a noite toda, com gravetos acesos embrulhados em tecidos encharcados de parafina para espantar os ursos.

Nene Niculaie, tomando outro gole do vinho que eu sempre levava para ele, me contou como uma vez viu um urso arrancar a perna de um porco e lançá-la para os cachorros que o perseguiam para contê-los. «Eles não são burros», disse. Para enfatizar mais, ele me contou como os ursos carregam a caça e enterram o que não conseguiram comer. Se quando voltarem para a despensa a terra estiver revolvida, eles não vão tocar no restante da carne. Aprenderam que os humanos às vezes encontram seus esconderijos e envenenam o que eles guardaram. Pela mesma razão, um urso só come a carne dos animais que ele mesmo mata. Se se deparar com um animal morto por acaso, não irá tocar nele. Quando, portanto, você vir um urso se aproximar, dizem que é uma boa ideia se deitar e fingir de morto, já que o urso irá deixá-lo em paz e passar por você. Isso, ele me garantiu, requer sangue-frio.

Sentados ao crepúsculo, com a lua amarelada subindo por sobre as colinas da Transilvânia, neblina nos vales e o campanário da igreja saxã apenas perceptível em sua protuberância no alto do vilarejo, era possível ver a floresta próxima tomando vida. Ela parecia despertar, ficar alerta, escutar.

Perguntei a Nene Niculaie com qual frequência ele ouvia lobos uivando na floresta.

«Ah, nós os ouvimos com frequência», ele disse, «mas especialmente em novembro. É quando eles se chamam para reunir as alcateias.»

Isso me lembrou que no Maramureş diziam que no dia de Santo André, 30 de novembro, os lobos tinham seus encontros em partes remotas e ocultas da floresta. Nesse dia as mulheres do vilarejo amarravam as tesouras e outros instrumentos de abrir e fechar que possuíssem, para simbólica ou magicamente manter as bocas dos lobos fechadas e amarradas no ano seguinte. Os lobos, os *maramureșeni* me informaram, só são perigosos se suas mandíbulas estiverem arreganhadas. Se estiverem fechadas, eles passarão pelo meio de um rebanho e não tocarão em uma ovelha sequer.

Um médico oficial chamado Hans Carossa, que lutou com o exército alemão contra os romenos durante a Grande Guerra, escreveu sobre a época que passou no front oriental entre os sopés cobertos de mata dos Cárpatos. Ele também mencionou que, quase no fim de novembro, sentado em sua trincheira, mesmo com os projéteis silvando sobre sua cabeça, podia ouvir o som perturbador dos lobos uivando noite adentro.

«E os lobos comem pessoas em alguma situação?», perguntei a Nene Niculaie.

«Claro que comem. Por que não comeriam? Eles desconfiam dos humanos, mas, se estiverem com fome, vão devorá-los», ele disse.

«Nossa mãe nos contou sobre a professora da escola do vilarejo que foi devorada por lobos aqui», disse Marishka. «Ela estava indo pela estrada até o vilarejo à noite. De manhã, na neve, encontraram só suas botas com os pés ainda dentro. Mas talvez não seja verdade», ela acrescentou. «Talvez eles só contassem isso para que a gente não se afastasse muito do vilarejo.»

«Ouvi falar de um homem do Maramureș», eu me lembrei, «que voltava de Ocna Șugatag para o vilarejo de Cornești uma noite há alguns anos. Ele avistou uma alcateia de lobos na trilha à frente e escalou um poste de telégrafo. Ficou toda a noite congelante lá no alto, com o cerco da alcateia abaixo, esperando que ele caísse. Mas ele conseguiu se segurar e deu um jeito de por fim descer quando uma carroça passou pela estrada de manhã. O condutor da carroça encontrou a neve ao redor da base do poste toda pisoteada por centenas de pegadas de lobos.»

Isso me lembrou de um livro que eu lera recentemente que descrevia como lobos tinham se lançado sobre um grupo de cavalos no mar Negro. Os cavalos tinham formado um círculo na costa, com as cabeças voltadas para o centro, e, quando os lobos se aproximaram, eles os escoiceavam furiosamente. Os cavalos mantiveram sua formação a noite toda e desse modo sobreviveram até a manhã, quando os moradores do vilarejo viram o que estava acontecendo.

«Sim, é verdade», disse Nene Niculaie. «Lobos atacam cavalos. Eles são capazes até de comer terra para ficar mais pesados, para que quando agarrarem um cavalo pelo pescoço possam, usando o peso extra, o balançar até que ele caia de tontura. Os lobos têm muitas artimanhas.»

A lua agora estava alta no céu, e as nuvens passavam devagar diante dela, cada uma iluminada brevemente enquanto pairava. Marishka e eu subimos na carroça.

«Cuidado no caminho de volta», Nene Niculaie nos alertou, «estamos a duas semanas do dia de São Pedro, a pior época para ursos.»

Enquanto seguíamos de volta para a segurança do vilarejo, o deixamos gritando pelas colinas com os outros pastores que estavam saindo com suas ovelhas para a pastagem do fim da tarde nos declives sob a floresta. Como resposta, assobios à distância asseguravam a Nene Niculaie que tudo estava bem por ora. Seguimos a meio-galope pelos campos, a lua derramando seu brilho sobre a paisagem azulada que escurecia.

«*Chea! Gyeh neah!*», Marishka gritou para atiçar os cavalos, e eles se apressaram passando pelas primeiras casas do vilarejo e de volta pelo alto portão de madeira da casa azul que se abriu quando nos aproximávamos; Nicolae tinha nos avistado. Os cascos dos cavalos calcavam ruidosamente no pátio pavimentado, onde foram desatrelados e levados para os estábulos. Marishka e eu nos recolhemos para jantar, tomar banho e ir para a cama, de onde de quando em quando ainda ouvíamos os assobios distantes dos pastores nas colinas.

19
Violinos no fogo

> Sempre que quaisquer pobres ciganos estão acampados em algum lugar e crimes e roubos etc. ocorrem, são invariavelmente colocados na conta deles, o que é chocante; e, se eles são sempre encarados como vagabundos, como podem se tornar boas pessoas? Confio nos céus que chegará o dia em que eu possa fazer alguma coisa por essas pessoas.
>
> Rainha Vitória,
> *Diários*, inverno de 1836

Em dezembro a neve já estava alta no chão, os riachos tinham congelado e os patos deslizavam pelo gelo. As tábuas do alpendre rangiam e estalavam no frio e, quando abríamos a porta da casa, havia um redemoinho de bruma com o ar congelante de fora encontrando os vagalhões de calor da cozinha. Longos pingentes de gelo pendiam dos beirais, e o gelo emperrava as janelas e até a tranca da porta. O ar frio entrava pelo buraco da fechadura, condensava e depois congelava, criando pequenos pingentes de gelo até no interior. De vez em quando enxurradas de neve despencavam de telhados íngremes no pátio e tinham de ser removidas do caminho com pás.

As ovelhas desceram da colina e foram reunidas em redis a céu aberto logo acima do vilarejo. Durante todo o inverno elas ficavam do lado de fora e nós as tratávamos com feno e milho. À noite elas permaneciam imóveis, mascando feno enquanto a neve se empilhava silenciosamente em seus lombos. Os pastores vestiam seus casacos espessos e felpudos de lã, que consistiam de várias camadas de pele de ovelha costuradas juntas, que iam até o chão. À noite eles acendiam fogueiras e dormiam embrulhados nesses mesmos casacos até quando fazia menos 25°C do lado de fora. De manhã, eles também, como as ovelhas, acordavam cobertos de neve.

A vaca era mantida no estábulo. Ela não suportava a temperatura congelante como as ovelhas e tinha de ser mantida no interior até a primavera. Ela só saía para tomar água, caminhando devagar pela estrada coberta de neve, no riacho, onde buracos tinham sido abertos no gelo. Os cavalos também ficavam no estábulo. Eles e a vaca se esquentavam mutuamente, com a união de seu calor corporal. Quando saíam para beber água, eles trotavam bruscamente pelo pátio, dispersando patos e galinhas para todos os lados, e galopavam pela estrada, neve voando de seus cascos, em direção ao vilarejo que a cortava.

O inverno, apesar de ocorrer regularmente todo ano, parecia sempre pegar os ciganos de surpresa. Os romenos e os saxões tinham empilhado lenha, conservado legumes no vinagre e frutas em xarope, enchido os celeiros até as vigas com feno e os porões com batatas. Os ciganos em geral os ajudavam. Mas, quando se tratava de seus próprios preparativos, eles tinham uma atitude distinta, à la Micawber;[11] algo sempre apareceria.

Marishka com certeza seguia a linha de Micawber. Por eu estar com ela, era particularmente provável que alguma coisa aparecesse. Eu simplesmente compraria toda a comida extra que precisaríamos no mercado na cidade, nos poupando de todo o aborrecimento assustador de produzi-la nós mesmos. A vida era curta, então por que passar metade dela semeando e capinando quando você não precisava fazê-lo? Essa atitude fazia de fato sentido, exceto pelo fato de que eu tinha uma noção idealista de querer comer os alimentos que nós mesmos tínhamos produzido.

Graças à atitude apática de Marishka, quando o inverno chegou nós tínhamos muito queijo de ovelha, cortesia de Nene Niculaie, mas pouco além. Imbuído como eu estava da ética de trabalho do Maramureș, e acostumado a poupar dinheiro e comida para dias difíceis, como os saxões, eu não estava contente. Tentei convencê-la a pensar no futuro, mas com pouco sucesso.

«Estamos sem batatas», Marishka disse, ao subir do porão num dia de inverno.

«Se tivéssemos passado mais tempo capinando no verão e menos tempo dançando, agora teríamos batatas», eu disse. Por isso, eu receberia um olhar fulminante. Ela não gostava de explicações racionais.

«Nós somos ciganos. Se você queria menos dança e mais batatas, devia ter escolhido morar com uma moça romena ou saxã», ela diria, tão exasperada com minha

---

11 Alusão ao personagem Winkins Micawber, de Charles Dickens (em David Coperfield), caracterizado como irresponsavelmente otimista. [N. E.]

inabilidade de entender suas falas como eu estava exasperado por ser privado de meu jantar.

Não havia comida nem feno suficientes, nem sequer fogões. Nós tínhamos feito feno, mas não era suficiente para durar o inverno todo; seria preciso comprar mais a preços cada vez mais altos à medida que o inverno avançava. Eu também tive de comprar mais comida, com resignação esgotada, de outros moradores do vilarejo e nos mercados.

Pelo menos o problema do fogão, os ciganos foram capazes de resolver. O tio ferreiro de Marishka, Gheorghe, conseguiu, em algumas horas, construir para nós um fogão que nos mantinha tão aquecidos que dormíamos sem cobertores mesmo quando as temperaturas do lado de fora atingiam níveis glaciais. Os ciganos sempre foram muito conhecidos por fabricar coisas de metal. Reza a lenda que foram os ciganos que forjaram os pregos da crucificação de Jesus e assim foram condenados a vagar pelo mundo perpetuamente.

Embora a maioria dos ciganos de Halma já não fosse nômade e tivesse bem ou mal se estabelecido por pelo menos cem ou duzentos anos, ainda não tinha se acostumado com a vida estável convencional. Eles esperavam sobreviver ao inverno com serviços ocasionais, pedindo emprestado ou mendigando, ou simplesmente não comendo demais. Algumas das famílias mais pobres até cobriam as janelas com cobertores, em parte para isolar o frio do lado de fora, mas também para que as crianças dormissem mais e assim comessem menos.

Toda a comida que os ciganos teriam armazenado geralmente já teria acabado no fim de janeiro. Então vinha o temido *Fe'Martie*, o mês batizado pelos ciganos – fevereiro e março embrenhados em um único porque eles não suportam pronunciar sequer as sílabas desses meses amaldiçoados. Pronunciando rapidamente, eles esperavam que também passasse mais veloz. Tratava-se das oitos semanas caracterizadas por clima péssimo, lama, neve semiderretida, chuva e granizo. Esse é o «mês», ou assim diz o ditado, em que os ciganos jogam até seus violinos no fogo para mantê-los aquecidos.

Essa também era a época em que alguns ciganos ficavam tentados a complementar suas dietas escassas e pilhas de lenha exauridas com pequenos furtos.

«Como você pode olhar nos olhos de seus filhos e dizer para eles que não tem mais comida nem lenha?», um jovem cigano me perguntou uma vez. «Você não pode só ficar parado e vê-los famintos ou morrendo de frio. É claro que nessas circunstâncias, se vemos um frango vagando, nós o pegamos e colocamos na panela. Mas pode ter certeza de que roubamos muito menos do que os outros. Podemos roubar um frango ou alguns galhos da floresta ou de um jardim abandonado. As pessoas mais ricas roubam uma vaca ou hectares de árvores, não porque estão com fome, mas para ficar ainda mais ricas. E, quando são pegas, são perdoadas por serem amigas das pessoas certas. Quando somos flagrados, apanhamos e somos mandados para a cadeia.»

«Mas, com certeza, se vocês dessem mais duro no verão e fossem mais organizados, teriam comida e não precisariam roubar nada durante o inverno.»

«Mas não há empregos, e ninguém nos contrata, ou pelo menos isso acontece muito raramente, e quando nos contratam não pagam quase nada.

«Quem sabe você não me arranja um trabalho consertando as casas?», ele continuou. «Você sabe que deveria dar trabalho aos mais pobres. Se não arranjamos trabalho, temos que roubar. O que mais a gente pode fazer? A gente não quer roubar, mas às vezes tem que fazer isso.»

Outro homem, um romeno dessa vez, me disse: «Um homem com a barriga cheia raciocina de modo diferente de um com o estômago vazio. Se você ou seus filhos estivessem passando fome, você também roubaria.» Tive de concordar com ele. Em *Os irmãos Karamázov*, eu me lembrei, Dostoiévski tinha escrito sobre os camponeses russos: «Alimenta-os e então cobra virtude deles!».[12]

É claro que alguns ciganos roubavam mais, outros menos e alguns não roubavam absolutamente. O mesmo acontecia com os romenos e os saxões. Era errado fazer generalizações. Dos maiores ladrões nesse vilarejo em particular, um era romeno, um era saxão e um era cigano. Havia em Halma uma distribuição equitativa de mãos-leves, independentemente de raça ou credo. Não havia base justificável para discriminação.

Um cigano chamado Conta era o mais inventivo dos ladrões. Por alguma razão, Nicolae tinha confiado a Conta o trabalho de «cuidar» de cinquenta de nossas ovelhas. Ele deveria vigiá-las durante o dia enquanto pastavam na colina e levá-las de volta ao cercado para a ordenha. Uma noite, no entanto, ele não levou o rebanho de volta. Tinha simplesmente ido embora com todas as suas cargas pela floresta e por sobre a colina. Tive de admirar sua ousadia mas estava atônito com sua estupidez. Onde é que raios, eu pensei, ele achou que poderia esconder um rebanho inteiro de ovelhas?

Nicolae saltou no lombo de seu cavalo na manhã seguinte e disparou pela floresta rumo ao vilarejo de Bîrnău.

---

12   Dostoiévski, *Os irmãos Karamázov*, op. cit., v 1, p. 351.

Alguém tinha visto um rebanho seguindo naquela direção. Quando Nicolae se aproximou do vilarejo, viu as ovelhas nas cercanias, muitas centenas de metros adiante. Ele cruzou o campo a galope. Conta olhou para o alto, o viu se aproximando e fugiu, desaparecendo para a floresta «tão rápido que deixou um rastro de poeira para trás», como Nicolae descreveu. Uma vez que ele se embrenhou pelas árvores, Nicolae a cavalo não conseguiu mais ficar em seu encalço. Duas das ovelhas já tinham sido vendidas para moradores desavisados do vilarejo; o restante estava ileso. Conta voltou (como um cordeiro) um mês depois para o vilarejo. Ele encontrou Nicolae na rua e caiu de joelhos para implorar perdão.

«Eu não consegui lhe dar a surra que ele merecia», Nicolae me disse. Conta concordou que nos devia duas ovelhas, mas é claro que nunca mais as vimos, nem nenhum dinheiro. Talvez Conta não fosse tão estúpido, afinal.

Conta e sua família eram possivelmente os mãos-leves mais notórios entre os ciganos de Halma, e seus roubos eram matéria para muitas histórias do vilarejo. Uma das mais divertidas era a da vaca que eles tinham roubado havia alguns anos, calçando galochas em seus quatro cascos para disfarçar o rastro na lama – uma manobra parecida com aquela usada por Hermes quando roubou o gado de Apolo. O velho Moş Petru, o dono da vaca, tinha chegado sonolento no estábulo naquela manhã, se sentado no banco de ordenha, puxado o balde e estendido as mãos para lavar as tetas. Ele tateou o ar – não havia vaca no estábulo, e ele não tinha nem percebido. Todo mundo morria de rir quando ouvia a história pela centésima vez. É claro que, como sempre, a família de Conta foi apanhada (assim como Hermes tinha sido). Por engano eles tinham calçado as duas galochas esquerdas nos cascos dianteiros. Como resultado, em vez de disfarçar o rastro, isso fez com que fosse mais fácil segui-los.

O período mais feliz do inverno com os ciganos eram os doze dias de Natal. Essa era a temporada de música e dança, o que, é claro, era o que eles mais aproveitavam. Também era a temporada de cantar canções natalinas, do *Capra* e das reuniões com comida, bebida e um pouco de dinheiro. Uma mistura heterogênea de crianças, adultos e músicos ciganos rodavam a cidade na véspera de Natal cantando canções de Natal pelas quais eles recebiam alguns *lei*, ou uma fatia de bolo, ou um copo de *rachiu*. Alguns dos moradores mais sovinas do vilarejo fechavam os portões e não deixavam os cantores entrar. Mas na maior parte era uma época de boa camaradagem, de beber com os outros, de se divertir e uma oportunidade de dar alguns presentes para os mais pobres do vilarejo.

Então no Ano-Novo os mesmos grupos pediam de casa em casa, mas dessa vez apresentando a história do *Capra* – o bode. O *Capra,* como um cavalo medieval travesso, com chifres e estalando maxilares de madeira, dotados de uma corda para abri-los e fechá-los como uma mordida, vinha dançando pela rua, acompanhado por músicos, aterrorizando os cachorros enquanto passava. Ao som de música animada, o *Capra* entrava saltitando nas casas e dançava suas demoníacas e desvairadas danças, abocanhando, *clack, clack, clack*, na cara dos espectadores. As crianças corriam para procurar abrigo. Então a reunião de mascarados atuava em uma peça satírica curta com um pastor de cabras, um cigano, um médico e o bode (durante a qual os ciganos, bem-humorados, faziam uma paródia de si mesmos), e, quando ela estava concluída, bolos e *rachiu*, e mais lei, eram distribuídos a todos. Com esse dinheiro a companhia fazia uma festa de Ano-Novo. Não havia parcimônia burguesa entre os ciganos. O dinheiro era gasto assim que o ganhavam.

Naquele ano Eugen, o irmão de Marishka, se fantasiou de *Capra*. Marishka gritou com ele enquanto zarpava pelo vilarejo:

«Eugen! Volte! Onde está o cobertor da nossa cama?»

«Eu peguei emprestado para interpretar o bode. Não se preocupe, levo de volta amanhã», ele gritou enquanto desaparecia pelo pátio.

Nós recebemos o cobertor de volta muitos dias depois, com um grande buraco cortado no meio, pelo qual Eugen enfiava a cabeça e o usava como uma capa.

No dia 6 de janeiro havia alguns rituais religiosos a serem observados. O padre e seus ajudantes seguiam pelo vilarejo abençoando as casas no banquete da Epifania. Nós arrumávamos as casas e, como de costume, oferecíamos um copo de *rachiu* ou vinho para cada homem, um bolo e uma pequena contribuição para os fundos da igreja, na mesa da cozinha.

«Eles estão vindo», disse Marishka, espiando pela janela. Nós conferimos se tudo estava pronto e ficamos esperando na porta.

Aguardamos pacientemente, mas o ruído de passos pesados nos degraus de madeira não veio. Marishka foi até a janela e se deparou com a pequena procissão, levando cruz, água benta e aspersório feito de caixa e manjericão desidratado, caminhando pelas trilhas cobertas de neve em direção ao centro do vilarejo. Outros ciganos tinham saído se perguntando por que o padre e seu entorno também não tinham entrado em suas casas. Eles tinham deliberadamente pulado todos eles. Marishka estava lívida.

«É porque a gente é cigano», ela disse. «Eles colocaram uma cerca no cemitério para separar nossos túmulos e agora nem sequer param para abençoar nossas casas. E você consertou o telhado da igreja!» Era demais para ela: a decepção, a vergonha e a injustiça. Ela saiu correndo pela porta e eu a vi galgando em direção aos eclesiásticos com um olhar assassino no rosto.

Quando Marishka alcançou a procissão reunida na praça, reclamou que eles tinham nos deixado de fora e que deviam voltar.

«Temo que não possamos voltar», disse o padre. «Não é permitido voltar ou seguir em direção anti-horária ao abençoar as casas.»

«Então William consertou o telhado da sua igreja e você nem vai abençoar a casa dele.»

«Foi um descuido. Nós não sabíamos que vocês estavam lá. Mas apenas não podemos voltar agora.»

«Ah, é? Isso é o que nós vamos ver», disse Marishka. «Se você não voltar neste instante, vou começar a gritar *tudo* que eu sei sobre você para *todo mundo* ouvir. Você tem dez segundos para decidir o que vai fazer.»

Por dez segundos, um padre afobado foi visto gesticulando, se esforçando para convencer os participantes de que os princípios da Igreja talvez pudessem ser negligenciados em certas circunstâncias, e portanto os passos poderiam teoricamente ser refeitos. Sisudos, eles voltaram para a casa. Com seu aspersório, o padre aspergiu água benta nas paredes enquanto entoavam orações de bênção, tomavam o *rachiu*, embolsavam o dinheiro e rapidamente partiam. Mais uma vez Marishka tinha conseguido enfurecer os romenos.

«Eu não sei por que você queria que ele abençoasse a casa quando sabe o vigarista que ele é», eu disse depois que a cerimônia forçada tinha acabado.

«Quem mais ia fazer isso?», ela disse. «Ele é o padre.»

«Não abençoe e pronto», eu sugeri.

«Não, a casa deve ser abençoada, mesmo que seja por ele, é costume, e, em todo caso, as pessoas vão tentar lançar feitiços malignos sobre nós, pode ter certeza, isso vai nos proteger.»

Eu suspeitei que a cena poderia ter sido provocada mais por seu orgulho cigano ferido do que qualquer outra coisa, mas senti que, para equilibrar, com os feitiços zumbindo por todo lado pelo lugar, não havia mal em nos precaver.

O inverno era longo e muito tempo foi gasto amontoado no interior quente da casa. Mas nas manhãs, quando o sol estava brilhando e uma nevada fresca tinha acontecido, cansados de ficar engaiolados dentro de casa, nós seguíamos para as colinas a cavalo. Andar a cavalo na neve era mais escorregadio do que na grama, mas pelo menos sentíamos que a aterrissagem era menos dolorosa.

O menino que ordenhava a vaca soltava os cavalos logo depois que o sol se levantava, e nós ouvíamos o estampido abafado dos cascos no pavimento coberto de neve enquanto trotavam rumo à fonte de água do vilarejo. Esse estampido abafado era nosso despertador brando. Depois de comer ovos mexidos, Eugen e eu selávamos os cavalos e com Marishka, e qualquer um que quisesse nos acompanhar, seguíamos a galope pelas brancas colinas virgens, montes de neve jogados para o alto pelo bater dos cascos dos cavalos à frente ricocheteando em nossos rostos. Os ciganos gostavam de galopar a toda a velocidade, não apenas pelo entusiasmo, mas também para exibir suas habilidades de equitação para qualquer um que, com sorte, pudesse estar assistindo. Havia descidas apavorantes no retorno, os cascos escorregando e deslizando em placas de gelo, e Marishka, Eugen e eu chegávamos de volta à praça exaustos e exultantes, nossos chapéus salpicados de neve.

Então à noite batíamos o caminho pelas trilhas brancas, tobogãs passando por nós acompanhados pelo riso satisfeito das crianças, para nos aquecer junto ao fogão do *crîşma*. A estrada, em geral um caminho irregular e acidentado, agora estava lisa por causa da passagem de centenas de trenós puxados por cavalos e tobogãs. As bases dos trenós tinham deixado a neve tão lisa e vítrea que as trilhas refletiam a luz trêmula dos poucos postes da rua.

Ao redor do fogão a conversa ia do mundano ao sobrenatural. Em uma véspera de Ano-Novo, contei aos companheiros reunidos sobre os costumes necromantes no Maramureş no último dia do ano e no dia de Santo André, quando as moças tentavam com vários artifícios examinar cuidadosamente o futuro e ver com quem se casariam. Uma mulher no Maramureş tinha explicado para mim como elas comiam bolas de massa salgadas à noite para sonhar com seus futuros maridos.

«Exatamente como nós damos sal para as vacas antes de elas irem encontrar o touro», o irmão dela tinha sugerido maliciosamente.

«Ah, cala a boca, seu idiota», ela tinha gritado enquanto o expulsava da sala com uma vassoura.

Aqui, disse Marishka, as garotas roubam um ramo de manjericão do aspersório do padre quando ele asperge a casa com água benta no dia 6 de janeiro. Se ela colocar o ramo debaixo do travesseiro naquela noite, vai sonhar com o homem com quem vai se casar.

Essa conversa incentivou o tio de Marishka, Gheorghe, o ferreiro, a nos contar sobre o comportamento bizarro das feiticeiras em seu vilarejo natal na véspera do dia de São Jorge. Aquela, ele nos contou, era a noite em que todas as *vrăjitori* (bruxas) do vilarejo, tanto mulheres quanto homens, andavam recolhendo ingredientes básicos necessários para seus feitiços do ano seguinte. Naquele vilarejo, a véspera do dia de São Jorge tinha um força especial, assim como a véspera do dia de Santa Inês tinha uma força especial na Inglaterra de Keats. As bruxas, ele nos disse enquanto acendia outro cigarro com um fósforo aceso no gancho da calça, primeiro pegavam água de nove poços. Então se despiam completamente e, no meio da noite, literalmente na «hora das bruxas», rastejavam colina acima até o cemitério onde cuidadosamente ensacavam terra de nove covas diferentes. O avô de Gheorghe tinha dito a ele e a seus amigos que deviam se esconder nas sombras perto do cemitério e esperar que as bruxas aparecessem. Quando eles as vissem chegando, deviam sair de seus esconderijos e bater nelas com os chicotes das carroças e mandá-las correndo para casa. Gheorghe esperou três vésperas de São Jorge seguidas até que viu a primeira bruxa. Ele e seus amigos pularam na frente dela e a perseguiram, estalando seus chicotes e morrendo de rir, o caminho todo até o vilarejo. Desse modo, ele explicou, tinham impedido que ela espalhasse o mal sobre o vilarejo no ano seguinte. Ela não tinha conseguido recolher os materiais-base essenciais para seus encantos.

Gheorghe em seguida me contou sobre a bruxa de seu vilarejo que procurava cobras entrelaçadas e as separava usando varas de aveleira especiais. Com a mesma vara, balançando-a de modo correto, ela podia com um movimento separar casais em flerte ou maridos e mulheres. As histórias de Gheorghe me lembravam da mágica à la Macbeth do Maramureş, e o uso de traqueias de lobos e asas de morcegos. A Romênia parecia, aonde quer que você fosse, um grande caldeirão borbulhante de magia; não dava para se livrar: feitiços e a obra de bruxas estavam sempre borbulhando logo abaixo da superfície.

Depois de uma noite de conversa no *crîşma*, aquecidos por cerveja, vinho ou *rachiu*, nós três voltávamos para casa, a neve brilhando nos telhados ao luar, para alimentar o fogão de lenha e pular em nossa cama extasiadamente aquecida. As paredes ao nosso redor estavam cheias de todos os tipos de ícones e amuletos encantados de mosteiros, e Marishka tinha até colocado um debaixo do travesseiro para nos proteger dos olhos gordos que ela tinha certeza que nos vigiavam.

20
A calmaria antes da tempestade

Transilvânia havia sido nome familiar desde sempre. Era a essência mesmo e o símbolo daquilo que fosse remoto, frondoso e de uma estranheza meio mítica; e, estando na própria, parecia ainda mais remota, e mais carregada de charme.

Patrick Leigh Fermor,
Entre a floresta e a água[13]

A primavera chegou mais uma vez em uma explosão de floradas. As pereiras na frente da casa, cujos galhos havia pouco estavam envergados com o peso da neve, agora estavam adornadas com uma nova cobertura branca de flores. Em abril o volume do riacho aumentou com a neve derretida das colinas e os campos estavam amarelos com dentes-de-leão e primaveras. Nas noites de maio, os escaravelhos voavam zumbindo fora de controle e em junho os sapos começavam um coro de coaxados noite adentro no meio do vilarejo.

Os redis foram transferidos mais para o alto da colina e, depois de terminadas as negociações acaloradas sobre quem devia arrendar qual lote da prefeitura como pasto, os cercados e os abrigos dos pastores foram erguidos para o

---

13   Fermor, *Entre a floresta e a água*, op. cit.

verão. Nene Niculaie, de capa felpuda e chapéu aveludado redondo de pastor no alto da cabeça, podia ser visto inclinado em seu cajado entalhado que batia em seu ombro, acompanhado pelos enormes cachorros, de pé na ribanceira abaixo da floresta.

À medida que o clima esquentava, as refeições eram tomadas no alpendre, à sombra das vinhas de folhas largas que se enroscavam nas colunas de madeira e se emaranhavam pelos beirais da casa. Cavalos e carroças, com pilhas altas de feno, chacoalhavam ao longo da estrada do lado de fora, deixando galinhas, patos e gansos grasnando por todos os lados, e os cachorros latindo de agitação. Às vezes era Nicolae ou Eugen, a quem eu tinha encomendado uma carroça cheia de feno para os cavalos. Eles conduziam a carroça pelo portão, a carga raspando contra as traves dos dois lados, e para dentro do celeiro de vigas de carvalho, que era duas vezes maior do que a casa. Lá o feno cheio de flores era arremessado no sótão com forcados, e a carroça, quando vazia, era guiada para fora pelo outro lado do celeiro e pelo pomar, traçando seu caminho entre as macieiras antigas e retorcidas, e mais adiante mais uma vez pelos campos próximos da floresta para buscar outro carregamento.

Durante aqueles dias uma das patas desapareceu e, mesmo que ninguém nunca a tivesse recuperado, nós encontramos seu ninho. Nele estavam oito ovos, e convencemos uma galinha choca a assumi-los. Pouco tempo depois os ovos eclodiram e a galinha se tornou a orgulhosa mãe de oito patinhos, que olhava furiosa para qualquer um que ousasse chegar perto demais. Tudo correu bem por alguns dias até que, para grande alarme da galinha, todos os seus «pintinhos» pularam no riacho e começaram a nadar e a jogar água para os lados, felizes ao sol do verão. A galinha mergulhou em confusão. Por dias ela andou para cima e para baixo da margem, cacarejando inquieta e chamando seus pintinhos para que tomassem juízo e voltassem para a terra firme.

Enquanto eu me ocupava consertando paredes e telhados dos edifícios do século XVIII do vilarejo, Marishka cuidava dos afazeres domésticos. Embora a essa altura ela preparasse um incomparável ovo mexido, não se preocupava desnecessariamente com a cozinha, e as refeições eram poucas e esparsas. Para limpar, no entanto, ela era um furacão. A casa era lavada e esfregada todos os dias, e havia sempre pronta uma troca de lençóis ou roupas recém-lavados.

Ela também cuidava da horta, mesmo que houvesse uma falta de urgência em relação a sua organização. O plantio em geral era feito tarde, e eu tinha soltado insinuações fortes sobre a época apropriada de capinar e mondar. Mas em geral produzíamos verduras suficientes para nos abastecer pelo menos ao longo do verão e do outono.

A comida, aparentemente, era algo que ela sempre tinha certeza de que surgiria de algum lugar, de alguma maneira, seja da família ou de amigos, ou comprada de última hora dos vizinhos quando a fome clamava. De qualquer modo, ela mesma poderia passar feliz o dia sem se alimentar. Como resultado, comer se tornou algo casual para mim também, dado que eu tomava um bom café da manhã. O que Marishka não podia perder era a reunião na praça do vilarejo antes de as vacas voltarem para casa, ou os entretenimentos que seguiam no *crîşma* e que invariavelmente envolviam música e dança.

Ela também gostava de expedições, talvez uma característica herdada. Gostava de estar em movimento, ir para a cidade ou apenas caminhar feliz nas colinas, subir com a carroça até a floresta, onde fazíamos uma fogueira, cozinhávamos e adormecíamos em cobertores no calor das noites de verão. Marishka era uma especialista em conforto. Ela tinha a elasticidade de um gato. Podia se enrodilhar em uma cadeira no alpendre ou se esticar em um cobertor e cochilar com uma facilidade felina, a cabeça descansando nos braços morenos em uma pose de perfeito relaxamento. Ao olhar para ela enquanto descansava a cabeça em meu colo, eu não conseguia entender como as pessoas podiam detestar os ciganos.

«Bem», eu disse uma tarde enquanto cochilávamos na colina, «parece que por ora as pessoas estão nos deixando em paz.»

«É», ela murmurou, «a gente teve sorte até agora. Mas elas não estão contentes com as ovelhas.»

«Eu percebi.»

Com certeza havia muita fofoca. Os moradores do vilarejo cochichavam que os pastores estavam nos enganando. Eles me disseram que não estavam cuidando direito das ovelhas. Nicolae não era pastor, eles diziam e não sabia o que estava fazendo. Eu ia perder dinheiro. As ovelhas andavam pastando nas terras de outras pessoas e eu deveria tomar cuidado ou teria problemas com a polícia. Esses comentários tinham a intenção de me convencer a vender as ovelhas. Mas eu não queria vendê-las, especialmente sob pressão de cochichos invejosos daqueles que não gostavam dos ciganos. Além disso eu gostava de subir até o cercado no fim da tarde para observar Nene Niculaie fazer queijo, seu rosto coriáceo se iluminava quando ele se inclinava sobre o leite que fervia, as chamas lambendo e se dobrando na base do caldeirão escurecido. E na primavera era agradável ver os cordeiros saltitando e brincando, balançando as orelhas e correndo uns atrás dos outros indo e voltando pelos campos.

Quando não estava quente demais, Marishka e eu íamos a cavalo mais longe nos campos, talvez para visitar o ferreiro em Bîrnău e consertar ferraduras, ou para dar uma olhada nos cavalos ou cães à venda, ou grãos para os animais. Alguns dos meus momentos mais felizes foram galopando nas colinas e cortando os campos, com Marishka ou seus irmãos, lágrimas correndo horizontalmente por nossas faces com o vento enchendo nossos olhos. Eles tinham apenas duas velocidades, caminhada ou galope. Trotar sem sela era desconfortável demais, e andar a meio-galope, entediante demais. Então nós saíamos em disparada pelas colinas, como se não tivéssemos todo o tempo do mundo para chegar aonde quer que estivéssemos indo, e só desacelerávamos para os cavalos descansarem.

Quando eu ia com Marishka para vilarejos vizinhos, nós parávamos em clareiras cintilantes de carvalho, fazíamos piquenique com pão, queijo, vinho e morangos e framboesas silvestres. Tirávamos as cabeçadas e as selas dos cavalos e os deixávamos pastar livres, e relaxávamos à sombra dos carvalhos. Nunca havia ninguém por perto, e nunca parecia haver pressa. Nós bebericávamos e cochilávamos nos dias de verão. Não sabíamos que essa época feliz logo chegaria ao fim por causa da inveja e da maldade dos outros.

Uma vez, durante uma expedição para encontrar ovelhas, nós descobrimos alguns novos primos de Marishka. Estávamos em um vilarejo a muitos vales de distância de Halma e tomávamos uma bebida no *crîşma*. Uma cigana sentada em uma mesa nos perguntou de que vilarejo vínhamos e nós lhe dissemos.

«Dizem que o meu avô era de lá», ela comentou.

«Ah, é? Qual é o nome dele?», perguntamos inocentes. Ela então disse o nome de Valentin. Em uma de suas excursões musicais, ao que parece, a mãe dela fora concebida, e agora eis que Marishka tinha se deparado com diversos novos primos que ela não sabia que existiam. A garota convocou as irmãs e os irmãos e por uma noite foram muitos os cumprimentos mútuos e as doses de *rachiu*; depois seguimos de volta pelas colinas e nunca mais os vimos.

Como desculpa para uma excursão, nós viajávamos pelas colinas para visitar fantásticas igrejas fortificadas, que, assim como em Halma, se erguiam magníficas no meio de todos os vilarejos vizinhos, com seus bastiões, suas grades levadiças, suas torres pontiagudas e muralhas circulares «eriçadas com propósito como pedaços de armadura», como Patrick Leigh Fermor as descreveu. Marishka costumava esperar do lado de fora. Ela sabia que os saxões não gostavam que os ciganos entrassem em suas igrejas, e achava melhor não os provocar. Também não estava especialmente interessada nas igrejas saxãs, é preciso dizer.

Um dia de setembro, Marishka e eu fomos visitar a igreja do vilarejo vizinho de Floreni. Fazia um tempo que eu não ia até lá e queria ver se o telhado da igreja precisava de reparos. Nós decidimos levar um piquenique e cobertores, então fomos de carroça. Eu coloquei na cesta uma garrafa de vinho, copos, pratos, ovos cozidos, o queijo de Nene Niculaie, maçãs e peras do jardim e uma barra de chocolate. O dia estava quente e ensolarado e saímos trotando do vilarejo, as criancinhas ciganas morenas em suas roupas esfarrapadas nos seguindo, pulando na traseira da carroça e gritando de alegria.

Nós subimos a colina, uma das cegonhas do vilarejo se erguendo bem acima de nossas cabeças, e passamos pela parte mais estreita da floresta. Aqui a trilha descia pelos mesmos campos que Marishka e sua família tinham subido a pé quando fugiram de Sighișoara quase vinte anos antes. Puxamos os cavalos para baixo da sombra de uma faia e comemos o piquenique com vista para o vale. A floresta se espalhava em todas as direções até onde a vista alcançava. Os cavalos, como sempre, se afastavam devagar para encontrar a melhor grama, enquanto nós comíamos o piquenique, bebíamos o vinho e dormitávamos na brisa quente da tarde. Os pássaros cantavam sobre nós, eu ouvi até o som estranho do canto de um papa-figo vindo de uma vegetação espessa em uma mata distante. Marishka descansou a cabeça em meus joelhos e eu lhe contei sobre Floreni.

Em Floreni todos os saxões que eu conhecia tinham ido embora. Eu tinha conhecido os últimos dois que moraram lá, uma velha senhora chamada Anna e seu filho Kurt. Quando os visitei pela primeira vez em 1991, eles ainda guardavam os presuntos do vilarejo em um dos bastiões, a *Speck Turm* – a «Torre do Bacon», como era chamada –, assim como tinham feito por séculos, para que sempre houvesse comida disponível no interior das muralhas em caso de ataque.

Em 1990 havia quase 250 saxões em Floreni, mas já em 1994, todos, até o pároco, tinham ido embora. Só Anna e Kurt ficaram. Eles não conseguiam suportar deixar sua casa e sua igreja à própria sorte.

Sozinhos, Anna e Kurt ficaram firmes, fazendo o melhor que podiam para cuidar da igreja. Anna varria, tirava o pó e mondava os canteiros de flores. Kurt realizava quaisquer reparos necessários. Mesmo sem outros saxões em Floreni, Kurt tocava os sinos de manhã, ao meio-dia e à noite, como sempre tinham sido tocados. Em dias alternados, ele subia os íngremes degraus de carvalho para dar corda no velho relógio, ajustando devagar a mais de doze metros os grandes pesos que forneciam energia por alguns dias ao mecanismo que estalava. Quando o relógio parava de funcionar, eles pagavam do próprio bolso o conserto. Não havia ninguém mais para contribuir.

Gradualmente, no entanto, a vida foi se tornando insuportavelmente solitária. Eles tinham amigos romenos e ciganos, mas, mesmo depois de viverem lado a lado com eles por tantos anos, se sentiam diferentes e não conseguiam entender o modo de vida dos ciganos. Em dezembro de 1989, Kurt tinha ido lutar junto com outros romenos nas ruas de Bucareste durante a Revolução que depôs o ditador Ceaușescu. Ele mal sabia que seus bravos esforços e a subsequente execução de Ceaușescu e sua esposa significariam o fim para os saxões em Floreni.

Por fim Anna e Kurt decidiram ir embora também. Em uma manhã de abril que deve ter sido repleta de esperança, com charrua e sementes para o ano vindouro, Anna e Kurt fizeram as malas. Anna, com lágrimas escorrendo, tocou o sino pela última vez. Kurt subiu a escada até a plataforma de piso de carvalho onde o relógio tiquetaqueava do mesmo modo reconfortante que tinha feito por séculos, e deu corda nele pela última vez. Então, levando apenas o que conseguiam carregar, foram embora de Floreni para sempre, deixando o vilarejo sem saxões pela primeira vez em oitocentos anos. Desde então os sinos não foram tocados e dois dias depois de sua partida o relógio parou silenciosamente.

Marishka tinha caído no sono. Ela acordou quase no fim da história.

«Então não há saxões em Floreni», disse sonolenta. «Eu me pergunto o que vai acontecer com o lugar...»

Ao descer para o vilarejo, nós passamos por casas que já estavam em ruínas. No centro havia um novo *crîşma*, chamado «Bar Tropicana», com algumas palmeiras simples que os ciganos tinham pintado nas paredes. Na frente do bar ficavam as robustas muralhas de defesa da igreja, um indecifrável slogan comunista apenas aparente, pintado de vermelho ao longo de seu comprimento, e lá, como sempre, no alto de uma das torres dos cantos, estava o tradicional ninho da cegonha.

Marishka e eu entramos pelos portões, passando debaixo das duas muralhas circulares defensivas. Como já não havia saxões, Marishka não se sentiu tão deslocada. Os caminhos e os canteiros que Anna mantinha tão bem cuidados agora tinham crescido demais. Ervas daninhas subiam até o meio das muralhas em direção à torre.

Nós entramos pelo portal gótico de pedra na igreja em si. Havia um sentimento de umidade e deserção no ar e camadas de poeira tinham se formado sobre os bancos.

«Como é triste aqui», disse Marishka. Não havia uma celebração na igreja em quase uma década. O grande órgão dourado antigo ainda funcionava, mas havia anos os dedos de um organista saxão não passeavam por suas teclas. Agora, se você pisasse nos pedais polidos pelo tempo, poeira jorrava dos tubos enferrujados.

Tudo, no entanto, ainda estava no lugar na igreja. Nos bancos estavam os livros de hinos com letras góticas; um tecido aveludado e dourado sobre o altar; até os números pintados em preto e branco, também góticos, que anunciavam os hinos do dia, ainda estavam pendurados na parede. Mas não havia ninguém.

Na lira do órgão eu encontrei um livro de música. Soprei a poeira. Ao virar as páginas, entre diversos hinos luteranos que já tinham sido tocados com a trombeta debaixo dessa nave abobadada, encontrei um intitulado «*Für den Geburtstag des Kaisers* – Para o aniversário do imperador». «Deus salve, Deus proteja nosso rei-imperador e nossa terra», eram os primeiros versos. Olhei a data do livro: 1875. Seria tocado para o aniversário de Francisco José. Algumas notas mostravam que era a melodia do Quarteto do Imperador de Haydn, mais tarde usado como a famosa canção patriótica alemã, o *Deutschlandlied*. Era possível imaginar no dia 18 de agosto de cada ano a igreja ecoando com a melodia desse hino inflamado, e naquele dia congregações de todo o império e do reino húngaro se juntando em uma só voz para desejar vida longa ao rei-imperador. Ele de fato teve uma vida longa e um longo reinado. Tinha 86 anos quando morreu, tendo reinado por 68. Mas, quando morreu, em 1916, seu império estava quase completamente acabado. Depois de apenas alguns anos, esse vilarejo e todos os outros por centenas de quilômetros nos arredores se tornariam parte da Romênia. Mihai, do Maramureș, tinha nascido no Império Austro-Húngaro, mas, quando completou um ano de idade, Breb também tinha se tornado romena.

O fim do império tinha sido um choque para os saxões. Sem seu afetuoso imperador, a vida se tornou cada vez mais difícil e incerta. A Romênia lhes deu um tratamento especial, e não sentia que tinha obrigações medievais quanto a eles. A influência alemã na Europa Central foi diminuída. Houve uma breve ressurgência com a ascensão do Terceiro Reich, mas isso só trouxe mais problemas para os saxões. Muitos fugiram da Transilvânia em 1944, diante do avanço do exército russo, temendo represálias contra grupos germânicos. Dos que ficaram para trás, a maioria, como Frau Knall, foi deportada para a Rússia por cinco anos, onde muitos morreram de doenças ou inanição. Então vieram os quarenta anos do comunismo, seguidos pelo grande êxodo depois de 1990. Não tinha sido um bom século. Os saxões tinham, extensamente, sido vítimas de decisões políticas remotas e tinham sido apanhados em guerras que nada tinham a ver com eles. Eles eram camponeses pacíficos, cujas vidas foram devastadas por um tumultuado século XX. Agora em Floreni não restava nem um saxão sequer.

Ao sair do vilarejo, os cascos dos cavalos batendo no pavimento de pedras, você passava pelas casas saxãs caiadas de azul, verde e amarelo do século XVIII, muitas agora abandonadas e arruinadas. Rachaduras enormes apareciam em seus muros e as telhas estavam despencando dos íngremes telhados terracota. Eu achava difícil acreditar que estava sendo permitido que lugares tão bonitos desmoronassem.

No limiar do vilarejo, famílias ciganas ainda viviam em casas de cores vivas. As crianças corriam para os portões da frente e acenavam, enquanto discutiam entre si sobre os atributos de nossos cavalos. Música emanava das janelas e dos pátios, e os jovens relaxavam nos alpendres simples ao sol do fim da tarde, alguns dançando, outros acenando ou assobiando quando passávamos. Eles encaravam a vida de uma maneira completamente distinta. Os saxões estariam trabalhando nos campos. Os ciganos estavam ocupados aproveitando a vida. Você não podia necessariamente dizer que um modo de vida era melhor do que o outro. Eles eram apenas muito diferentes.

Por toda parte se via o que os saxões tinham deixado para trás – não apenas as casas desmoronando no vilarejo e a igreja-fortaleza cujo telhado de terracota e pináculo pontudo estavam iluminados de laranja pelo sol da tarde, mas também os enormes carvalhos e faias da floresta que cobriam as colinas, as ruas bem pavimentadas e as pereiras plantadas ao longo das estradas que agora, no outono, as crianças ciganas escalavam como macacos para se empanturrar de fruta.

Descendo rumo a Halma, colunas de fumaça subiam de chaminés para a neblina azul da tarde, um ou outro cachorro latia e em um monte do outro lado do vilarejo era possível ver vacas e cavalos voltando de sua pastagem diária, e até flagrar o ressoar oco ou tilintar de seus sinos. Os sons viajavam com facilidade na quietude da tarde. Nos montes abaixo das árvores, mal podíamos avistar um rebanho de ovelhas solto para pastar depois da ordenha da tarde. Era um cenário idílico e pacífico, e Marishka descansou a cabeça no meu ombro enquanto os cavalos desciam lentamente a colina.

Seguimos para a praça e os cavalos foram tomar água no cocho. Os ciganos, embora já estivesse quase escuro, estavam finalizando consertos que eu tinha pedido que fizessem num telhado ao lado. A figura antiga e corpulenta de Frau Knall, de avental, podia ser vista sentada em seu banco, as mãos no topo arredondado de sua bengala, assistindo a eles, com um sorriso bondoso.

O sol se punha atrás do pináculo da igreja saxã, e uma lua pálida se erguia no alto das colinas a leste. A cegonha mãe voava em círculos sobre a praça e pousou no topo da torre, enquanto no bar um dos tios de Marishka tocava o acordeão que tinha herdado do pai. Muito além do vilarejo, no entanto, a floresta escura espreitava. «A bondade poética dos declives floridos era enganosa demais para obscurecer a selvageria das profundezas das florestas.»

21
Uma época de problemas

O ladrão que não é apanhado é um
homem honesto.

Ditado romeno

Mais um inverno congelou e endureceu a terra, e a cobriu por meses com um manto branco. *Fe' Martie* seguiu, desconfortável, miserável e lamacento como sempre, mas pouco a pouco o sol se ergueu mais alto no céu a cada dia e o fim estava à vista.

Durante o inverno Nicolae me procurou e sugeriu que comprássemos alguns touros e novilhas para pastar com as ovelhas. Se já tínhamos o pastor, ele disse, eles podiam pastar e engordar nas colinas sem despesas extras para nós, assim poderíamos vendê-los no outono. Parecia fazer sentido, então na primavera corremos os mercados, encontramos sete bezerros crescidos e os levamos para casa. Antes de o cercado ser montado, eles pastavam inofensivos nas margens do vilarejo.

Uma tarde, no entanto, um dos touros não voltou para casa. Nicolae procurou para cima e para baixo mas não estava em lugar algum. Só que as pessoas cochichavam: alguém tinha visto Goga tocando o touro da colina para o fundo de seu pomar, bem quando a luz do dia morria.

Nicolae com alguns amigos procurou Goga e lhe perguntou se ele estava com o touro.

«Não sou um cigano ladrão como todos vocês!», ele gritou, pegando um machado. «Saiam já daqui.»

No dia seguinte, no entanto, diante de muitas testemunhas, inclusive do subagente policial Lucian, o touro foi encontrado no estábulo de Goga, e Nicolae prestou uma queixa oficial para a polícia. Por um tempo nada aconteceu. Então, depois de várias semanas, houve uma reação, embora não exatamente a que esperávamos.

Era uma noite quente de maio e nós demos uma festa no gramado no limiar da floresta. Acendemos uma grande fogueira, as chamas lambendo em direção ao céu, e todos dançavam e se divertiam do costumeiro modo espontâneo e desafetado. Marishka e eu estávamos deitados nos cobertores sob as estrelas prateadas, observando a luz e a sombra do fogo que bruxuleava entre os carvalhos. Era uma bela noite. Nós fomos embora às duas da manhã e perambulamos de volta pelos campos conversando e rindo juntos. Caímos na cama exaustos e dormimos profundamente.

Algumas horas mais tarde, em algum momento entre as cinco e as seis horas, houve altas e fortes batidas e um estrondo na porta do quarto onde dormíamos. Marishka me sacudiu violentamente.

«Acorda, acorda! Estão levando Nicolae», ela gritou. «Você tem que salvá-lo.»

Eu só estava meio consciente do que estava acontecendo. Minha cabeça cheia de sono tentava entender o que acontecia. Alguém gritava do outro lado da porta. Parecia o lamento ou o gemido que as mulheres na Romênia faziam quando uma pessoa morria.

«Levanta!», gritou Marishka desesperada, me sacudindo. «Você tem que ser rápido. Por favor! Acorda!»

Eu me esforcei para ficar de pé, vesti um par de calças e um suéter me arrastando e corri para fora. Natalia estava lá com lágrimas escorrendo pelo rosto, gemendo e resmungando.

«Corre. Corre. Eles vão matar o Nicolae», ela dizia como em transe, balançando de um lado para o outro.

Marishka e eu estávamos dormindo na casa de Attila naquela noite. Nicolae, sua esposa e duas crianças pequenas estavam na casa azul. Em um minuto nós estávamos lá. A estrada na frente da casa estava cheia de policiais, e o pátio, repleto de homens vestidos de preto, com balaclavas e metralhadoras, sprays, algemas e cassetetes. Eram entre vinte e trinta policiais ao todo, junto com vários camburões de aparência ameaçadora.

No meio da trilha estava um policial que parecia estar chefiando a operação. Eu fui até ele e comecei a gritar. Exigi saber o que estava acontecendo.

«Recebemos reclamações», disse o policial.

«Que reclamações?», perguntei.

«Reclamações», ele respondeu, e deixou as coisas assim.

Então vi Nicolae ser levado para fora por vários homens fortes e mascarados vestidos de preto da cabeça aos pés.

Marishka começou a gritar. Eu disse ao policial que se encostassem um dedo em Nicolae eu iria direto para Bucareste.

Havia muitos policiais, todos me vigiando. No fundo eu pude ver Barbu. Ele e os outros estavam rindo da minha raiva inútil.

Nesse ponto Nicolae já tinha sumido de vista, mas a traseira de um dos camburões se abriu. Eu o avistei sentado lá dentro.

«Está vendo agora como Barbu nos trata», ele gritou.

«Fechem aquela porta!», vociferou o policial contrariado, por fim demonstrando alguma emoção.

A porta foi batida na cara de Nicolae.

O camburão partiu. Ao mesmo tempo um policial gordo se aproximou e pediu para ver meus documentos. «*Documente!*», ele disse ríspido.

Meu passaporte estava no bolso e eu o mostrei a ele.

Marishka estava do meu lado.

«Eles vão matá-lo», ela soluçava. «Você precisa fazer alguma coisa. Eles vão espancá-lo no camburão. A gente tem que ir atrás deles!»

Por todo lado as mulheres gemiam como se alguém já tivesse morrido.

O policial folheou meu passaporte lentamente. Parecia que estava me segurando o máximo que podia. Por fim ele me devolveu.

Uma cigana que estava perto de mim me disse: «Você tem que ir para a delegacia rápido. Eles vão matá-lo. Vá. Vá!». A urgência em sua voz me assustou.

No alto dos degraus da delegacia estavam dois gendarmes vestidos de preto e mascarados. Fui em direção à porta, mas eles bloquearam meu caminho.

«Quero falar com Barbu», eu disse.

«Não pode. Ele está ocupado.»

Tentei forçar a passagem entre eles mas fui empurrado para trás.

«Me deixem passar!», eu gritei. «Quero ter certeza de que estão tratando meu amigo direito.» Essa era a delegacia para onde Andrei tinha sido levado, e ele morreu na manhã seguinte.

Mais uma vez eu tentei forçar a passagem, mas de novo fui empurrado para trás. Então comecei a gritar porta adentro qualquer coisa que me viesse à mente. Desse modo pelo menos Barbu saberia que eu estava lá.

Dentro, dois gendarmes de máscara preta estavam do lado de Nicolae batendo os cassetetes em suas mãos enluvadas. Barbu estava de frente para Nicolae atrás de uma mesa. Ele dispôs uma folha diante dele.

«Assine aqui!», disse, batendo o dedo no papel.

«E por que eu deveria?», perguntou Nicolae. «O que é isso afinal?»

«Você sabe o que essas pessoas podem fazer», disse Barbu, apontando para os sinistros mascarados. «Apenas assine.»

Um oficial entrou. «O inglês está lá gritando e esgoelando.»

«Não deixe ele entrar de jeito nenhum!», disse Barbu. «Assine aqui!», ele gritou e bateu o punho na mesa.

Nicolae assinou, embora, como ele me disse no fim das contas, não fizesse ideia do que estava assinando.

Algumas horas depois Nicolae saiu da delegacia. Marishka correu até ele e o abraçou. «Você está bem?», perguntei.

«Estou bem. Eles não encostaram em mim. Só me fizeram assinar isso aqui», ele disse, me entregando a folha.

Eu a apanhei e li enquanto Marishka o cobria de beijos.

«*O frățiorul meu!* Ah, meu irmãozinho!», ela repetia, lágrimas rolando pelas bochechas.

A garatuja era difícil de ler. Era claramente um tipo de declaração. Eu a decifrei palavra por palavra. Nicolae tinha, de acordo com a nota, permitido de maneira irresponsável que o touro fosse perambular pela horta de Goga, onde ele tinha pisoteado os legumes recém-plantados. O touro tinha então entrado no estábulo de Goga, o documento dizia, onde tinha permanecido despercebido até que fora encontrado.

A nota era suficiente para inocentar Goga. E é claro, pouco depois uma carta do procurador oficial chegou dizendo que não havia provas que sugerissem que Goga tinha roubado o touro, e o caso foi encerrado.

Ao mesmo tempo outra carta chegou. Era uma multa por Nicolae não ter controlado apropriadamente os animais.

Marishka me disse que eu tinha salvado seu irmão. «Eles o teriam matado se você não estivesse lá», ela disse. «Faz muito tempo que eles querem vingança. Todo mundo sabe que o Nicolae tinha batido no policial quando eles tentaram prender o meu pai.»

Até Natalia foi generosa quando a vi. «Estou feliz por você não ter ido embora afinal de contas», ela disse.

Algumas noites depois no *crîşma,* um cigano, que não era parente de Marishka, veio até mim, beijou a minha mão, como era o costume dos camponeses e dos ciganos, e me abraçou.

«Você é como um pai para nós», ele disse. Era um elogio comovente.

Eu me tornei popular entre os ciganos depois da batida – eles tinham visto que eu estava pronto para defendê-los –, mas não entre os romenos. Fui assediado mais do que nunca no vilarejo por ter ousado acusar um deles de roubo, e por ter estragado seus planos de dar um jeito em Nicolae.

Então uma manhã um comboio varreu a praça do vilarejo. Os passageiros desembarcaram e desceram a estrada até nossa casa. Muitos deles estavam de terno, outros eram policiais. Quando chegaram a nossa casa, bateram forte no portão e nos pediram para sair. Tratava-se, como ficamos sabendo, de uma delegação da Prefeitura, acompanhada pela polícia local, entre eles Barbu, e o comandante da cidade, seu superior imediato.

Eles queriam saber se havia algum conflito entre os ciganos e os romenos.

Os oficiais e a polícia reunidos esperaram minha resposta.

«Não, não há conflito. Para mim parece haver injustiça. A lei parece proteger apenas os amigos de Barbu», eu disse apontando para ele, que estava na minha frente.

«Você deve ter fé na polícia», disse um dos oficiais.

«E como é que eu posso, depois do que aconteceu com o tio de Marishka? Ele foi levado para a delegacia e interrogado por horas. Na manhã seguinte ele morreu, aos 34 anos.»

«Ele foi espancado», disse Marishka.

«Não é verdade!», gritou Barbu, furioso. Ele tentou continuar falando, mas o comandante interveio.

«Silêncio!», ele gritou. Barbu obedeceu.

«E então fizeram uma batida em nossa casa nas primeiras horas da manhã por razões que não entendo», eu disse.

«Por que fizeram um batida na casa deles?», perguntou um oficial da Prefeitura.

«Recebemos reclamações», disse Barbu.

«Que reclamações?», perguntou o oficial.

«Estavam fazendo festas barulhentas», disse Barbu.

«E é preciso fazer uma batida em casa com homens armados e mascarados por causa de festas barulhentas?», perguntei.

«Quem fez as reclamações?», perguntou o oficial.

«Muitas pessoas aqui», disse Barbu.

«Queremos falar com elas», o oficial respondeu.

Barbu percorreu a rua mas não encontrou ninguém disposto a falar.

A delegação parecia estar perdendo a paciência com ele e decidiu ir embora. Antes de partir, no entanto, um dos homens me deu seu número de telefone e cochichou no meu ouvido.

«Nós vamos pegar esse policial. Me procure.»

Então despareceram tão rápido quanto tinham chegado, e nos deixaram para trás numa nuvem de poeira.

Seguindo a sugestão do oficial, telefonei e marquei uma reunião.

«Você tem que encontrar testemunhas que saibam o que aconteceu com o tio de Marishka e que estejam prontas para falar. Você também precisa conversar com a viúva de Andrei para pedir que o caso seja reaberto», ele disse.

Eu voltei para o vilarejo e contei a Marishka. Ela, com sua coragem de costume, tentou encontrar testemunhas, mas ninguém estava disposto a falar. Todos estavam muito amedrontados.

«É sempre assim», disse o oficial, quando lhe contei. «É um resquício da era comunista. Droga! Se querem que a situação deles melhore, deviam testemunhar. De que outro jeito a gente pode fazer progresso?»

«Eles têm medo», eu disse.

«Sim, é difícil. Eu me compadeço deles», disse o oficial. «Eles têm de viver no vilarejo todo santo dia.»

Marishka não podia fazer mais nada. Diante disso, nossa situação era precária. Marishka e eu tínhamos abordado publicamente a questão da morte de Andrei. Vivíamos todos os dias esperando alguma forma de retaliação. À noite eu acordava de repente, imaginando que tinha ouvido os veículos dos policiais mascarados chegando do lado de fora para nos levar. Eu estava preocupado. Barbu, se tinha sido mesmo ele que espancara Andrei, como os ciganos acreditavam, podia ser como um rato encurralado capaz de qualquer coisa.

Uma manhã eu seguia pela estrada quando um certo sr. Ursan, amigo de Barbu, apareceu dirigindo seu carro. Na trilha estava a velha avó de Marishka caminhando devagar com a bengala em direção à praça do vilarejo. O carro seguia rápido no caminho esburacado e deixava um rastro de poeira para trás. Ele parecia estar seguindo direto para ela e não desacelerou. Passou zunindo e a velha senhora foi envolvida por uma nuvem de poeira. Quando a poeira baixou, ela estava caída de cara na estrada. Ela foi levantada, limpa e levada ao médico, que declarou que ela tinha quebrado uma costela. A família de Marishka prestou queixa à polícia.

Uma semana depois, uma intimação me foi entregue pela sra. Goga, a responsável pelo correio do vilarejo. Era uma resposta à acusação de «calúnia» contra o amigo do policial, sr. Ursan, no tribunal da cidade.

«Calúnia?», eu disse. «Eu nunca disse calúnia alguma a respeito de Ursan. O que é que está acontecendo?»

«Eu não sei nada a respeito. Só entrego cartas», disse a sra. Goga, presunçosa.

Liguei para um advogado, que me disse que «calúnia» era um caso criminal. Se eu fosse considerado culpado, teria uma ficha criminal e poderia até ser obrigado a deixar o país. Então, apesar do absurdo da questão, fui obrigado a levá-la a sério e comparecer à primeira audiência. Ursan, no entanto, não apareceu. O caso teve de ser adiado. Pedi ao juiz que não marcasse a audiência seguinte para antes de 20 de setembro, explicando que eu iria à Inglaterra e que minha passagem de volta já tinha sido reservada e paga para o dia 19.

No dado tempo, a intimação para a audiência seguinte chegou. Eu devia aparecer no dia 18 de setembro. Para estar lá a tempo, tive de comprar uma nova passagem. Ursan mais uma vez não deu as caras. O caso, devido a suas repetidas ausências, foi encerrado e eu nunca descobri que calúnia estava sendo acusado de proferir. Todo o processo, ao que parece, tinha sido arranjado apenas para desviar a atenção e me dar trabalho.

Não é preciso dizer que Barbu não investigou o que aconteceu com a avó de Marishka. A velha senhora apenas ficava sentada em seu banco de costume à beira da estrada se retraindo de dor enquanto a costela sarava devagar.

Um dia o oficial solidário da Prefectura estava passando perto de Halma e nos fez uma visita de surpresa. Dessa vez ele estava sozinho.

«É bom você saber o que as pessoas estão falando sobre você», ele me disse. «Elas não gostam de você. Aconteceu uma reunião no salão do governo do condado na qual falaram a seu respeito. Na frente do Prefect um policial de alto escalão se levantou e declarou que você estava organizando uma *răscoală* – uma rebelião – entre os ciganos, que estava botando lenha na fogueira deliberadamente. Foi por isso que todos nós viemos aqui há algumas semanas. Para descobrir o que estava acontecendo.»

«*Uma rebelião cigana?*», eu disse. «Estou impressionado que me achem tão perigoso, mas é absurdo. Estou fazendo o exato oposto. Sempre que acontece algum problema entre os ciganos e os romenos, eu tento impedir.»

«Ele estava claramente mal-informado», disse o oficial. «Vamos torcer para todos se acalmarem logo. Só vim alertá-lo. Tem gente que gostaria de ver você longe daqui e da Romênia. Eles vão querer causar problemas. Estão dizendo todo tipo de coisa idiota no momento, só bravata provavelmente, mas você deve tomar cuidado.»

Nosso amigo entrou no carro e, acenando, desapareceu.

A primeira menção a Halma em registros históricos foi no século XIV, quando um certo conde húngaro se queixou ao voivoda da Transilvânia de os saxões de Halma e dos arredores deixarem os animais perambular por suas terras. Não demorou para que os eventos atuais seguissem os precedentes históricos. Depois da batida policial, nossos animais de repente passaram a ser encontrados vagando nas terras de outras pessoas com regularidade alarmante, e moradores indignados continuaram aparecendo em minha porta nas primeiras horas da manhã. Exausto, procurei Nicolae para perguntar o que estava acontecendo.

«Não é verdade o que estão dizendo. Eles querem criar antipatia entre nós para que você venda as ovelhas», ele disse. «Só diga para eles virem falar comigo.»

Quando perceberam que gritar comigo era inútil, tentaram uma nova tática. Trouxeram nossos animais para o vilarejo para tentar encerrá-los, alegando que estavam pastando ilegalmente. Nicolae tentou impedi-los e foi atacado por um tal sr. Lupescu empunhando um forcado. Lupescu, no entanto, não era páreo para Nicolae, que tomou o forcado de sua mão e saiu com ele como prova de que tinha sido atacado. Lupescu imediatamente correu para denunciar o incidente à polícia. Nicolae também devia ter prestado queixa, mas, por experiência, ele se deu conta de que não havia por quê. Só tornaria as coisas piores.

Uma semana depois, Nicolae recebeu uma carta que o intimava a pagar uma multa de 15 milhões de lei por não manter os animais sob controle e por ter atacado o sr. Lupescu. Quinze milhões de lei era o equivalente a cinco meses de salário. Era uma multa enorme, e não tinha havido investigação nenhuma do que acontecera. Lupescu tinha simplesmente prestado a sua queixa à polícia, apoiado por seus amigos como testemunhas.

Eu não tinha 15 milhões de lei, então liguei para a sra. Dima, a advogada de direitos humanos que tinha me aconselhado durante o caso anterior com Ursan. Ela me disse que deveríamos contestar a multa em até quinze dias. Redigimos uma declaração, preenchemos formulários, os carimbamos e registramos, e os entregamos ao tribunal.

Quando, algumas semanas depois, o caso foi ouvido, houve uma discussão impressionante. No meio da defesa da sra. Dima, a juíza tentou silenciá-la.

«Eu tenho o direito de defender meus clientes», a sra. Dima gritou de volta.

«Silêncio!», berrou a juíza. «Já ouvimos o suficiente.»

«Mas ainda não apresentei minhas testemunhas. Se não tiver permissão para falar», a sra. Dima gritou, «exijo que conste nos registros do tribunal que não tive autorização para terminar minha defesa e vou prestar uma queixa oficial ao chefe de justiça em Bucareste.»

A juíza recuou.

A coragem da sra. Dima e a qualidade de seus argumentos ganharam o dia. A juíza ficou sem opção a não ser considerar Nicolae inocente.

«Eu nunca vi nada assim em nenhum tribunal da Romênia», disse a sra. Dima quando saiu. «Foi vergonhoso.»

«A juíza é amiga deles», disse Nicolae. «Ela é vizinha da irmã de Lupescu.»

Quando voltei para casa, contei a Marishka sobre nossa vitória.

«Bem feito para eles, idiotas estúpidos», ela disse.

«Temos que mostrar a Barbu e aos outros que podemos enfrentá-los. Senão as coisas só vão piorar», eu disse pomposamente, ecoando o que ela tinha me dito uma vez.

«Mas você está sempre me dizendo para *não* brigar com os valentões.»

«Sim, mas isso é diferente.»

«Sim, porque é mais fácil.»

«Bem, essa é uma boa razão para isso então, não é?», argumentei.

«Não, porque, quando alguém atacar você com uma faca, não vai poder despistá-los até o próximo julgamento.»

Os ciganos de Halma me surpreendiam constantemente. Por volta da época do segundo julgamento, um deles veio me perguntar se eu os ajudaria a consertar o salão municipal.

«Nós não temos um lugar apropriado para os bailes, banquetes de casamento ou batizados», ele disse.

Se eu fornecesse os materiais, ele convenceria os ciganos a trabalhar de graça, ele disse. Eu estava confuso. Pensei que os ciganos não ligavam para o salão e que o achavam mais útil como fonte de lenha gratuita.

«Mas foram os ciganos que o despedaçaram em primeiro lugar, não?», perguntei. «Se o consertarmos, eles não vão simplesmente o desmontar de novo?»

«Não. Você está mal-informado. Foi o prefeito que o destruiu há dez anos. Ele deu de presente as janelas, as cortinas, os espelhos, as cadeiras e até os fogões de ferro fundido.»

«Ele os deu para quem?»

«Para os amigos deles, exceto as cadeiras, que foram para os escritórios do prefeito. Os fogões estão aquecendo os grandes currais de Ursan.»

«Será que podemos recuperar algumas dessas coisas?»

«Talvez. Podemos tentar, mas não acho que sobrou muita coisa. As janelas foram para o cunhado de Goga e desapareceram. Ursan não vai achar divertido se pedirmos os fogões de volta.»

Mesmo assim, eu concordei em ajudar. Agora havia um novo prefeito, e para minha surpresa ele concordou em fornecer várias centenas de telhas, que precisávamos para consertar o telhado. Encomendei novas janelas e portas, os buracos no telhado foram consertados e o interior de estuque, restaurado.

Pouco depois a obra estava terminada, e logo os moradores do vilarejo começaram a usar o lugar para bailes e festas de batizado. Infelizmente não consegui convencer ninguém a devolver as coisas que tinham sido distribuídas anteriormente, e Ursan, assim me informaram, disse que preferia arrebentar os fogões com uma marreta a nos deixar ficar com eles. No fim o problema do fogão foi resolvido por um dos ciganos engenhosos, que fez um novo de sucata de metal.

Em muitas celebrações assisti aos moradores do vilarejo rindo e dançando e os músicos ciganos tocando. É triste dizer, os amigos dos policiais ficavam bem longe do salão e evitavam as festas, mas alguns romenos e saxões apareciam de vez em quando. De qualquer modo, agora todos teoricamente tinham esse novo espaço para se divertir, tudo por causa da iniciativa dos ciganos. Estávamos todos orgulhosos do que tínhamos feito. Herr e Frau Knall estavam admirados com o trabalho dos ciganos e felizes de ver o salão, que tinha originalmente sido construído pelos saxões, novamente em funcionamento. Eles começavam a mudar de ideia a nosso respeito.

Florin era primo de primeiro grau de Marishka e todos concordavam que era um companheiro excelente. Era trabalhador e confiável, e era visto com frequência indo para os campos com a foice no ombro ou arreando o cavalo para ir buscar feno ou lenha. Quando o víamos, ele estava sempre animado e simpático. Ele também estava entusiasmado com o conserto do salão municipal. As circunstâncias de sua morte prematura – ele tinha apenas 22 anos – deram uma nova dimensão para nossos problemas.

A Romênia, e especialmente seu lado cigano, era obcecada por magia, bruxaria e superstições. Quase todo passo que uma pessoa dava era devido a uma causa sobrenatural. Marishka e sua família acreditavam em todas as formas de magia. Cada acontecimento triste era descrito como devido a um feitiço que fora lançado contra você, ou ao padre ter rezado uma missa maliciosa. Cada sonho ou piscar de olhos devia ter algum significado especial necromante.

As Missas Negras, as *Slujbe Negre* como eles as chamavam, perturbavam Marishka mais do que tudo. Era porque Deus estava envolvido. Se uma Missa Negra o tivesse como alvo, ela sugeria que até Deus estava contra você.

Eu tinha ouvido as palavras *Slujbă Neagră* – «Missa Negra» – pela primeira vez quando capinava os campos do Maramureş. Minha curiosidade cresceu, eu parei a conversa com meus companheiros para perguntar o que era exatamente uma *Slujbă Neagră*.

«Bem, se você tem um problema com alguém», explicaram, «se uma pessoa roubou de você talvez, mas a polícia não pode fazer nada, ou quem sabe se alguém o ofendeu de alguma maneira – você pode pagar o padre para celebrar uma Missa Negra e amaldiçoar essa pessoa.»

«E então o que acontece?», perguntei assombrado.

«Bem, ela morre ou sofre uma desgraça terrível.»

«E se na verdade a pessoa não roubou nada?»

«Então não vai acontecer nada», disseram.

Um dia, quando Mihai e eu passávamos pelo cemitério da igreja, ele me mostrou duas cruzes de madeira lado a lado.

«Esses são os túmulos de dois amigos que roubaram um carneiro», ele disse. «O dono encomendou uma Missa Negra, e os dois amigos morreram logo depois, quase ao mesmo tempo, um atingido por um raio, o outro vítima de um acidente de mineração.»

«Mas por que o homem que tinha perdido o carneiro não foi à justiça?», perguntei.

«Porque ele não tinha certeza de quem eram os ladrões. Quando esses dois garotos morreram logo depois, todos sabiam que devia ter sido eles.»

Diversas histórias parecidas foram levantadas para demonstrar que pessoas maldosas sempre teriam sua punição.

«Voces querem dizer mesmo que é o padre que celebra essas Missas Negras?», perguntei.

«É claro», responderam, como se fosse a coisa mais normal do mundo. Todos eram muito abertos sobre as *Slujbe*

Negre, embora parecesse óbvio para mim, em meu simples modo anglicano, que as Missas Negras eram eventos que os padres, longe de celebrar por motivos financeiros, deviam sem dúvida condenar.

Naquele ano Florin, o primo de Marishka, ia receber o capim do cemitério de Halma como pagamento por tocar os sinos da igreja. Florin tocou devidamente os sinos o ano todo e estava agora ansioso para encher o celeiro com o feno prometido. O padre, no entanto, estava bebendo mais do que nunca, e muitas noites ele podia ser visto indo para casa em um caminho longe de ser reto. Precisando de dinheiro para mais bebida, ele vendeu o capim que tinha prometido a Florin para outra pessoa. Esse homem o roçou e levou embora na carroça imediatamente. Quando Florin descobriu, ficou machucado e furioso. Ele foi imediatamente para o *crîşma* – era o primeiro lugar para procurar o padre.

«Você vendeu o meu capim!», ele gritou. «Você vinha vendendo ícones da igreja e agora vendeu o meu capim!»

O padre ficou furioso com aquela acusação pública. Ele recuou até a porta do *crîşma*, e ao sair ergueu o dedo. «Você vai se arrepender do que acabou de dizer», balbuciou.

Nos dias seguintes correram murmúrios de que o padre estava celebrando Missas Negras contra Florin, e as pessoas estremeceram.

Aquele verão não era um exatamente quente, e em um feriado de agosto um grupo de amigos do vilarejo decidiu partir em uma excursão para as piscinas comunitárias na cidade. Florin estava com eles, e partiram em um espírito jovial.

Na piscina alguém fez uma chacota sugerindo a Florin que ele estava com medo de pular. Florin não sabia nadar mas, sem querer virar piada, e sem se dar conta de quão funda a piscina era, foi até a borda e pulou nas águas turvas da piscina municipal. Depois de cinco minutos, todos se perguntavam aonde Florin tinha ido. Ninguém sabia. Eles vasculharam as águas, mas por serem tão turvas não podiam ver se ele estava lá ou não. Mais cinco minutos passaram e houve um grito. Ele tinha sido encontrado imóvel no fundo. Eles o içaram para fora e tentaram reanimá-lo, mas era tarde demais.

Da piscina, Florin foi levado para o necrotério. Lá, um amigo do vilarejo o vestiu em sua melhor camisa e terno, e o barbeou.

«Eu não precisei de água para barbeá-lo», ele me contou depois, «as minhas lágrimas pingavam no rosto dele.» Florin foi levado de volta para o vilarejo em um caixão na caçamba de um caminhão.

No velório ele estava em um caixão de pinho cercado pelos familiares que lamentavam. Eu fui me despedir. «Olha só», a mãe dele me disse, «está vendo que ele também está chorando?», e gotas de água estavam de fato escorrendo por suas faces pálidas. Ele tinha morrido só três semanas depois da discussão com o padre. Quando coisas assim aconteciam, não me surpreendia que as pessoas temessem a Deus ainda mais do que a polícia.

Marishka ficou devastada com a morte de Florin e por como ela aconteceu. Parecia que todo mundo estava contra nós, até Deus. Tudo estava dando errado. Não era apenas desanimador, mas também exaustivo ter de lutar contra uma acusação atrás da outra, e ter de fazer tantas jornadas até o tribunal na cidade. Nossa vida pacífica e despreocupada tinha se tornado um sem-fim de documentos, carimbados e recarimbados, reuniões com advogados e sempre mais burocracia. Era hora de tomar medidas mais positivas para melhorar nossa situação. As coisas não podiam continuar assim. Decidi fazer uma visita ao comandante, o chefe da força policial da cidade.

Eu me apresentei para o policial de aparência severa que guardava a entrada da delegacia. Pouco depois era conduzido até a sala do comandante. Eu entrei receoso. Estava indo direto para a cova do leão. O comandante era, eu sabia, o homem cujo trabalho tinha sido apanhar Nicolae quando ele estava foragido. Esse era o homem que tinha rasgado a fotografia de Nicolae no meio com os dentes e dito «Quando o encontrarmos, vamos devorá-lo!».

Eu apertei a mão do comandante. Ele me perguntou o que podia fazer por mim.

«Eu vim falar com você sobre os problemas em Halma. Certas pessoas, ao que parece, estão tentando me pintar como sendo contrário aos romenos. Estão até sugerindo que estou deliberadamente incitando os ciganos a se rebelar contra os romenos. Espero que você perceba que isso não faz sentido. Estou procurando você porque quero que todos se acalmem, já que só quero viver em paz. Espero que não se importe.»

«É claro que não», ele disse.

«Quero mostrar a vocês que não sou contra os romenos.»

Eu saquei um artigo que tinha escrito para o suplemento colorido do *Daily Telegraph* em junho de 2001. Nele havia fotografias mostrando cenas típicas da vida no Maramureș, de Mihai e Maria, e de mim enquanto roçava os campos do Maramureș.

«Este é um dos jornais mais vendidos da Grã-Bretanha», eu disse a ele. «E este é um artigo que elogia mais os romenos e a Romênia do que qualquer outro que eu já tenha visto, e fui eu quem o escreveu. A maioria dos jornalistas estrangeiros escreve sobre a pobreza, os orfanatos e os mineiros que vão a Bucareste aterrorizar os intelectuais. Eu sou um dos poucos que escreve artigos completamente elogiosos sobre a Romênia, e mesmo assim sou acossado no vilarejo onde moro pelos policiais locais. Sei que não tem nada a ver com você, mas, perceba – é absurdo. Não posso mais viver assim.»

«Sinto muito. Mas como posso ajudar?»

«Eu não sei. Só queria que soubesse para que pelo menos alguém aqui saiba que eu amo a Romênia e que não estou tentando causar problemas.»

«Eu entendo.»

«Você percebe que a ideia de eu estar liderando uma rebelião cigana não poderia ser verdadeira?»

«É, acho que sim.» Ele mantinha o jogo bem fechado, mas senti que estava solidário. Talvez eu tivesse conseguido convencê-lo um pouco e ele agora suspeitasse que Barbu pudesse tê-lo informado mal.

Antes de ir embora eu lhe contei como os ciganos estavam consertando o salão municipal de Halma.

«Você não está mesmo pagando nada a eles?», ele perguntou.

«Não.»

Ele assentiu como se impressionado, ou talvez ele estivesse incrédulo?

Quando fui embora, ele apertou a minha mão e me entregou um papel.

«Este é o meu telefone. Ligue se precisar de ajuda.»

Eu estava sentado tranquilamente uma noite na ponte de madeira na praça conversando com os ciganos que estavam me ajudando a consertar o telhado de uma das casas do vilarejo, quando Ion Goga saiu do *crîşma* acompanhado por seu primo da cidade, Traian. Os dois tinham bebido à beça e vieram me provocar.

«Ei! Você!», Ion gritou. «É melhor você manter suas ovelhas sob controle ou vai ter problemas.»

«Nicolae é que cuida das ovelhas. Fale com ele sobre isso», eu disse, usando minha resposta padrão.

«Não. Nós estamos falando com *você*, porque são *suas* ovelhas. *Você* não está tomando conta delas direito», ele disse.

Eu estava sentado e a essa altura eles se debruçavam sobre mim. Eu me levantei.

«Antes de começar a dizer às pessoas como devem se comportar», eu disse, «talvez você devesse colocar a sua própria casa em ordem primeiro. O que, por exemplo, aconteceu com o meu touro que desapareceu e foi encontrado no seu estábulo?»

«Você vai se arrepender de dizer isso», ele falou arrastado. «Vamos pegar você, inglês, vamos dar um jeito em você.»

«As suas ameaças não me assustam.» Eu tinha certeza de que Ion não ousaria me atacar por medo do que Nicolae faria com ele como resposta.

Os ciganos em volta, no entanto, estavam preocupados. Eles me puxaram pelo braço.

«William. Acho que devemos ir embora.»

Nós fomos. Ion e Traian não atacaram, mas se afastaram rua abaixo. Naquele momento Marishka saiu do *crîşma*. Alguém tinha corrido para contar a ela sobre a confusão que tomava corpo na praça.

«O que está acontecendo?», ela perguntou.

«*Nada!*», eu disse firme.

«Besteira! Me contaram como ele falou com você.»

«Não importa. Eu não ligo. Por favor, esqueça.»
Minhas palavras não surtiram efeito. Ela já estava descendo a rua em direção a Ion e Traian. Eu a segui. Quando Marishka o alcançou, Traian já tinha dado meia-volta e vinha em minha direção.

«Vou dar um jeito em você», ele disse.

Marishka o parou. «Se você encostar um dedo nele, o Nicolae vai te matar.»

«Quem é Nicolae? E eu com ele?», respondeu Traian – sendo da cidade, ele não conhecia as personalidades locais.

Ion sabia quem Nicolae era. Ele correu até o primo, o tomou pelo braço e o puxou.

«Vamos pra casa», ele disse. Traian concordou relutante, mas, enquanto seguiam, ele se virou e gritou que mais cedo ou mais tarde iria «dar um jeito em mim».

Cinco minutos depois, Nicolae apareceu. «O que está acontecendo?», ele perguntou

«Nada», eu respondi de novo.

Mas Marishka lhe contou e os dois partiram na direção da casa de Ion.

«Espere aqui!», eles disseram enquanto subiam a colina.

«Não faça nada estúpido!», eu gritei.

«Não se preocupe», disse Nicolae, «só vou perguntar a Ion o que ele quer.»

Depois de alguns minutos, decidi ir atrás deles. Se fosse haver confusão, talvez eu pudesse impedir. Ao fazer a volta no alto da colina, vi um grupo de pessoas na trilha à frente e ouvi gritos. Era noite, mas havia luar. Fui até o grupo e me vi no meio de uma briga. Lá na penumbra avistei Nicolae enfrentando Ion Goga. Ion tinha um bastão e estava atacando. Nicolae avançava e recuava, esperando sua deixa.

«Nicolae!», gritei. «Deixe de briga!». Ele me ouviu e recuou.

Ao meu redor, eu ouvia pedras aterrissando na estrada, embora não enxergasse de que direção estavam vindo. Então, *bang*, uma pedra grande me acertou na perna. Nicu estava parado perto de mim. Ele viu o que tinha acontecido.

«Você está bem?», ele perguntou.

«Estou bem.»

Nicu gritou para Nicolae. «Acertaram William com uma pedra.»

Eu não vi o que aconteceu em seguida, já que estava mancando pela trilha e cheguei em casa com dor. Cinco minutos depois, Marishka e os outros, inclusive o Cara, apareceram.

«Você está bem?», perguntou Marishka.

«Minha perna está doendo um pouco, mas estou bem.»

«Nós mostramos àqueles merdas!», disse o Cara. «Nos vingamos por você. Eles vão pensar duas vezes antes de falar com você daquele jeito no futuro.»

O Cara gostava de uma boa briga (como eu tinha testemunhado em diversas ocasiões) e, mais do que tudo, ele odiava a família Goga. Todos esses sentimentos superaram qualquer ressentimento antigo que ele ainda guardasse contra mim. Percebi que ele estava com sangue nos nós dos dedos. Eu não queria nem pensar no que tinha acontecido. Logo descobri. O Cara e os outros tinham visto Traian com um canivete em uma mão, jogando pedras em minha direção com a outra. O Cara apanhou um instrumento sem corte e eles se lançaram na briga. Eles derrubaram Traian, pularam sobre ele e o esmurraram até que ele parou de resistir.

Então Nicolae e Nicu chegaram à casa.

«Você devia ter visto Traian. Você fez um bom trabalho», disse Nicu, se dirigindo ao Cara. «O rosto dele está tão coberto de sangue que nem dá para reconhecê-lo.»

«É isso que ele merecia», disse outro cigano chamado Pipaşi.

«Vai ter confusão agora», disse Nicolae. «Eles gritaram para a gente que iam chamar os gendarmes. Disseram que chegariam aqui assim que amanhecesse.»

Meu coração afundou. Eu não podia suportar a ideia de outra batida ao amanhecer por homens mascarados com armas, mas, dada a experiência, uma batida era mais do que provável. Quando os ciganos brigavam com os romenos, eles vinham com tudo, mscarados e carregados de uma variedade de armas. Marishka também estava ansiosa. Ela sabia que Barbu ainda considerava a ideia de dar uma lição em Nicolae.

Eu, entretanto, tinha um novo amigo. Talvez ele pudesse ajudar. O comandante tinha me dado seu número de telefone. Agora era a hora de discá-lo. Era tarde, quase dez horas, mas havia razão suficiente para ligar.

No único telefone do vilarejo, onde você primeiro tinha de entrar em contato com a central telefônica do vilarejo vizinho girando uma manivela, me deram uma linha para a cidade.

«*Domnul Commandant*», eu disse, «sinto muito ligar tão tarde, mas houve uma briga em Halma e eu fui ferido.»

«Você está bem?», ele perguntou.

«Sim, estou bem.»

«Então você deve ir prestar queixa. A briga já esfriou agora?»

«Já, mas os Goga estão dizendo que vão chamar os gendarmes para vir lidar conosco de manhã. É por isso que estou telefonando. É verdade? Os gendarmes vão vir?»

«Não, não vão.»

«Tem certeza? Talvez Barbu ligue para eles.»

«Não, lhe dou minha palavra que eles não vão aparecer», ele disse. «Pode dormir tranquilo.»

Do telefone fui para a delegacia no vilarejo vizinho, onde prestei depoimento a Lucian, o oficial em serviço. Eu lhe mostrei o hematoma lívido que se espalhava pela minha perna.

«Você deve procurar um especialista em medicina 'legal' para ter um laudo oficial sobre o ferimento. Você tem sorte que estou aqui. Barbu não lhe diria isso.»

Eu lhe agradeci.

«Você vai ter problemas», disse Lucian. «Ion Goga é afilhado de Barbu.» Como o comandante havia dito, nenhum gendarme apareceu, nem na manhã seguinte, nem nos outros dias. Como Lucian havia dito, uma intimação chegou duas semanas depois para que eu me apresentasse no tribunal sob a acusação da costumeira «Calúnia». O Cara e Pipași foram acusados de agressão física. Nós nos consolamos porque tanto Ion quanto Traian também tinham recebido intimações depois das queixas que prestei contra eles.

No dia seguinte à briga, encontrei um médico-legista na cidade de Târgu Mures. Ele mediu o hematoma com sua régua, murmurou e espiou e anotou uma descrição do ferimento: «Um hematoma... doze centímetros de comprimento... cinco dias no hospital.» Sua declaração foi carimbada e assinada, e ele me entregou um documento que seria aceito como prova de meu ferimento em qualquer tribunal. Só me sobrou provar quem tinha infligido o ferimento. Muitos ciganos tinham testemunhado o que tinha acontecido, mas quantos ousariam falar?

No dia indicado, nós todos aparecemos no tribunal. Os três casos seriam ouvidos no mesmo dia. Mais uma vez, se não fosse inocentado, teria uma ficha criminal. Tanto o Cara quanto Pipaşi podiam voltar para a prisão. Pipaşi também já tinha estado lá uma vez.

Como resultado, fui com um advogado – um novo dessa vez, já que a indomável sra. Dima não poderia comparecer. O nome dele era Bogdan. Ao nos prepararmos para o caso, Bogdan e eu lemos os depoimentos das testemunhas, escritos com a letra de Barbu. Neles eu era descrito como se estivesse andando pelas linhas como um general durante uma batalha organizando as forças ciganas. Achei graça da elaboração que parecia pretender dar crédito à ideia de que eu estava liderando uma rebelião cigana.

Antes de os casos serem ouvidos, Ion e Traian pediram para falar com Bogdan. Eles concordaram em retirar as acusações se eu retirasse a minha contra eles. Mas eu sabia que, se eu concordasse com isso, os ciganos seriam deixados ao deus-dará e iriam para a cadeia.

«Retiro as minhas acusações se eles retirarem as acusações contra o Cara e Pipaşi também», eu disse para Bogdan. O Cara, Pipaşi e outros tinham se mobilizado em minha defesa com seus punhos. Parecia muito justo que eu agora tentasse os defender. Sem a minha ajuda, eles não tinham chance alguma. Poderiam alegar autodefesa, mas isso não seria aceito já que eles, e mais um bando de ciganos, tinham estado do lado de fora da entrada da casa de Ion.

«*Nunca*», disseram Ion e Traian a Bogdan. «Nós *nunca* vamos retirar as acusações contra os ciganos!»

«Então o caso vai correr», eu disse para Bogdan, quando ele veio relatar.

Quando nos vimos diante do juiz, Ion e Traian pediram tempo para buscar representação legal e a audiência foi adiada. Um mês depois, mais uma vez nos reunimos no tribunal. Eu estava preocupado. A última coisa que eu queria era ter de enfrentar esse caso contra mim e talvez perder e me ver com uma ficha criminal. Mas eu tinha de parecer relaxado para convencer meus adversários de que eu só recuaria se eles retirassem as acusações contra os ciganos.

Depois de um tempo nos encarando, eles se aproximaram de Bogdan e perguntaram se eu tinha reconsiderado. Ele lhes disse que não. Bogdan lhes perguntou então se quem sabe *eles* tinham reconsiderado.

«É claro que *não*!», responderam.

Uma meia hora tensa seguiu.

Então eles chamaram Bogdan.

«Nós conversamos e concordamos em retirar as acusações contra os ciganos», eles disseram, com expressões sofridas.

E mais tarde, na frente do juiz, foi o que fizeram. Eu, por minha vez, retirei as minhas acusações contra eles.

Eu estava imensamente aliviado. Mais uma vez nós estávamos preparados. Eu tinha ido ao médico e tinha provas de meu ferimento. Eu tinha conversado com ciganos que concordaram em testemunhar. Ion e Traian sabiam que tínhamos enfrentado e vencido o caso anterior. Em geral eles estariam certos de sua vitória no tribunal. Agora tínhamos semeado a dúvida e eles tinham se rendido. Parecia um ponto de virada. O fato de que eles tinham cedido significava que estavam preocupados. Era uma indicação de que agora talvez pudéssemos viver em paz.

Os ciganos mais pobres do vilarejo tinham experimentado agora uma migalha de justiça. Estavam estupefatos. Quando saímos, o Cara apertou a minha mão.

«Obrigado, achei que não tínhamos chance. Afinal somos ciganos. E, se tivéssemos perdido, teríamos que voltar para a cadeia.»

«Eu sei», eu disse enquanto ele se afastava, «só estava devolvendo o favor.»

Então troquei um aperto de mão com Ion Goga.

«Espero que a gente possa viver em paz agora», eu disse.

Ele apertou a minha mão e assentiu, concordando.

Por fim a maré parecia estar mudando. No dia 15 de maio, exatamente um ano depois da batida policial, o sr. Goga morreu aos 54 anos. Ele estava no hospital e teve complicações em uma cirurgia. Não conseguiram salvá-lo. Ele foi levado de volta para o vilarejo em um caixão aberto na caçamba de um caminhão. Attila estava na praça quando o caminhão chegou. Goga era um homem corpulento. O caixão estava pesado e pediram a todos os que estavam por ali para ajudar a levá-lo do caminhão para a casa. Attila olhou para Goga, horrorizado. «Ele tinha ficado preto», ele nos disse.

22
As cerejeiras de Breb

Liuba: Tudo tão branco. Branco. Oh, meu jardim! Depois desse outono de chumbo e chuva, depois desse inverno mortal, você está jovem de novo, cheio de felicidade; os anjos de Deus nunca te abandonam...
Gaiév: Parece impossível que esse jardim tenha que ser vendido para pagar nossas dívidas.

Anton Tchékhov,
O jardim das cerejeiras[14]

Eu segui de carro pelos desfiladeiros cobertos de floresta dos Cárpatos do norte e desci pelos vales verdes e tranquilos do Maramureş. Só que dessa vez havia uma diferença. Dessa vez Marishka estava comigo. Eu tinha perguntado a ela se gostaria de visitar Mihai e Maria. Achei que era hora de um descanso e de uma mudança de ares.

«Mas Mihai é romeno e não vai querer uma cigana hospedada em casa», disse Marishka.

---

14   Anton Tchékhov, *O jardim das cerejeiras seguido de Tio Vânia*. Trad. de Millôr Fernandes. Porto Alegre: LP&M, 2011.

«Mihai e as pessoas do Maramureş são diferentes», eu lhe disse. «Ele vai te receber bem.» No fim ela concordou em ir.

Ao descermos para o vilarejo, o ar fresco cheirava à grama e nós vimos os homens com seus característicos chapéus de palha com borlas, e as mulheres com lenços na cabeça e saias, todos deliberadamente trabalhando nos campos, metodicamente roçando lote por lote, rastelando e montando medas de feno. Muitos ainda usavam *opinci*, os velhos sapatos caseiros que pareciam mocassins. Foi uma surpresa para Marishka, assim como tinha sido para mim da primeira vez que cheguei, ver pessoas vestidas daquela maneira. Seguíamos em direção ao vilarejo e muitos amigos acenavam e gritavam «bem-vindo». Era como voltar para casa.

Secretamente eu também estava preocupado com o modo como Mihai e Maria reagiriam a ter de hospedar uma cigana em sua casa, mas queria que Marishka os conhecesse. Eu não precisava ter me preocupado. Mihai e Maria a acolheram calorosamente, e durante toda a nossa visita Mihai se comportou como o perfeito cavalheiro que era.

«Que maravilha vocês terem vindo nos visitar», ele disse. «Espero que fiquem o máximo de tempo possível. Fiquem para sempre.»

Nós demos a eles um naco de queijo fresco de ovelha feito por Nene Niculaie. «Esse é o melhor queijo que já provei», disse Mihai a Marishka. «Eu gostaria muito de ir conhecer o seu redil, mas acho que agora estou velho demais. Já fui pastor há muito tempo, sabe.»

Ele conversou com Marishka e mostrou a casa a ela.

«Os ciganos que fizeram os tijolos para esta casa», ele lhe disse, «moravam em uma cabana no jardim. E eles eram as pessoas mais limpas e arrumadas que já vi. Tudo em sua cabana estava em perfeita ordem.»

Eu estava feliz de ver que Mihai, que eu respeitava tanto e que era como um pai para mim na Romênia, aprovava Marishka. «Você não precisa se desamarrar dela», ele me disse naquela noite, «ela é uma ótima moça.»

No jantar, Mihai falou sobre o que tinha acontecido conosco em Halma.

«Um policial imbecil tem que estragar toda a generosidade.» Ele estava chateado por um romeno ter se comportado tão mal conosco. Isso o machucava. Ele estava, como disse, envergonhado por seu país.

«Não importa, Mihai», eu disse. «Não foi uma experiência agradável, mas em todo lugar no mundo há pessoas estúpidas. Este único homem não pode destruir toda a generosidade tão facilmente.»

Mihai ficou feliz de ouvir isso. Tomamos *horincă*, rimos no jantar, e Marishka e eu dormimos o sono profundo que só se dorme em lugares tão pacíficos quanto aquele.

Marishka era recebida de braços abertos aonde quer que fosse. Os moradores de Breb eram gentis como sempre. Nós perambulamos pelo vilarejo observando as pessoas trabalharem tranquilas. Elas descansavam as ferramentas no chão para conversar, me perguntar como eu estava me virando no mundo exterior e para perguntar a Marishka de onde ela era. A cortesia e a bondade dos moradores de Breb era a própria essência do camponês romeno, sobre a qual eu tinha lido em muitos livros. Todos os meus amigos, mesmo sabendo que Marishka era cigana, a trataram como tratariam um dos seus, sem demonstrar uma insinuação de desassossego. Quando eu morava em Breb, tinha percebido que os ciganos eram tratados com respeito. A família do ferreiro sempre era incluída nas comemorações do vilarejo, e Maria costumava levar tigelas de sopa para a cigana rechonchuda que morava no fundo do jardim; quando a cigana se casou, todos no vilarejo doaram comida para seu banquete de casamento. Os ciganos eram diferentes, ninguém fingia o contrário, mas eram parte da comunidade. Eles forneciam serviços para os romenos – trabalhar com metal, tocar música, fazer cestas – e eram aceitos e tratados com respeito.

As famílias de Breb e do Maramureș tinham continuado quase iguais ao que eram há séculos. Uma moça ou rapaz poderia se casar com alguém do vilarejo vizinho mas raramente mais longe, e mesmo isso era um grande passo. «Eu não ia querer me casar com alguém de outro vilarejo», ouvi moças dizendo logo que cheguei a Breb. Talvez fosse por isso que Breb era tão diferente de Halma. Halma tinha sido afetada não só pelo deslocamento dos povos na era comunista, mas também pela partida dos saxões. Como é comum no mundo todo, com frequência são os recém-chegados que causam problemas. Como era de esperar, em Halma, Goga, Lupescu e Ursan eram de outras partes da Transilvânia, Barbu era da Moldávia.

Nós estávamos felizes em Breb, mas para mim havia uma certa melancolia. Eu não podia deixar de perceber que a vido no Maramureș estava mudando. Eu não queria perceber, e tentei ignorar, mas era evidente demais.

As mudanças tinham sido aceleradas quando passaram piche na antiga trilha de pedra e terra batida que levava ao vilarejo. Antes a viagem da estrada principal até a casa de Mihai de carro levava quinze minutos. Só era possível seguir em ritmo de caminhada. Agora levava apenas alguns minutos.

O asfalto permeável tinha chegado muitos anos antes, quando eu ainda morava em Breb. Eu me lembro bem de como por muitas semanas o asfalto preto tinha lentamente deslizado para dentro do vilarejo. O ronco dos caminhões trazendo o alcatrão e o cascalho me parecia o som dos machados em *O jardim das cerejeiras*. Para os moradores do vilarejo, no entanto, a nova estrada tinha sido motivo de comemoração. As pessoas tinham começado a descrever as coisas como sendo «lisas como asfalto».

Eu tinha profetizado a ruína, e as pessoas me olhavam surpresas.

«As crianças não vão mais poder brincar nas ruas», eu dizia.

«Ah, bem, então elas vão ter que brincar em outro lugar», respondiam.

«Mas você vai começar a se preocupar com onde eles estão, e não vai poder viver tão em paz quanto viveu até agora.»

Ninguém tinha ligado muito. A estrada era sinal de progresso. Outros vilarejos tinham estradas asfaltadas. Agora eles também tinham uma. Além disso, havia limite de velocidade.

Pouco depois, no entanto, o neto de oito anos do contador de histórias, para quem eu tinha dado a foice austríaca de presente, foi morto por um carro em alta velocidade, e as pessoas perderam um pouco de seu entusiasmo. Mais lágrimas foram derramadas naquele funeral do que em qualquer outro a que eu já tinha ido. Mas era tarde demais para o menino, e tarde demais para o vilarejo. A estrada já estava lá.

A propaganda ocidental e os novos estilos dos programas de televisão glorificando o mundo moderno, programas em geral patrocinados por companhias internacionais, vinham infectando as mentes dos moradores do vilarejo já havia muitos anos. Agora a nova estrada permitia que esse mundo chegasse ao vilarejo, e para lá ele foi cegamente, atropelando impiedoso o modo de vida tradicional e tranquilo.

A mudança mais óbvia era nas roupas que as pessoas vestiam. Pela primeira vez na história do vilarejo, as moças começaram a usar calças em vez de saias rodadas e anáguas. A moda tinha começado nos vilarejos mais próximos à cidade e foi alcançando os lugares mais remotos.

Pouco depois da chegada da nova estrada, eu topei com a filha de um vizinho quando ia para os campos. Ela estava de calça jeans. Era a primeira vez que eu a via de calça em vez de saia. Eu estava triste. Mesmo aqui as roupas tradicionais agora pareciam estar desaparecendo. Perguntei à moça por que ela tinha de repente começado a usar calça. Ela ficou sem jeito e disse que todas as suas saias estavam para lavar.

«Isso não é verdade, é?», perguntei.

«Não. Você tem que entender, William, que é difícil para a gente. Não é fácil para mim, comprar roupas modernas, e de qualquer modo eu prefiro usar saia, porque acho que elas são mais confortáveis e mais bonitas, mas, se você não estiver na última moda, as pessoas vão rir de você e dizer que é pobre. Antes era fácil para nós porque fazíamos a nossa própria roupa. Todo ano aparecia um bordado ou padrão de tricô que virava moda. Agora temos que comprar coisas. Se você está ou não bem-vestido virou uma questão só de dinheiro.» Depois que ela me disse isso, me senti envergonhado por ter perguntado.

Com a nova estrada também chegaram novos quiosques montados por pessoas da cidade que vendiam produtos modernos industrializados. Todos os produtos vinham em embalagens plásticas. Esse tipo de embalagem nunca tinha sido visto no vilarejo e os moradores não sabiam o que fazer com elas. Gradualmente o belo riacho começou a ficar cheio de lixo e suas águas, contaminadas pelos novos detergentes. Voltando dos campos um dia, um menino de dez anos, filho do vizinho, se juntou a mim. Com orgulho, o menino me disse o nome de todas as árvores e flores por que passamos. Mas chegamos ao riacho no meio do vilarejo perto da igreja e vimos as pilhas de garrafas e sacos plásticos ao longo das margens.

«Há alguns anos», ele me disse, «quando eu afundava meu balde no rio para buscar água para casa, um peixe vinha junto quando eu o erguia. Mas agora quase não tem mais peixes. Os meninos que vão pescar me falaram.»

Caixeiros-viajantes modernos também se aventuravam pela nova estrada lisa. Eles eram muito diferentes dos ciganos coloridos e despreocupados que costumavam chegar nas carroças para vender as úteis panelas esmaltadas, que eram em parte trocadas por nozes ou velhas garrafas para reuso. O novo caixeiro chegava de carro e colocava à venda uma desconcertante variedade de bens aos perplexos camponeses. Eu me lembro de Mihai se esforçando para entender uma escova de cabelo com cerdas vibratórias para massagear o couro cabeludo, enquanto um dos caixeiros da nova raça nos inevitáveis ternos desgrenhados fazia uma demonstração com grande seriedade. «Com esta escova de cabelo oferecemos gratuitamente uma barra de sabonete», disse o caixeiro. «Esta é uma oferta muito especial, e uma oportunidade única.» Aquela escova de cabelo e a oferta especial pareciam simbolizar a pena e o absurdo de todo o processo triste mas inevitável de mudança.

Depois de uma caminhada pelo vilarejo uma manhã, Marishka e eu voltamos para a cozinha e encontramos Mihai, óculos na ponto da nariz, com uma agulha preparada na ponta de uma linha, dando pontos. Ele colocou o arreio em que vinha trabalhando de lado e se sentou conosco para um copo de *horincă*. Ele estava reflexivo.

«Você percebeu?», ele disse. «Não dá mais para ver as cerejeiras. Todo mundo andou derrubando as suas. Os estrangeiros vieram e ofereceram dinheiro por elas. Eram tão bonitas nessa época do ano, a florada branca por toda a colina. As pessoas não derrubariam todas as cerejeiras nos velhos tempos.» Ele balançou a cabeça. «Isso não é bom», ele disse.

Até então as pessoas tinham vivido em harmonia com o seu entorno. Tinham vivido da comida de suas lavouras e de seus animais, e do que a natureza ao redor oferecia. As cerejeiras, é claro, ofereciam frutas. As pessoas nunca jogavam nada fora e só derrubavam as árvores quando precisavam de lenha ou material de construção para si mesmas.

Mas agora os novos comerciais astutos da televisão mesmerizavam os moradores do vilarejo com imagens de todo tipo de itens tentadores que eles nunca tinham precisado ou desejado antes. Os comerciais seguiam e se repetiam, forçando a mesma ideia goela abaixo das pessoas, que eles não podiam possivelmente viver sem detergente ou Coca--Cola, ou algum tipo de cortador automático de legumes. No fim, oprimidos à submissão, as pessoas aos poucos começaram a comprar, e, uma vez que alguns tinham comprado, outros eram obrigados a fazer o mesmo ou seriam considerados pobres ou retrógrados.

O estilo de vida tradicional e inofensivo das comunidades do Maramureș permaneceu por milhares de anos, sobrevivendo até aos quarenta anos do comunismo. A televisão moderna, com seus comerciais insidiosos, era uma ameaça contra a qual eles não tinham defesas. Dinheiro era desesperadamente necessário para comprar os novos produtos. Como resultado, as cerejeiras tiveram de ir para o chão para serem vendidas aos estrangeiros. Depois o mesmo aconteceu com as nogueiras, e então com os carvalhos e as faias.

«Eu não sei o que está acontecendo conosco», disse Mihai. «As pessoas perderam o juízo.»

Ele voltou a dar pontos no arreio que estava fazendo. Não queria mais pensar naquelas coisas. O modo de vida de Mihai e Maria não tinha mudado e não mudaria.

Um dia Mihai e Maria foram capinar um milharal. Marishka e eu fomos com eles. Maria colocou o almoço em uma cesta de fundo abaulado, a qual cobriu com um tecido branco, lançou-a nas costas e seguiu para os campos. Ela se recusou a me deixar carregar a cesta, mesmo tendo 77 anos. Não deve ser pedido aos *Domni* – os cavalheiros – em circunstância alguma que façam coisas como essas. É claro que os *domni* não deveriam em nenhuma circunstância ter permitido que *ela* carregasse a cesta, mas Maria estava inflexível. Ela abriu, no entanto, uma exceção e permitiu que eu carregasse o pequeno caldeirão esmaltado com alça de madeira que continha a sopa.

Nós seguimos por caminhos que passavam por pátios e quintais, caminhos que simbolizavam o modo como a vida das pessoas do Maramureș eram entrelaçadas, e cruzamos pontes de madeira sobre córregos com águas das montanhas, por pomares de ameixeiras, até o lote com o milharal no alto do vilarejo.

Naquele dia os campos por toda Breb estavam sendo capinados. Grupos de pessoas em filas, as enxadas indo para o alto e caindo diante de si como martelos de um piano, podiam ser avistados por sobre todas as colinas. Mesmo que os tempos estivessem mudando, você ainda podia ver as pessoas em suas batas salpicadas pelas encostas, pontinhos brancos, como as flores de uma pereira caídas pelo caminho.

Nós nos juntamos a uma festa animada de amigas e conhecidas de Mihai e Maria. Capinar era considerado trabalho de homem. Elas estavam tirando as ervas daninhas das voltas dos brotos de milho, trabalhando de uma ponta à outra do lote e descansando na grama no fim de cada seção. Era um lote que eu já tinha arado quando morava ali. As mulheres falavam quase sem parar, embora sempre atentas ao trabalho. Por entre os pés de milho também havia pequenos repolhos emergindo, e as primeiras e minúsculas evidências verdes de feijões e abobrinhas, e nenhum deles devia ser arrancado por engano.

Marishka e eu tivemos permissão para capinar por alguns minutos. Não era costume, é claro, que cavalheiros e convidados sujassem as mãos. Capinar é um trabalho duro e, mesmo pelos curtos períodos que tive permissão para me juntar a elas, não demorou para que minhas costas começassem a doer. Mas as mulheres de Breb estavam bem acostumadas. Eu me erguia e colocava a mão na lombar.

«Suas costas estão doendo?», elas me perguntavam.

«Só um pouco», eu respondia, sem querer que dissessem para eu parar.

«Não se preocupe», disse uma delas, «vai se acertar na cama.»

Na hora do almoço descansamos nossas ferramentas e, enquanto Maria desempacotava a comida, fomos lavar a terra das mãos no riacho e voltamos com uma jarra cheia de água limpa e fresca. Sentamonos no chão e recebemos tigelas com sopa de feijão. Deram a primeira a Marishka e a segunda para mim. Então comemos fatias de charque de porco com os dedos, e de sobremesa, rosquinhas recheadas com geleia de baga de mirtilo. Durante toda a refeição tomamos goles de *horincă* direto da garrafa e então, sonolentos do trabalho, da comida e da bebida, nos deitamos para dormir à sombra das árvores na margem do lote.

Depois de meia hora de cochilo, nós voltamos ao trabalho. As mulheres, até as moças mais jovens, trabalhavam duro como burros de carga. Elas trabalharam o dia inteiro no sol quente encurvadas, com apenas alguns intervalos e quase sem nenhuma reclamação. Conversavam animadas, e as horas passavam. Muitas falavam dos maridos ou filhos que tinham ido para o exterior procurar emprego, e como era triste e difícil terem ficado sozinhas para tomar conta de tudo sem eles.

«Mas a democracia é isso, não é?», uma disse, melancolicamente. «É assim que as coisas funcionam no mundo moderno. Temos que viver separados.»

Quando Marishka se juntou ao grupo por um curto tempo, uma moça se ofereceu para cantar para ela uma canção sobre o Maramureș. Sua voz límpida fluiu por sobre a colina, acompanhada por pássaros e o barulho das enxadas sulcando a terra. Por um momento outras pessoas nos campos próximos se apoiaram nos cabos de suas ferramentas para ouvir.

«A floresta está triste porque perdeu suas folhas verdes», ela cantou. «Mas eu estou ainda mais triste porque perdi minha infância.»

À noite descemos a colina pelos pomares, com as enxadas e cestas nos ombros. Eu estava cansado e reflexivo.

Quanto tempo levaria, pensei, até que os lotes fossem abandonados? Quanto tempo até que a maioria das pessoas de Breb fossem tentadas a trabalhar fora, nas fábricas das cidades, e as casas do vilarejo se tornassem casas de veraneio para pálidos moradores das metrópoles? Então alguns desses moradores das metrópoles poderiam passar pelos campos onde tínhamos acabado de trabalhar e diriam uns para os outros: «Olha! Está vendo aqueles lotes lá no alto? São os remanescentes do velho sistema rural medieval de cultivo.»

23
Uma última carta

Os camponeses são o maior santuário de sanidade... quando eles desaparecerem, não haverá mais esperança para a raça.

Virginia Woolf, *O leitor comum*

Maria faleceu em 2002. Ela tinha 78 anos. Mihai entrou em um luto profundo. Eu não consegui ir ao funeral, mas fui para o *Parastas*, uma cerimônia religiosa que aconteceu seis semanas depois da morte de Maria, na época em que dizem que a alma do finado deixa a Terra. Marishka foi comigo.

Mihai, agora com uma barba de *doliu*, que marcava sua perda, nos recebeu de braços abertos, mas estava com lágrimas nos olhos e falava do funeral, dos músicos que tinha trazido para tocar e das centenas de pessoas que tinham vindo.

«Eu sinto muitíssimo por não estar aqui», eu disse.

«Não importa. O que vale mais é que você está aqui agora», ele disse.

Mihai estava com 85 anos e sabia que também morreria em breve. Ele queria estar bem preparado. Ao longo dos anos tinha construído a sepultura dos dois. Maria agora tinha sido colocada em uma parte dela. O espaço de Mihai ao lado ainda estava vazio. O nome de Maria e o dele, assim como suas datas de nascimento, já tinham sido entalhados na lápide. As datas de suas mortes, como a de Estêvão, o Grande, tinham sido deixadas para serem completadas depois que se fossem.

Mihai nos levou para ver o túmulo.

«Eu costumo vir aqui e me sentar do lado do túmulo», ele disse. «Só me acostumando com a vista», ele falava para as pessoas que passavam. «É bom ver os campos daqui do alto lá na colina onde a gente ia trabalhar, não é, Willy?», acrescentou.

De volta à casa, enquanto almoçávamos, Mihai disse:

«Logo vou mudar de casa, sabe. De qualquer modo, as pessoas aqui não sabem mais viver direito». Eu fiquei surpreso. Ele tinha morado nessa casa a vida toda.

«Construí uma nova casa para mim», ele disse. «Quer ver?»

«Sim», respondi, confuso.

Ele nos levou até o quarto dos fundos.

«Aqui está», disse, apontando, com um sorriso. «O que você acha?»

Ali, sustentado por duas cadeiras em cada extremidade, estava seu caixão.

«Tome conta do Willy», disse Mihai a Marishka quando fomos embora, «e diga a ele para vir me visitar às vezes.»

Ele se despediu acenando até que desaparecemos de vista. Eu acenei e olhei para trás, sem ter certeza se o veria novamente.

Nós seguimos de volta pela linda estrada que corre por sobre as montanhas ao sul. Como sempre, passamos pelas pilhas cônicas dos fornos de carvão, colunas de fumaça vazando das saídas de ventilação, e então os fornos de cal com suas caldeiras fumegantes sob eles.

Um pouco mais adiante, além da cidade de Dej, cruzamos com um grupo de ciganos acampados ao lado da estrada em um vale gramado. Eles eram ciganos seminômades, como todos os ciganos itinerantes da Romênia atualmente. Na época do comunismo, todos os *Corturari*, os ciganos «de barracas», receberam um lugar para morar, o cigano completamente nômade se tornou coisa do passado.

Esses ciganos eram do grupo dos *Căldărari*, de ferreiros. Eles estavam em sua migração estival, fazendo dinheiro com a venda de alambiques de cobre e caldeirões. Como todos os outros seminômades, viajam nos meses quentes e retornam a cada outono para assentamentos periclitantes, por todo o inverno, onde se agrupavam em seus chalés de cores vivas rebocados com barro, com arcos canopiais nos alpendres e floreios decorativos reminiscentes da Índia, apenas arranjando-se para se manterem quentes o suficiente para sobreviver às temperaturas congelantes do lado de fora pelos aparentemente infindáveis meses gelados. Então na primavera eles pregavam tábuas sobre as portas e janelas para proteger as casas e partiam, os cavalos que puxavam as carroças balançando a cabeça e se lançando em um trote, mais uma vez esperando estar na estrada aberta.

As barracas amplas desses *Căldărari*, feitas de lona ou tecidos de náilon, erguidas por três mastros que se sobressaíam no alto, ficavam alinhadas, suas entradas voltadas para o sol. Fumaça saía das fogueiras do acampamento. Marishka estava desconfiada dos ciganos itinerantes, e de fato os *Lăutari* se consideravam um nível acima dos *Căldărari*, mas ela sabia que em geral havia videntes e mágicos entre eles. Ela me implorou para pararmos.

«Ainda temos uma viagem longa pela frente, Marishka», eu disse, esperando ser capaz de evitar que fôssemos enredados em bruxaria dispendiosa.

«Ah, por favor!...»

Então perambulamos entre eles. Os homens estavam ocupados batendo as emendas de cobre de um alambique bulboso, mas conversaram conosco enquanto trabalhavam. Eles nos contaram sobre as dificuldades de viajar pelas estradas nesses dias. Até ser seminômade hoje não era fácil nesse mundo cambiante.

«Os grandes caminhões novos, tão velozes, tentam nos atropelar ou nos jogar nas valas», disseram. «Eles passam por nós muito rápido e o mais perto possível, e quando estão do lado da carroça tocam a buzina para assustar os cavalos.» Essa história me era conhecida. Eu sabia que muitas pessoas e cavalos tinham morrido dessa forma. Eu tinha visto com frequência o medo no rosto de crianças ciganas nas caçambas das carroças quando viam os imensos caminhões estrondosos se aproximarem. Às vezes os caminhões batiam nelas e acontecia uma carnificina que se evita descrever.

Enquanto conversávamos, de entre as tendas saiu uma velha senhora vestida com saias volumosas e coloridas, com longas tranças de cujas pontas balançavam moedas de ouro. Ela era vidente. Como tínhamos previsto, todo acampamento cigano tinha pelo menos uma.

Ela claudicou até nós e se ofereceu para nos «desamarrar» de quaisquer maus feitiços que pudessem ter sido lançados sobre nós. Marishka não precisou de muita persuasão.

«Vai funcionar contra o padre», ela me disse.

«Como você pode dar ouvidos àquele charlatão alcoólatra?», eu disse contrariado.

«Mas você se lembra do que aconteceu com Florin?»

«É claro que lembro, mas é absurdo. Foi uma coincidência.»

Mas a velha senhora e Marishka foram tão insistentes que por fim concordei em deixá-la fazer seu feitiço.

Ela se sentou ao lado da fogueira onde uma caçarola com uma gororoba aquosa amarronzada fumegava e fervia, na qual coisas inidentificáveis boiavam. Eu estava rezando para que ela não pedisse para que eu bebesse uma concha cheia daquilo como parte da cerimônia. Acabou por se tratar do almoço dos ciganos.

Ela tomou a mão de Marishka e cruzou o dinheiro que tínhamos dado a ela sobre sua palma.

«*Săcreapa pământul,/ Să intra urâtul* – Que a terra se abra e engula o mal», ela entoou. «Aquele que fez esse mal, que este recaia sobre ele.» Ela cuspiu simbolicamente no dinheiro.

Eu a observava enquanto o feitiço prosseguia. Em suas tranças notei que ela também levava conchas, igual à família que eu tinha conhecido na estrada quando fui a Breb pela primeira vez.

Quando a feitiçaria terminou, agradecemos à mulher por sua ajuda e lhe desejamos *bacht*. Então, ao sair, me veio à mente lhe perguntar de onde tinham vindo as conchas que ela usava nos cabelos.

«Eu as peguei nas praias do mar Negro quando voltamos a pé dos campos de concentração em Transnístria.»

Marishka e eu já estávamos juntos havia três anos. As coisas nem sempre tinham sido fáceis. Tínhamos guinado de uma crise para outra, à moda tradicional dos ciganos. Tinha sido cansativo, mas agora a vida estava um pouco mais fácil e as crises, menos frequentes. Goga não estava mais por lá e Lupescu também tinha morrido recentemente. E então o padre desapareceu. Ninguém sabia dizer o que tinha acontecido com ele, tinha apenas se levantado e ido embora, e o padre do vilarejo vizinho assumiu as cerimônias de Halma. Na mesma época a responsável pelo correio foi substituída. Parecia ter acontecido uma limpa de todas as maçãs podres.

Depois a melhor coisa de todas aconteceu. Barbu foi aposentado dos serviços da polícia, aos 45 anos. Os ciganos de Halma dançaram algumas jigas quando ouviram essa notícia maravilhosa.

Eu estava exultante. Marishka estava mais circunspecta.

«Vão aparecer outros tão ruins quanto.»

«Ah, o que é isso? Você sabe como Barbu era. Deve estar satisfeita.»

«Bem, sim, acho que estou», admitiu ela.

Uma florada de paz se espalhou por nossas vidas. Não vivíamos mais com a suposição de que alguém estava sempre conspirando contra nós pelas costas. Marishka, com meu incentivo, estava melhorando nos preparos para o inverno. Ela fazia conservas de pimentões e pepinos no vinagre, e a colheita de batatas, beterrabas e espinafre tinha sido respeitável esse ano. Mas, embora as coisas estivessem melhorando para nós, o mundo em Halma, como o mundo em Breb, estava mudando.

As notícias corriam de vale a vale. No *crîşma* as pessoas ouviam boquiabertas as histórias das riquezas incalculáveis que era possível receber trabalhando na Europa Ocidental. Ao mesmo tempo a vida no campo romeno se tornava cada vez mais difícil. As antigas fazendas coletivas tinham fechado. Havia pouco trabalho e o custo de vida estava sempre aumentando. Ir para o exterior era arriscado e um choque para o romeno médio. Os europeus ocidentais eram considerados frios e inóspitos. Se você estivesse com sede e fosse à casa mais próxima pedir um copo d'água, bateriam a porta na sua cara. Pode imaginar? Mas, apesar dos perigos e das decepções, alguns romenos conseguiam empregos trabalhando em fábricas ou canteiros de construção de prédios ganhando salários decentes, e as notícias acabavam chegando.

Não demorou para que pessoas de Halma estivessem indo embora na esperança de conseguir trabalho. Até então eram necessários vistos complicados para viajar para a Europa Ocidental, mas agora havia poucas restrições. De qualquer modo, se houvesse problemas, era sempre possível pagar uma propina. Havia brechas, ao que parecia, em quase todas as fronteiras. Os húngaros aceitavam propinas tão prontamente quanto qualquer outro. Na verdade muitas pessoas estavam enriquecendo com essa emigração. Quando os esperançosos trabalhadores romenos cruzavam para a Hungria, a polícia húngara ficava de tocaia esperando por eles e os detinha até que mais dinheiro fosse extraído.

A jornada para a Europa Ocidental não era fácil, mas mesmo assim os jovens de Halma aproveitavam quaisquer oportunidades que aparecessem em seu caminho, e o vilarejo gradualmente começou a esvaziar. No bar, quando os trabalhadores retornavam, eu ouvia sobre suas experiências. Alguns voltavam se vangloriando. Uma delas voltou de uma cidadezinha perto de Reggio di Calabria na Itália e relatou como tinha tomado café todas as manhãs com Leonardo DiCaprio. Outros voltavam com carros vistosos, embora pouco depois peças começassem a despencar.

Nós que tínhamos ficado em casa dávamos boas risadas às suas custas.

Outros voltavam do grande mundo e contavam a verdade.

«Nós trabalhamos um mês na Calábria podando as oliveiras», um deles me disse, «e no fim um homem disse que não tínhamos feito do jeito que ele queria e nos pagou só dez euros por dia em vez dos cinquenta que ele tinha prometido. Não podíamos fazer nada. Todo mundo tem armas na Calábria. Quando estávamos lá, ouvimos falar de romenos que tinham desaparecido. Ninguém sabia o que tinha acontecido com eles. Soubemos uma vez de um romeno que tinha sido morto porque um calábrio tinha se engraçado pela mulher dele. O romeno ficou bravo e o calábrio simplesmente atirou nele e jogou o corpo no mar.»

O rapaz que costumava rachar a nossa lenha e nos trazer água se chamava Romi. Ele era cigano. Era um garoto educado e trabalhador, mas um dia anunciou que tinha conseguido um trabalho em uma fazenda na Alemanha onde ganharia setenta euros por dia. Ele e um amigo, Dumitru, o filho mais velho de Andrei, tio de Marishka, partiram cheios de esperanças. Não tivemos notícias deles por três meses. Então um dia eles voltaram de repente. Romi nos contou o que tinha acontecido. Foi por ele que fiquei sabendo sobre os Fagins modernos da Itália, e como os ciganos mais inocentes caíam nas garras deles. Romi não tentou fingir que tinha se divertido.

Em vez da Alemanha, depois de uma longa viagem em uma van, eles se viram na cidade de Salerno, no sul da Itália. Lá, foram levados por seu «chefe» para o esqueleto de um prédio em construção vazio. Dentro, centenas de pedintes romenos dormiam em trapos e colchões que tinham sido recuperados de lixões. Havia ratos por toda parte. Romi e Dumitru mal podiam acreditar no que viam. Aquela seria sua nova casa.

Na manhã seguinte eles foram empurrados para a rua para mendigar. Romi estava aos prantos. Mas, por estar choroso, ganhou um bom dinheiro do lado de fora das igrejas. Ele embolsou mais de cem euros no primeiro dia e à noite tentou esconder um pouco do «chefe». Mandaram-no se despir. Encontraram o dinheiro e o surraram. Bateram em Dumitru também, porque tinha conseguido só dez euros.

Depois disso, na maioria dos dias Romi conseguia um bom dinheiro, mas era forçado a entregar tudo para o «chefe». Já Dumitru não era um pedinte eficiente e apanhava toda noite. O «chefe» o golpeava na barriga, estapeava seu rosto e o alertava que, se ele não começasse a conseguir mais, cortariam uma de suas pernas. Até o levaram para uma das grandes pontes que cruzam o rio em Salerno. O «chefe» e seus amigos o forçaram por sobre o parapeito da ponte, e o deixaram pendurado apenas pelos pés. «Se você não ganhar mais dinheiro, é para lá que você vai», disseram, mostrando a água lá embaixo. É claro que Dumitru não sabia nadar.

Naquela noite Dumitru estava chorando apavorado. Romi prometeu que no dia seguinte lhe daria um pouco do seu dinheiro antes de voltarem para casa. Foi o que fez, e a vida melhorou ligeiramente. Mas ainda havia sustos.

Um dia chegou um visitante. Por fim souberam que ele tinha ido comprar Romi e Dumitru. Ele ofereceu 2 mil euros. O «chefe» disse que queria 3 mil. Romi ouviu a conversa. O homem disse que eles pareciam saudáveis demais. Ele teria de quebrar as pernas ou os braços deles para que pudessem mendigar melhor; isso era inconveniente, então podia oferecer apenas 2 mil. Para o imenso alívio de Romi e Dumitru, eles não chegaram a um acordo. Outro garoto lá tinha um pé torto. Ele contou aos dois como tinham escapado por pouco. Esse era o homem que tinha quebrado sua perna e a torcido antes de vendê-lo para o chefe de Romi e Dumitru.

De algum modo Romi e Dumitru suportaram essa vida miserável por três meses até que, de repente, foram levados de volta para a Romênia. A família de Romi sabia com quem os garotos tinham ido para a Itália, e o «chefe» decidiu que era melhor mandá-los de volta para casa e evitar problemas. Quando chegaram à Romênia, foram colocados para fora da van com o equivalente a £10, o suficiente apenas para chegar a Halma. Eles chegaram com o equivalente a duas libras em lei nos bolsos, depois de trabalhar por três meses.

Marishka e eu continuamos em Halma. Ela não estava interessada em ir para o exterior. Até quando eu tentara lhe ensinar inglês, ela resistira.

«Mas e se meus amigos ou minha família quiserem conversar com você?»

«Eles podem aprender romeno», sugeriu ela.

Então ficamos em casa e, com a paz alcançada depois de ganhar as causas no tribunal, agora tínhamos tempo para pensar em outras coisas. Isso não era necessariamente bom. Nós tínhamos estado tão ocupados nos protegendo contra Barbu e outras pessoas que raramente pensávamos sobre nossa situação – se, por exemplo, éramos compatíveis para viver juntos permanentemente.

Marishka agora tinha tempo para considerar se eu era fiel a ela. Ela concluiu que não. As pessoas no vilarejo ainda tentavam nos separar, só que agora por meios diferentes e mais sutis. Eles puxavam Marishka de lado e cochichavam no seu ouvido. Eu me lembro dos versos de Byron em *Don Juan*:

> Diziam que tinha uma amante, outros, um par
> Mas para querelas de família, uma já há de bastar

Com frequência cochichavam para mim também. «Marishka faz feitiços para te prender.» «Você não sabe o que está fazendo. Tem que ir agora e virar esse feitiço sem demora.» Também me diziam que ela tinha um amante.

Marishka ficava muito mais abalada com as intrigas do que eu, e brigas domésticas seguiram. Eu raramente prestava atenção nos rumores; e, quanto menos atenção eu prestava, mais brava e desconfiada Marishka ficava. Ela queria que eu sentisse ciúmes. Eu não estar enciumado era prova certa de que já não estava apaixonado por ela, e isso servia apenas para aumentar seu tormento e, por sua vez, seu ciúme. Quanto mais ciumenta ela se tornava, mais exasperado eu ficava.

«Você não percebe, Marishka?», eu argumentava. «Estão tentando criar confusão. Do mesmo jeito que antes, só que com métodos diferentes. Querem que a gente desconfie um do outro.»

Então um dia Marishka achou a bolsa com os amuletos que Ileana, a bruxa de magia branca do Maramureș, tinha me dado. Depois que me entregou os amuletos, eu os coloquei em uma caixa e esqueci deles. Eu tinha trazido essa caixa do Maramureș para Halma sem me dar conta de que eles estavam dentro dela.

Marishka tinha ido ver uma mulher que previa o futuro nas cartas. Essa mulher disse a ela que eu tinha escondido amuletos mágicos em algum lugar da casa. Quando eu estava fora, Marishka os procurou. De fato, virando tudo de cabeça para baixo, os encontrou na caixa do Maramureş. Ela reconheceu imediatamente que eles eram destinados à magia. Lá estavam o saco de terra, o punhado de gravetos de sabugueiro, a madeira com pregos atravessados, as lascas do tear amarradas com linha e o prego torto enfiado em uma cebola seca. Imediatamente a cabeça dela começou a doer e ela desmaiou. Os amuletos, ela disse, tinham tanto poder maligno que a estavam fazendo passar mal.

Marishka levou os amuletos para o padre. Ele disse a ela que todos os objetos eram de defuntos: lascas de madeira e pregos de um caixão e terra de uma sepultura. O padre não tocou neles. Ele os ergueu com uma espécie de anzol de metal.

«Você deve levar essas coisas para uma corredeira», ele lhe disse, «e lançá-las, e ao jogá-las deve recitar estes versos», ele lhe entregou uma folha, «para que o mal volte para a bruxa. Mas tome cuidado, você não deve encostar nesses objetos. São muito perigosos. Podem até te matar.» Ele lhe deu o anzol de presente.

Quando vi Marishka depois disso, ela soltava fogo pelas ventas.

«Você estava tentando usar magia contra mim!»

«É claro que não. Eu ganhei as coisas da bolsa de uma bruxa boa do Maramureş. Ela me disse que eram para me proteger do mal. Não pedi nada disso. Nem acredito nelas.»

«Se você não acredita nelas, por que guardou?»

«Porque eram curiosidades divertidas.»

«Você não faz ideia como essas coisas são perigosas. Graças a Deus que eu as encontrei e me desfiz delas.»

Eu tentei acalmar o ciúme e a superstição mas não tive sucesso. Nós tínhamos passado por muita coisa lado a lado, mas era mais difícil suportar isso do que qualquer outra coisa, já que não nos unia, mas separava. Pouco a pouco nosso relacionamento se deteriorou. O ocasional míssil voou por um cômodo. Itens de cerâmica foram quebrados. Nossa vida juntos se tornou muito difícil. Por fim, num dia triste, eu decidi que era melhor ir embora. Acho que Marishka já sabia que isso aconteceria.

«Vou sentir saudades suas», Marishka disse quando nos separamos na praça.
«E eu de você.»
«Não acredito em você», respondeu ela. Lágrimas brotavam de seus olhos e escorriam pelas bochechas. Ela virou a cabeça para escondê-las e atravessou a praça empoeirada.
«Como você pode ir embora depois de tudo que a gente passou junto?», disse ela.
Mais tarde no mesmo dia, quando abri minha mala, descobri que ela tinha enfiado um bilhete dentro. Eu o desdobrei.

Para você de Marishka, que te ama muito e que nunca vai te esquecer. Adeus. Não sei se a gente vai se ver de novo algum dia. Você é um chato teimoso e danado. Eu queria que a gente ficasse junto a vida inteira e que ninguém nem nada na face da Terra tivesse nos separado. Mas não foi isso que você quis. Eu vou chorar muito, mas o que é que eu posso fazer, é o meu destino não ter sorte na vida. Eu vou sofrer, mas no fim vou ter que te esquecer. Adeus, te mando mil beijos, vou sentir saudades e sempre vou pensar em você, por favor, acredite em mim.

PS. Quando você voltar a esse vilarejo, quero que leve embora tudo que já me deu, até as roupas. Eu não vou ficar brava, só quero que você acredite que eu te amei.

Eu tinha ido embora com o coração pesado, e, depois de ler o bilhete, ele pesou ainda mais. Mas continuei me perguntando, por sermos de criações tão diferentes, como poderíamos viver felizes juntos pelo resto da vida? O que aconteceu em seguida deu pelo menos uma insinuação de uma pista.

Cinco meses após eu ter ido embora, fiquei sabendo que Marishka estava grávida. Alguns meses depois, ela deu à luz um filho. Ele era, como os romenos deliciosamente colocaram, *un copil din flori* – um filho das flores, ou seja, uma criança nascida fora dos laços matrimoniais e portanto provavelmente concebida nos campos em um recém-erguido monte de feno. Mas, já que a maioria das muitas crianças do vilarejo eram *copii din flori,* isso não o tornava nada diferente.

Marishka o chamou de Constantin. Eu não a tinha visto desde que nos separamos, e a ideia de que eu poderia ser o pai não tinha passado seriamente pela minha cabeça. Marishka, no entanto, insistiu que Constantin era meu filho. Então um dia fui visitar Halma. Quando passei pela porta da casa de Marishka, ela estava com Constantin nos braços o alimentando. Primeiro ela mastigava a comida e depois tombava a cabeça dele para trás e passava da sua boca para a dele, como um passarinho para seu filhote. Era comovente ver como ele virava a cabeça para receber comida da mãe instintivamente.

Ele era uma criança doce, mas quando o vi pela primeira vez não percebi nenhuma semelhança óbvia. Foi só mais tarde que me dei conta de que aquilo que Marishka tinha falado era verdade. Então já havia uma semelhança perceptível. Eu fiquei apegado a Constantin, e ele a mim, e passei a ficar cada vez mais tempo em Halma. Marishka estava feliz por eu estar presente, e ela via o prazer que isso dava a Constantin. Eu também estava satisfeito em ver aquela família cigana babando por ele e toda reunida nos seus cuidados. Se ele não estivesse com Marishka, estava com a avó, com Attila, Natalia, Nicolae ou Eugen, ou envolvido em confusões com um de seus muitos primos, seu rosto feliz emergindo da confusão.

Ele era sufocado de amor e afeição. Sua avó fazia sopa de urtiga para ele na primavera, e uma série de remédios à base de ervas quando ele não estava se sentindo bem, assim como purê de batata com alho para manter os vermes afastados, amarrava ao redor de seu pescoço um trapo embebido em manteiga de ovelha contra bronquite, dava leite fresco direto das tetas das ubíquas cabras e sussurrava encantamentos inaudíveis para afastar quaisquer olhos gordos. Aonde quer que ele fosse, todas as mulheres do vilarejo ficavam fascinadas.

«*Oh puiul mamii!* – Ah, passarinho da mamãe! Como ele é doce», diziam, e invariavelmente passavam aos gestos de cuspir simbolicamente. «Pã, pã, pã!», faziam elas e diziam, como um feitiço: «Eu cuspo na cara do olho gordo, que ele não seja enfeitiçado».

Attila, mesmo mais habituado a beber, cantar e brigar no bar, estava feliz passando horas a brincar com Constantin. Nicolae e Eugen também se juntaram à criação, levando-o para passeios em suas carroças, ensinando-lhe como segurar as rédeas e quais comandos certos gritar – «*Gyeh neah!*», para sair da frente, e «*Ho!*», para parar –, ou em nosso trenó aberto de dois cavalos, rodando pela neve, os sinos tocando para o prazer inexprimível de Constantin. No verão eles o levavam para o redil, onde ele brincava com as ovelhas, os cabritos e os filhotes dos cães pastores por horas sem se cansar.

Natalia ainda estava em Halma. Ela tinha tido uma filha chamada Elena. Mas de repente Natalia tinha ido morar na Espanha, parte da grande migração romena em direção ao ocidente, e deixado Elena para trás. Ela se tornou a melhor amiga de Constantin. Ele a achava maravilhosa. Sempre que ela ia para a casa, ele corria para os braços dela com um sorriso radiante no rosto e eles brincavam, rolando e rindo juntos por horas. Então Elena colocava uma fita cassete no toca-fitas, batia palmas, e Constantin fazia sua versão excêntrica das danças ciganas.

Mas uma primavera Natalia voltou para buscar Elena e levá-la para a Espanha. Na última noite antes de ela ir embora, Marishka e Constantin deram um banho de banheira nela no meio da cozinha para que ela fosse esfregada e limpa para a longa viagem. Na manhã seguinte, com lágrimas nos grandes olhos, Elena partiu de ônibus. Constantin, nos dias que seguiram, ficava perguntando aonde ela tinha ido, e na Espanha Elena chorava até dormir.

Constantin tinha se acostumado à vida sem Elena. No vilarejo eu o via brincar com outras crianças e me perguntava como seria a vida dele crescendo naquele lugar, morando com os ciganos. Eu estava, sem dúvida, feliz por ele ser parte desse velho mundo camponês, por mais excêntrico que fosse. Uma coisa era certa, o início de sua vida disparando pelas trilhas empoeiradas e correndo livre pelas colinas ou pelos bosques extensos de Halma seria parecido com o tipo de criação que eu tive quando criança, e diferente de qualquer coisa que ele provavelmente encontraria na Inglaterra de hoje, tão alterada pelo mundo moderno. Em Halma as crianças eram soltas de manhã e perambulavam o dia todo, até o início da noite enevoada de verão, quando as vacas desciam tranquilamente para a praça do vilarejo.

Constantin aprenderia cedo sobre todos os hábitos dos animais e dos pássaros. Ficaria cara a cara com galinhas chocas indignadas e gansos grasnando, veria como as ovelhas trocavam chifradas de brincadeira, assistiria às andorinhas voando em zigue-zague sobre a praça e veria como tinham duas ninhadas de filhotes a cada verão antes de partir para climas mais quentes, observaria as jovens cegonhas em suas primeiras lições de voo, todas em fila atrás da mãe, indo pousar uma a uma no ninho no alto da torre da igreja saxã.

Eu me perguntava, é claro, que tipo de educação ele teria. Imaginava que Marishka gostaria que ele fosse em primeiro lugar um guerreiro, que não tivesse medo de valentões e que os enfrentasse. Eu também queria isso, mas esperava que, por mais guerreiro que ele fosse, ao mesmo tempo ajudasse os mais fracos que ele, do mesmo modo que seu tio Nicolae.

Eu também me perguntava como a vida dele seria como meio cigano e meio inglês na Romênia. Como as pessoas o tratariam? Os romenos e os saxões cochichariam nas suas costas que ele era um cigano? Eu estava feliz em vê-lo brincar com todas as outras crianças ciganas sorridentes, e não me incomodava minimamente o fato de ele não estar de uniforme frequentando uma escola na Inglaterra, mas esperava que ele não fosse desprezado ou tratado de modo injusto por causa de seu sangue cigano.

Era um bom sinal que Frau Knall não parecesse avessa a conversar com Constantin. Pelo contrário, ela era imensamente afeiçoada a ele, e havia muito tempo tinha me perdoado por me associar aos ciganos. Seu rosto se iluminava quando entrávamos pela porta. Ela falava com ele em alemão para tentar transformá-lo em poliglota. Embora, como Marishka falava romeno com ele, eu falava inglês e Attila, húngaro, eu estivesse preocupado que ele ficasse confuso.

Em uma de nossas visitas, encontramos Frau Knall com outra senhora saxã. Elas eram as duas saxãs mais velhas do vilarejo. Enquanto Constantin brincava com o gato, perguntei-lhes mais sobre os dias como prisioneiras na Rússia depois da guerra.

«Havia uma canção que costumávamos cantar quando marchávamos para o trabalho», disse Frau Knall. «Eu ainda me lembro da letra.»

Devagar, ela começou a cantar, e sua amiga a acompanhou. Juntas, em suas vozes velhas mas claras, elas perfizeram a canção de sessenta anos atrás. Do lado de fora da janela havia neve e gelo, um cavalo e um trenó passaram diante da janela, e, enquanto elas cantavam, anos se esvaíram. Dava até para imaginá-las nos invernos congelantes da Sibéria, marchando para o trabalho e de volta todos os dias por quatro anos, dez meses e dezoito dias, sem um dia sequer de descanso. Até Constantin estava pasmo e assistia a elas em silêncio enquanto cantavam.

De manhã e à noite nós marchamos, filas de trabalhadores saxões para as minas. Quem um dia vai nos agradecer? Trabalhamos de dia e à noite, a fome seca nossos ossos, o trabalho nos destrói. Não fizemos nada errado e agora temos que ser prisioneiros. Lá numa cova simples não nascem rosas, lá numa cova simples não nasce flor alguma. Nosso único orgulho é o carvão de Dombas, e as lágrimas quentes que nossas mães derramam.

Quando estávamos indo embora, Frau Knall disse:

«Estou feliz de ver que você está passando mais tempo em Halma de novo.»

«Agora tenho que pensar no Constantin.»

«Sim», disse Frau Knall. «Como os romenos dizem, 'Se você entrou no *Hora*, tem que dançar até o fim'.»

No verão de 2007 Marishka e eu viajamos com Constantin para visitar Mihai. Eu queria muito que Mihai o conhecesse e queria particularmente uma fotografia dos dois juntos. Mihai estava extasiado de nos ver e nos acolheu com seu sorriso terno de costume. Constantin também estava maravilhado de estar em Breb, já que havia ainda mais galinhas, cabritos e ovelhas do que em Halma, com que se divertia mais do que nunca ao persegui-los. As mulheres do Maramureş de lenços na cabeça e saias não conseguiam deixar de beijá-lo e cobri-lo de afeição, constantemente cuspindo simbolicamente na cara do olho gordo.

Foi uma época feliz.

«Bem, Willy», disse Mihai ao observar Constantin pelo pátio. «Você tem um belo filho. Pode ficar orgulhoso dele.» Ele disse o mesmo para Marishka. Nós agradecemos. Sabíamos como era pungente para ele ver os filhos de outras pessoas brincando felizes. Ele e Maria não tinham tido filhos, mas que pai maravilhoso ele teria sido!

Perambulando pelo vilarejo, ele estava feliz de ver Constantin correndo pelos campos e saltitando pelo capim como um potro. Mas, quando voltamos caminhando colina acima para casa, Mihai teve de parar para tomar fôlego.

«Agora eu sei como é ser um cavalo velho e cansado com uma carga pesada e ter que continuar seguindo», ele disse. Mihai tinha envelhecido muito. Mas eu estava aliviado por ele e Constantin terem se conhecido, e tinha uma ou duas fotografias para provar. Mihai logo morreria, era difícil dizer quanto tempo mais ele iria viver já que era forte, mas o encontro deles deu a Constantin e a minha nova vida romena uma continuidade. À medida que Mihai ficava mais fraco, Constantin ficava mais forte e lentamente preenchia o espaço de que Mihai aos poucos se retirava.

Na noite da véspera de nossa partida, Mihai e eu conversamos. Constantin e Marishka tinham caído no sono e nós estávamos tomando um copo de *horincă* tranquilamente na cozinha.

«Você vai vir para o meu enterro, não vai, Willy? Eu vou ficar muito mais tranquilo se tiver certeza.»

«É claro que vou vir, Mihai. Prometo que vou. Mas, por favor, não morra logo.»

Quando fomos embora no dia seguinte, Mihai apertou a mãozinha de Constantin; lágrimas, como sempre, encheram seus olhos e sua voz estava embargada. «Willy, querido garoto», ele disse, «acho que não nos veremos de novo.» Dessa vez, com lágrimas com lágrimas nos olhos, eu senti mais do que nunca que isso poderia ser verdade.

Enquanto o carro se afastava, ele dava a volta na esquina devagar, mesmo curvado pela idade, como para nos ver por mais alguns segundos, e acenou até que sumimos completamente de vista.

Em 8 de janeiro de 2008, voltei para a Inglaterra. Eu tinha passado o Natal com Constantin em Halma. Nos divertimos com os cantores de cantigas natalinas, com o *Capra* dançante e com a neve e os trenós. Mas, enquanto estava na Romênia, embora quisesse, não consegui viajar para o norte no Maramureș para ver Mihai. Não era tão fácil no inverno. No dia seguinte, meia hora depois de chegar em casa na Inglaterra, recebi uma mensagem dizendo que Mihai tinha morrido. A viagem de volta para casa tinha levado dois dias, mas eu imediatamente refiz minhas malas, tomei de volta o trem para Londres e bem cedo na manhã seguinte embarquei num avião que me levou de volta à Romênia.

Tudo estava branco ao nosso redor enquanto, de Bucareste, eu rumava para o norte. As rodas de ferro do trem cortavam a neve. Ele seguia pelas planícies, por um turbilhão de névoa e neblina, e então por cima dos Cárpatos, onde pinheiros escalavam declives escarpados até falésias salientes e picos que pairavam sobre o trem dos dois lados. Na Transilvânia avançamos com dificuldade por florestas e vales remotos, parando em estações de vilarejos onde as luzes das casas e dos casebres dos ciganos nas cercanias piscavam, e fumaça subia de suas chaminés instáveis empoleiradas nos telhados agora brancos. Pairando bem acima deles, estavam todos os pináculos e torres altas das igrejas saxãs. Então mais uma vez mergulhávamos na escuridão e nos torvelinhos de neve.

Eu falei para meus companheiros no trem que estava indo para um funeral no Maramureș.

«Você ainda tem uma longa jornada pela frente», disseram.

Eles me passaram uma garrafa de *țuică* para que pudéssemos fazer um brinde a Mihai – «Que Deus o deixe descansar em paz!», todos repetimos juntos.

A partir da cidade de Sighișoara na manhã seguinte, viajei de carro pelo norte da Transilvânia, pelas montanhas cobertas de neve, e desci para o velho Maramureș, assim como tinha feito pela primeira vez muitos anos antes. Quanto mais me aproximava de Breb, mais devagar eu ia. Eu sabia que Mihai estava morto. Sabia que essa seria a primeira vez que ele não estaria lá para me receber com seu rosto sempre sorridente e suas palavras acolhedoras de boas-vindas. Eu não poderia mais pedir seus conselhos sábios e rir das loucuras do mundo exterior do porto seguro de sua simples cozinha. O carro foi ainda mais devagar. Eu não queria ver Mihai morto, já que só então me daria conta de verdade de que meu fiel amigo não estava mais lá.

Eu entrei na casa e fui para o quarto dos fundos acompanhado por dois dos antigos vizinhos de Mihai. Eles tinham ido prestar suas homenagens ao mesmo tempo. Os dois estavam usando *opinci*. Um era Gheorghe a Curatorului, o contador de histórias para quem eu tinha dado a foice austríaca, a outra era Maria, esposa de Costin. Eu conhecia os dois havia muitos anos. Eles me abraçaram afetuosamente com sorrisos no rosto e senti que eram quase como da família. Mihai tinha ido, mas essas velhas pessoas encantadoras ainda estavam ali.

O sobrinho de Mihai tirou a tampa do caixão e lá estava ele, em paz, com as mãos postas sobre o peito. Ele estava usando um gorro de pele, um *cuşmă* como o chamam no Maramureş, uma bata nova de manga comprida imaculadamente branca e um colete *pănură* marrom. Junto dele estava sua bengala, pão de forma com 24 moedas fincadas para pagar os guardiões dos 24 portões que ele teria de cruzar, e meio litro de *horincă*, sem o que ele nunca tinha saído para nenhuma jornada.

«Ah, olha só como ajeitaram ele bem. Não o deixaram bonito com essa roupa?», disse Maria alui Costin. «Olha só que camisa bonita e limpa, e um colete novinho em folha.» Ela ajeitou um vinco no tecido.

«E ele está com a sua *horincă*», disse o contador de histórias. «Eu me lembro de quando o velho Gheorghe do Campo estava cavando uma cova há alguns anos, a pá dele acertou uma velha garrafa de *horincă*. À noite todo mundo se perguntava onde raios ele estava. Por fim o encontraram no fundo da cova, dormindo profundamente com a garrafa vazia do lado.» Todos nós rimos.

«Bem, Mihai, *Dumnezeul să-ţi ohidnească* – Que Deus

permita que você descanse em paz», disseram o contador de histórias e Maria alui Costin ao irem embora.

«É maravilhoso você ter vindo, Willy, e de tão longe», disseram eles. «Mihai estava sempre falando de você. É muito bom que tenha vindo.»

Do lado de fora eu encontrei Maria, sobrinha de Mihai. Ela tinha cuidado dele desde que Maria tinha morrido. «Mihai perguntou tantas vezes se eu achava que você viria», disse ela. «Eu disse a ele que é claro que você viria, e estou muito feliz por estar certa.»

Eu lhe perguntei como ele tinha morrido. Tudo tinha acontecido de repente. Não havia possibilidade de eu ter chegado a tempo. Uma veia em sua perna tinha estourado e ele tinha perdido muito sangue. Fraco pela hemorragia, morreu na noite seguinte, sentado em sua cadeira. Tantas pessoas idosas e fortes, que trabalharam duro durante a vida, morrem sentadas como se estivessem apenas descansando um pouco.

Nós fizemos um brinde a Mihai e tomamos *horincă* até tarde da noite.

Quando eu estava indo para a cama, Maria me deteve por um momento.

«Eu queria te contar. A sua mãe mandou um cartão para Mihai. Chegou no dia 2 ou 3 de janeiro. Junto com o cartão estava uma fotografia do seu filho Constantin. Mihai ficou tão feliz em vê-la. Ele mostrava a fotografia para todo mundo que vinha aqui, quase como se Constantin fosse seu próprio neto.»

O pátio estava arrumado com bancos e mesas. No meio estava uma mesa onde o caixão seria disposto. Por toda a manhã mulheres preparavam comida na cozinha, picando carne e batata para fazer *goulash*. Então os convidados começaram a chegar. Os primeiros foram aqueles que tinham cruzado as colinas a pé de vilarejos vizinhos, muitos em trajes tradicionais completos e os pés envolvidos em *opinci*, que, para o tempo frio, eram, é claro, os calçados mais quentes e confortáveis.

Logo centenas de pessoas estavam reunidas. Uma cerimônia curta aconteceu no quarto dos fundos. Segurando uma vela, fiquei com alguns poucos amigos mais próximos e parentes de Mihai ao redor de seu caixão enquanto o padre entoava e balançava seu turíbulo.

Mihai tinha vivido nesse enredo a vida inteira. Ele tinha nascido aqui. Agora depois de noventa anos ele seria levado embora. O caixão foi erguido e carregado para fora no pátio e a lamentação começou. As canções não eram como as do funeral de Ion e Vasile. Mihai tinha vivido a velhice. Nesse caso eram canções tranquilas e tristes cantadas por senhoras idosas. Elas me pareciam canções de luto não só por Mihai, mas por todo o velho estilo de vida do Maramureş que o falecimento de Mihai aproximou mais do que nunca de seu fim.

O pátio estava agora cheio de gente, e a multidão invadia a horta e chegava ao quintal do vizinho. Eu estava feliz que tantas pessoas tivessem aparecido. O caixão foi disposto na mesa no meio do pátio que eu conhecia tão bem. Aqui Mihai tinha me ensinado a bater a lâmina da foice, aqui tínhamos rachado madeira, aqui Grigor tinha zanzado e as galinhas, ciscado, e aqui tínhamos deixado todos os forcados e ancinhos prontos para fenar os campos.

Fiquei junto do caixão segurando a minha vela. Eu estava angustiado por não ter estado com Mihai quando ele morreu. Mas, se, como os romenos acreditam, a alma dos mortos paira pela Terra por seis semanas depois de sua morte, pelo menos ele veria que eu tinha cumprido a minha promessa.

A cerimônia do funeral continuou. Os padres fizeram discursos solenes. Minha mente se perdeu em memórias. Na tampa do caixão estava uma jarra cheia de trigo com uma vela por cima. Eu me lembrei melancolicamente de como num funeral muitos anos antes eu tinha perguntado a Mihai o significado da jarra de trigo. Quando cheguei a Breb pela primeira vez, estava sempre procurando significados simbólicos. «É para que a vela não tombe», Mihai tinha dito.

Entre a multidão que observava, estavam alguns rostos familiares de amigos com quem eu tinha trabalhado nos campos. Eu conhecia quase todos eles. Era reconfortante estar mais uma vez entre pessoas tão dignas e gentis.

Então a voz do padre mudou de tom. Mihai, disse ele, tinha escrito seu próprio *Iertăciuni*. Eram suas últimas cartas destinadas a seus familiares e amigos. Ele as tinha escrito no ano anterior, mas eu não sabia de sua existência. A primeira era para a sobrinha que tinha cuidado dele nos últimos cinco anos. A segunda era destinada a mim. Diante de todas aquelas centenas de pessoas, o padre leu a carta em voz alta:

Digo meu último adeus para meu amado William.

Agora chegou o dia em que devemos ser separados para sempre, e com lágrimas nos olhos eu escrevo estas palavras, querido William, porque durante tantos anos fomos tão felizes juntos. Vivemos muitos anos lado a lado. Você sempre nos ajudou com o trabalho nos campos, você nos levou ao médico, ao hospital, e com toda e qualquer coisa exatamente como se fosse nosso filho. Você só falou amavelmente conosco e sempre se concentrou em nós e em nosso bem-estar. Nós não tínhamos filhos, mas estávamos felizes porque tínhamos alguém que se importava conosco.

Por favor, não se esqueça de nós, e por favor não abandone nossa casa e nosso vilarejo. Por favor, venha de vez em quando até nossa sepultura e jogue sobre ela um ramo de capim, porque você foi nosso filho e nós te amamos. Que Deus lhe dê todas as coisas boas do mundo, e para Constantin, Marishka, seus amigos e sua mãe, assim como para seus irmãos e seus familiares. E, se nós alguma vez, de algum modo, lhe fizemos mal, imploro que nos perdoe.

Enquanto Mihai deixava o pátio pela última vez, três pastores, de pé sobre um pequeno outeiro, tocaram em suas cornetas um último estampido pesaroso que ecoou por todo o vilarejo e por sobre as colinas.

Nota

Muito mudou na Romênia nos anos recentes. Crucialmente, membros da antiga polícia comunista, muitos dos quais continuaram em seus cargos depois da Revolução de 1989, foram limados da força de polícia romena moderna. Desde então a vida melhorou para os ciganos em Halma e para muitas pessoas por todo o país. Em outros aspectos também, o governo romeno está fazendo esforços louváveis para melhorar a situação dos ciganos, sobretudo por meio da educação.

Comentários sobre indivíduos não devem ser absolutamente interpretados como julgamentos sobre grupos ou instituições.

Com relação aos nomes das pessoas e dos lugares, para Breb deixei todos os nomes como são. Para Halma todos eles foram alterados. Na verdade, Halma em si é um nome inventado. Mudei os nomes para proteger as pessoas e sua privacidade. Pela mesma razão, a sequência temporal ocasional e alguns detalhes menores foram alterados ou amainados. As conversas não são literais, mas como eu me lembro delas.

Ao longo do livro, com poucas exceções, usei a grafia romena para nomes e lugares, e incluí tanto o «î» comunista e o «â» pré e pós comunista, dependendo do que era mais adequado para os leitores ingleses.

Na pronúncia das palavras romenas, os leitores devem observar que:

«ṭ» é pronunciado como «ts»
«ş» é pronunciado como «ch», então *crîşma* se pronuncia «crichma» (mais ou menos)
O «i» no final de uma palavra é quase imperceptível (então Floreni se pronuncia «Florein»)

Usei a grafia moderna romena em «Romania» [Romênia]. Peço desculpas àqueles, sobretudo Rudolf Fischer, que não consideram «Romania» correto, em especial foneticamente, em inglês, e que acham que eu deveria ter grafado propriamente como «Rumania», ou pelo menos «Roumania».

Na página 302 me refiro a um livro que estava lendo. Trata-se do livro fascinante de Marianna Koromila chamado *In the Trail of Odysseus*.

Agradecimentos

Ao longo dos anos, inúmeros romenos, sem hesitar e sem me conhecer, me ofereceram uma tigela de sopa ou uma cama para passar a noite, de qualquer modo, no conforto quente de seus chalés, ou debaixo das estrelas em seus «Hotéis de Aveleira» – os abrigos dos pastores nas colinas, mais conhecidos como *colibe*, que são construídos com varas de aveleira arqueadas. Foram tantas as pessoas acolhedoras que não há espaço para agradecer a todas elas aqui, mesmo se eu soubesse o nome de cada uma, o que não sei. Só posso oferecer a elas como um todo minha gratidão profunda: *Sătrăiți la mulți ani cu bine!* – Que vocês vivam felizes por muitos anos!

Há muitas outras pessoas que me ajudaram na época em que eu estava morando na Romênia. Rudolf e Dagmar Fischer têm sido incansavelmente generosos e, em sua sala coberta de livros em Budapeste, ao me entregar uma taça de vinho tinto húngaro, dividiram comigo seus profundos conhecimentos sobre cada aspecto, por mais esotérico que fosse, da Romênia e da vida romena. Patrick Leigh Fermor, que entendeu desde o primeiro momento por que um inglês escolheria morar na Romênia, ofereceu incentivos abundantes e muito bem-vindos. Seu incansável entusiasmo é contagioso e ouvi-lo recitar recentemente o *Miorița* me instigou por minha vez a aprendê-lo de modo adequado. O espírito aventureiro de Manfredi Manera me impeliu a muitas viagens exóticas a lugares que nunca tinha pensado em visitar, inclusive partes da Romênia, e Gail Kligman e Liviu Vânău fizeram a sugestão original de que talvez eu achasse Breb um lugar interessante para visitar em minha caminhada. Quem quiser saber mais sobre a vida e o ritual no Maramureş devem ler o excelente livro de Gail Kligman's, *The Wedding of the Dead*.

Um grande agradecimento para todos eles.

Meu irmão, Barnaby, me deu conselhos editoriais inestimáveis – eu recomendaria os serviços dele para qualquer um. Houve outras pessoas também gentis o suficiente para ler rascunhos do livro e oferecer sugestões: entre elas, Bogdan Burghelea, Philip Chapman, Jasper Guinness, Louise Lamont, Sue Macartney-Snape e Aura Neag. A todos, meu obrigado.

Também devo muito a Caroline Dawnay por seu entusiasmo e sábio direcionamento, a Roland Philipps e Helen Hawksfield da John Murray por seus conselhos astutos e bom humor, e a Howard Davies por seu copidesque escrupuloso.

Há muitos outros que eu gostaria de agradecer por diversas gentilezas de um modo ou outro em relação a este livro. Há Patrick Paul, por sua generosidade e incentivo, que faz tanta diferença para escrevedores esforçados e tutores; Isadora e Emma Corfield, por me incitar a escrever os primeiros capítulos; então em ordem alfabética, dr. John Akeroyd, Mark Almond, Antony Beevor, Brian Blacker, Rohan Blacker, Hugh e Caroline Boileau, Rory e Miranda Carnegie, minha tia Diana Cavendish, Ioan e Lucica Ciombului, dr. Mihai Dăncuş, Sara Dootz, Charlotte Duthie, Philip Eade, Will Ellsworth-Jones, Natasha Fairweather, Caroline e Walter Fernolend, Esther Gisin, Zac Goldsmith, Istvan Haller, Jan Hülseman, Bernard Houliat, que escreveu um livro maravilhosos sobre os camponeses e ciganos da Romênia, Ileana lui Ghiula, Christoph Klein – o bispo saxão da Transilvânia, o finado Gabriel Lambescu cujo trabalho de manutenção nas velhas construções de «Halma» e de muitos outros vilarejos está além da medida, a London Library, o Mihai Eminescu Trust, Beatrice Monti e seu finado marido Gregor Von Rezzori cujos olhos azuis, quando falávamos da Romênia, lacrimejavam de saudade, David Packard, meu primo Willy Peel, Rob Penn, Giannozzo Pucci, meu tio Hugh Rathcavan, Ross Somervell, David Summers (que era um amigo querido e fiel de Mihai e Maria), Jonathan Sunley, a família Tiran de Breb, a família Mihnea, o finado Vasile lui Irimei, Laura Vesa, Maria lui Voda, Rupert Wolfe-Murray, o fundo anglo-romeno de Arquitetura Tradicional e muitas pessoas em cargos de autoridade na Romênia, incluindo policiais, que ao longo dos anos se desdobraram para me ajudar.

Eu também agradeço calorosamente todos em Breb que com generosidade e sorrisos no rosto me ajudaram de tantas maneiras diferentes. Foi uma grande honra morar em seu vilarejo.

Finalmente um agradecimento especial a minha mãe e meu finado pai, que deram para meus irmãos a liberdade de perambular pelos montes e bosques de Sussex e da Irlanda quando éramos crianças e assim aprender sobre o interior e apreciar sua beleza, e que não tentaram demais nos impedir de seguir nossos próprios caminhos idiossincráticos pela vida.

À margem
volumes publicados

1. Erika Fatland
   Nas alturas
   Uma viagem pelo Himalaia
2. Didier Eribon
   Vida, velhice e morte
   de uma mulher do povo
3. Francesca Mannochi
   Eu, Khaled, vendo
   homens e sou inocente
4. Sarah Watling
   Amanhã talvez o futuro – Escritoras
   e rebeldes na guerra civil espanhola
5. William Blacker
   Ao longo do caminho encantado
   Viagens na Transilvânia